权威·前沿·原创

皮书系列为
"十二五""十三五""十四五"时期国家重点出版物出版专项规划项目

BLUE BOOK

智 库 成 果 出 版 与 传 播 平 台

广州蓝皮书
BLUE BOOK OF GUANGZHOU

广州文化产业发展报告
（2025）

ANNUAL REPORT ON CULTURAL INDUSTRY OF
GUANGZHOU (2025)

组织编写 / 广州市社会科学院

主　　编 / 尹　涛　李若岚
执行主编 / 杨代友　罗　松

社会科学文献出版社
SOCIAL SCIENCES ACADEMIC PRESS (CHINA)

图书在版编目（CIP）数据

广州文化产业发展报告 . 2025 ／ 尹涛，李若岚主编；
杨代友，罗松执行主编 . --北京：社会科学文献出版社，
2025.8. --（广州蓝皮书）. --ISBN 978-7-5228-5668-
1

Ⅰ . G127.651

中国国家版本馆 CIP 数据核字第 2025AW7385 号

广州蓝皮书
广州文化产业发展报告（2025）

主　　编／尹　涛　李若岚
执行主编／杨代友　罗　松

出 版 人／冀祥德
组稿编辑／任文武
责任编辑／李艳芳
文稿编辑／李惠惠 等
责任印制／岳　阳

出　　版／社会科学文献出版社·生态文明分社（010）59367143
　　　　　地址：北京市北三环中路甲 29 号院华龙大厦　邮编：100029
　　　　　网址：www.ssap.com.cn
发　　行／社会科学文献出版社（010）59367028
印　　装／天津千鹤文化传播有限公司

规　　格／开本：787mm×1092mm　1/16
　　　　　印张：20.25　字数：304 千字
版　　次／2025 年 8 月第 1 版　2025 年 8 月第 1 次印刷
书　　号／ISBN 978-7-5228-5668-1
定　　价／128.00 元

读者服务电话：4008918866

主要编撰者简介

尹　涛　管理学博士、研究员，广州市社会科学院党组成员、副院长。美国印第安那大学环境事务与公共政策学院访问学者（2004 年 1 月~2005 年 3 月）。获评广州高层次人才优秀专家、广东省和广州市宣传思想战线优秀人才培养对象、广州市优秀中青年哲学社会科学工作者。获聘广东省第十四届人大常委会财经咨询专家，广州市人民政府第三、四、五届决策咨询专家，广州市人大经济咨询专家等。广州市人文社会科学重点研究基地超大城市现代产业体系与广州实践基地主任，广州市宣传思想文化优秀团队（广州产业创新研究团队）负责人。广东省第十二、十三届人大代表，广东省第十三届人大财经委委员。兼任中国区域经济学会副理事长、广州欧美同学会副会长。主要研究方向为城市与产业经济、企业战略管理。先后主持和完成国家、省市社科课题和软科学课题 10 余项，主持决策咨询课题 50 余项，在各类刊物发表论文 30 余篇，出版专著 10 余部，科研成果获省部级奖近 10 项。

李若岚　文学博士，广州市文化广电旅游局党组成员、总工程师。曾在日本早稻田大学、美国乔治城大学学习访问，曾兼任暨南大学旅游管理专业硕士（MTA）校外导师。长期在文化旅游部门工作，研究领域包括文旅产业发展、影视及网络视听产业发展、文艺创作、大型活动、非物质文化遗产、公共文化服务、旅游规划及资源开发、旅游市场宣传推广、旅游行业管理等。参加多个国家级研究课题，发表论文 30 余篇。

杨代友　经济学博士、研究员，广州市社会科学院现代产业研究所所长，广州市人民政府决策咨询专家，广州市全面依法治市咨询专家，广州市财政专家咨询委员会委员，世界技能大赛中国（广州）研究中心学术指导委员会委员，广州市党外知识分子联谊会参政议政委员会副主任、建言献策专家组组长，广州市创意经济促进会副会长。研究领域包括产业经济、文化创意经济、环境经济等。近年来主持省市各类课题80多项，出版专著8部，发表论文30多篇。

罗　松　广州文化旅游宣传推广中心（广州文化旅游产业促进中心）党支部书记、主任。主要从事广州文旅统计研究、文旅咨询公共服务、文旅资源宣传推广及文旅招商服务等工作。研究领域包括文化创意、旅游休闲等。主持的"多元构建广州文旅咨询服务提升新机制"经验成果入选2023全国旅游公共服务"十佳"案例名单（广东省唯一），中心被评为全国文旅咨询公共服务体系建设工作先进单位。近两年组织完成省市各类课题、研究成果10余项。

摘　要

　　《广州文化产业发展报告（2025）》由总报告、综合篇、数字化篇、文旅篇、案例篇等五个部分组成。总报告指出，2024 年，广州文化产业以培育文化产业新质生产力为核心，以政策支持、产业创新和融合发展为抓手，推动产业规模与质量双提升。全年规模以上文化及相关产业营业收入达 6040.80 亿元，同比增长 4%，首次突破 6000 亿元大关；文化产业增加值约 2100 亿元，占 GDP 比重达 6.44%，支柱地位进一步巩固；动漫游戏、网络直播、数字音乐等新业态加速崛起，文化新业态营业收入同比增长 6.9%，娱乐用智能无人飞行器制造、数字出版等细分领域增速超 90%；人工智能、虚拟现实等技术深度应用，"文化+"融合发展进一步加强；民营经济贡献突出，民营文化企业营业收入占比达 65.5%，增速达 7%；重大项目持续落地，产业发展后劲进一步增强；文化产品出海提速，全年文化产品出口额达 475.32 亿元，产品全球影响力持续提升。但对比发现，广州文化产业规模与北京、上海、深圳、杭州等先进城市的差距有所扩大，与成都、南京等追赶城市的领先优势逐渐缩小；企业整体实力有待提升，缺乏全国性龙头企业和竞争梯队；原创 IP 孵化不足，内容创新乏力；产业链协同效应较弱，上下游联动不畅；产业支持体系不完善，影视基地、电竞中心等基础设施建设滞后。针对这些问题，总报告认为，要统筹各界力量，整合文化产业资源，集中力量打造"爆款"文化 IP，全面部署多模态文化大模型，大力推动文化科技创新，积极培育文化新业态新模式，抢先布局文化产业新赛道，强化文化"新基建"，深入推动融合发展，实现文化新质生产力"核变"，为加

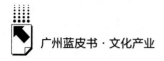

快"12218"现代化产业体系建设注入强劲文化动能。

综合篇从文化新质生产力发展、演出市场、文化与科技融合、游戏产业专利发展等方面分析了广州文化产业的发展情况。数字化篇分别从数字产业高质量发展、数字化拓展文化产业发展空间、数字文化"走出去"、广州博物馆数字化建设等维度讨论了文化产业数字化发展现状。文旅篇对粤港澳大湾区文旅融合、广州市居民文旅消费、智慧文旅、城市更新与文旅融合发展等领域进行研究。案例篇介绍了奥林匹克体育中心场馆、广州影擎电子、力天文化科技等有代表性的文化场馆、企业在文化产业创新发展方面的探索实践。

关键词: 文化产业　数字化　文旅融合　新业态　广州

Abstract

Annual Report on Culture Industry of Guangzhou (2025) is composed of five parts, including General Report, Comprehensive Chapter, Digitalization Chapter, Cultural Tourism Chapter and Cases Chapter. General Report points out that in 2024, Guangzhou's cultural industry focuses on cultivating new quality productive forces, leveraging policy support, industrial innovation, and integrated development to promote both the expansion and enhancement of the industry. The annual revenue of cultural and related industries above designated size reached 604. 08 billion yuan, marking a 4% year-on-year increase and surpassing the 600 billion yuan threshold for the first time. The added value of the cultural industry reached approximately 210 billion yuan, accounting for 6. 44% of GDP, further consolidating its role as a pillar sector. Emerging formats such as animation and gaming, live streaming, and digital music are rapidly rising, with revenue from new cultural business forms growing by 6. 9% year-on-year. Sub-sectors like intelligent entertainment drone manufacturing and digital publishing saw growth rates exceeding 90% . Technologies such as artificial intelligence and virtual reality have been deeply integrated, further strengthening the development of "Culture +" integration. The private sector made a significant contribution, with private cultural enterprises accounting for 65. 5% of total industry revenue and achieving a 7% growth rate. Major projects continued to be implemented, further reinforcing the industry's development potential. Cultural exports accelerated, with annual exports of cultural products reaching 47. 532 billion yuan, and the global influence of these products continues to grow. But in comparison, it is found that the gap between Guangzhou's cultural industry and that of leading cities such as Beijing, Shanghai, Shenzhen, and Hangzhou is widening, while its advantage over emerging cities like

Chengdu and Nanjing is narrowing. The overall strength of enterprises needs improvement, as there is a lack of nationally leading enterprises and competitive tiers. There is insufficient incubation of original IPs and a lack of content innovation. The synergy effect of industry chain is relatively weak, and the linkage between upstream and downstream segments is ineffective. The support system for the industry is incomplete, with infrastructure like film bases and e-sports centers lagging behind. In response to these issues, the General Report suggests mobilizing all sectors of society, integrating cultural industry resources, and focusing efforts on creating blockbuster cultural IPs. It calls for the comprehensive deployment of multimodal cultural foundation models and vigorous promotion of innovation in cultural technologies. Efforts should be made to actively cultivate new cultural business forms and models, seize the lead in new cultural industry tracks, and strengthen the new cultural infrastructure. Integrated development should be deepened to realize a breakthrough in new quality productive forces in culture, injecting strong cultural momentum into the accelerated construction of the "12218" modern industrial system.

Comprehensive Chapter analyzes the development of Guangzhou's cultural industry from various aspects, including development of new quality productive forces in culture, the performance market, the integration of culture and technology, and the development of patents in the gaming industry. Digitalization Chapter discusses the issues related to the digital development of the cultural industry, including the high-quality development of the digital sector, the expansion of cultural industry space through digitalization, the internationalization of digital culture, and the digital construction of Guangzhou's museums. The Cultural Tourism Chapter studies the integration of culture and tourism in the Guangdong-Hong Kong-Macao Greater Bay Area, cultural tourism consumption among Guangzhou residents, smart cultural tourism, and the integration of urban renewal with cultural tourism development. Cases Chapter introduces the innovative practices of representative cultural venues and enterprises—such as the Olympic Sports Center, Guangzhou Yingqing Electronics, and Litian Cultural Technology—in the development of the cultural industry.

Keywords: Cultural Industry; Digitalization; Culture-Tourism Integration; New Business Forms; Guangzhou

目 录 ⊏⟩

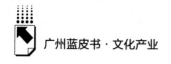
III 数字化篇

IV 文旅篇

V 案例篇

皮书数据库阅读使用指南

CONTENTS ⟐

I General Report

II Comprehensive Chapter

III Digitization Chapter

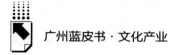

Ⅳ Culture and Tourism Chapter

V Cases Chapter

总报告

B.1

2024年广州文化产业发展状况分析
及2025年展望

广州市社会科学院课题组*

摘　要：　2024年，广州文化产业实现两个历史性突破，全年规模以上文化及相关产业营业收入达6040.80亿元，同比增长4%，首次突破6000亿元大关，文化产业增加值突破2000亿元大关，约为2100亿元，占GDP比重达6.44%，增速远超传统支柱产业和GDP增速，支柱地位进一步巩固；动漫游戏、网络直播、数字音乐等新业态加速崛起，文化新业态营业收入同比增长6.9%，娱乐用智能无人飞行器制造、数字出版等细分领域增速超90%；科技赋能创新，人工智能、虚拟现实等技术深度应用，劳动资料创新

---

*　课题组成员：尹涛，博士，广州市社会科学院副院长，研究员，研究方向为城市与产业经济、企业战略管理；杨代友，博士，广州市社会科学院现代产业研究所所长，研究员，研究方向为产业经济、文化创意经济、环境经济；李明充，广州市社会科学院广州市文化产业研究中心执行副主任，广州文化上市公司产业联盟秘书长，研究方向为文化产业经济；陈静，博士，广州市社会科学院现代产业研究所助理研究员，研究方向为产业经济；尚进，广州市社会科学院现代产业研究所研究助理，研究方向为文化产业。

优化组合助力融合发展；民营经济贡献突出，民营文化企业营收占比达65.5%，增速达7%，龙头企业加速转型，向高附加值领域拓展；重大项目持续落地，文化新地标投入使用，进一步夯实产业发展后劲；文化产品出海提速，全年文化产品出口额达475.32亿元，《鸣潮》等产品全球影响力持续提升，亿航智能飞行器完成多国首飞。广州文化产业要抓住2025年是"十五五"规划编制谋划之年的机遇，加快编制文化产业专项规划，统筹各界力量、形成高质量发展合力，整合文化产业资源，集中力量打造"爆款"文化IP，全面部署多模态文化大模型，大力推动文化科技创新，积极培育文化新业态新模式，抢先布局文化产业新赛道，强化文化"新基建"，充分释放"十五运"效应，深入推动融合发展，赋能经济社会高质量发展，实现文化新质生产力"核变"，为构建"12218"现代化产业体系注入强劲文化动能。

关键词： 文化产业 新赛道 新业态 新质生产力

2024年，广州继续围绕实现老城市新活力、"四个出新出彩"，以政策支持为杠杆、产业创新为动力、融合发展为方向、业态培育为抓手、质量建设为突破、服务提升为保障，全面培育文化新质生产力，编制了《粤剧粤曲文化（荔湾）生态保护区总体规划（2021—2030年）》，出台了《关于促进文商旅体融合发展的若干措施（试行）》《广州市关于推动文化文物单位文化创意产品开发的实施办法》《广州市关于推动社会力量参与公共文化设施运营的实施办法》《广州市推进文化旅游领域设备更新提升实施方案》等若干政策，持续推进"文旅体一证通"行政审批改革（2.0）工作、"穗艺通"落地，优化文化服务和文化产品供给，通过外引内联，强化串链补链强链，构建多方共赢生态，发挥高质量发展领头羊和火车头作用，为广州构建"12218"现代化产业体系提供了坚实的"文化力量"。

一 广州文化产业发展状况

（一）文化产业稳中向好，产业规模首跨六千亿"大关"

广州文化产业规模及质量不断提升，逐步进入新质生产力发展阶段。2024年，广州市规模以上文化及相关产业实现营业收入6040.80亿元，按可比口径计算，同比增长4.00%（见图1）。① 2024年新增国家4A级景区3个，全年接待游客2.5亿人次、增长6.4%；② 全年4家乡村民宿获评广东省金宿级乡村民宿，11家乡村民宿获评广东省银宿级乡村民宿，获评数量全省第一。③

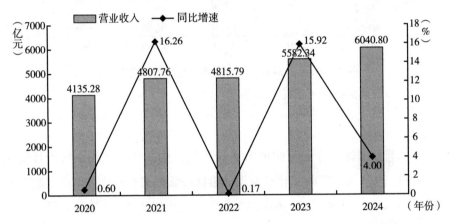

图1 2020~2024年广州规模以上文化及相关产业营业收入及同比增速

资料来源：广州市统计局。

---

① 《2024年广州文化产业保持平稳向好发展》，广州市统计局网站，2025年2月13日，http://tjj.gz.gov.cn/stats_newtjyw/sjfb/content/post_10114199.html。由于规模以上文化及相关产业企业范围每年发生变化，为保证本年数据与上年可比，计算规模以上文化及相关产业企业营业收入等指标同比增速所采用的同期数与本期的企业统计范围一致，与上年公布的数据存在口径差异。主要原因是每年有部分企业达到规模以上标准纳入调查范围、一部分企业因规模变小而退出调查范围，还有新建投产、破产、注（吊）销企业的影响。

② 《2024年广州接待游客2.5亿人次 | 广州两会》，"南方plus"百家号，2025年2月20日，https://baijiahao.baidu.com/s? id=1824551546997875695。

③ 《广州市文化广电旅游局大事记暨每月要情（2024年12月）》，广州市文化广电旅游局网站，2025年1月8日，https://wglj.gz.gov.cn/gkmlpt/content/10/10066/post_10066292.html#913。

文化产业增加值规模不断扩大。2023 年，广州文化产业增加值 1997 亿元，占 GDP 比重为 6.44%①，同比增长 10.94%。据课题组测算，2024 年广州文化产业增加值约 2100 亿元，同比增长 5.16%（见图 2）。

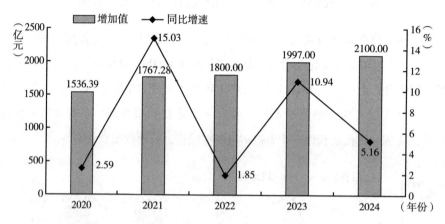

图 2　2020~2024 年广州文化产业增加值及同比增速

注：2024 年为课题组预测值。

资料来源：广州市统计局。

文化产业增速超越全市 GDP 和传统支柱产业增速，成为经济增长新支撑。2019~2023 年，广州文化产业增加值保持快速增长态势，增速远超全市 GDP 平均增速，2019~2023 年广州文化产业年均增速达 7.95%②，远高于汽车（4.01%）、石化（-0.76%）、电子制造（4.46%）等若干传统支柱产业增速，展现出强劲的发展韧性和增长活力，逐步成为广州经济体系中的重要增长极（见图 3）。

文化市场主体数量显著增长。2024 年，广州市规模以上文化及相关产业法人单位 3760 家，同比增长 12.34%（见图 4），全市文化企业数量超过 15 万家。③

---

① 根据历年数据测算所得。

② 本部分年均增速取算术平均值，下同。

③ 通过企查查等工具筛查所得。

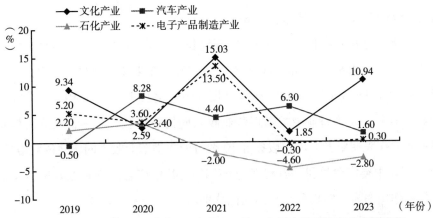

图3　2019~2023年广州文化、汽车、石化、电子产品制造产业产值增速

注：文化产业为增加值增速。

资料来源：2019~2023年广州市国民经济和社会发展统计公报及《2023年广州市文化及相关产业统计概览》。

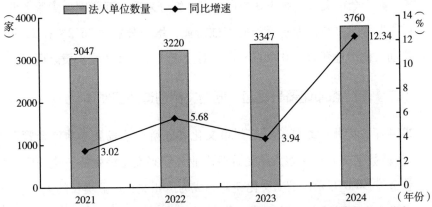

图4　2021~2024年广州规模以上文化及相关产业法人单位数量及同比增速

资料来源：《2024年广州文化产业保持平稳向好发展》，广州市统计局网站，2025年2月13日，http://tjj.gz.gov.cn/stats_newtjyw/sjfb/content/post_10114199.html。

文化各领域协调发展。2024年，全市文化产业核心领域①规模以上法人单位实现营业收入4445.33亿元，同比增长4.1%；文化相关领域实现收入

① 文化产业核心领域包括新闻信息服务、内容创作生产、创意设计服务、文化传播渠道、文化投资运营、文化娱乐休闲服务6个行业，文化相关领域包括文化辅助生产和中介服务、文化装备生产、文化消费终端生产3个行业。

合计 1595.47 亿元，同比增长 3.8%。

文化产业九大行业中 6 个行业实现增长，其中，新闻信息服务领域实现营业收入合计 958.36 亿元，同比增长 21.0%，增速继续领跑；文化投资运营、创意设计服务两个领域实现营业收入同比增长 19.2% 和 10.1%。43 个行业中类中，24 个行业中类实现营业收入同比正增长，其中，互联网信息服务、创作表演服务、广告服务等 10 个行业中类营业收入同比两位数增长。29 个行业中类实现盈利，盈利面为 67.4%，其中广告服务和互联网信息服务带动作用明显，实现利润总额同比分别增长 55.5% 和 16.0%。

文化服务业稳增长效果明显。2024 年，全市规模以上文化服务业实现营业收入 4095.40 亿元，同比增长 6.0%，占全市文化产业营业收入的比重为 67.8%，比上年提高 1.3 个百分点。文化服务业营业收入利润率为 11.8%，高于全市文化产业 3.0 个百分点。细分来看，互联网搜索服务和互联网广告服务是文化产业稳增长的支柱行业，增速分别达 36.2% 和 20.9%，合计拉动文化产业营收 4.0 个百分点，对全市文化产业的增长贡献明显。

（二）新业态加速聚势崛起，低空文旅创造消费新体验

2024 年，广州新修订了《广州市文化和旅游产业发展专项资金管理办法》，扶持数字文旅新业态、动漫游戏产业、新兴文旅消费等三类 102 个项目，总金额 2400 万元，推动文化新业态成为广州文化产业增长的关键引擎。2024 年，文化新业态特征较为明显的 16 个行业小类[①]实现营业收入 2780.88 亿元，同比增长 6.9%，高于全市文化产业平均增速 2.9 个百分点，拉动全市文化企业营业收入增长 3.1 个百分点，以占比 30.6% 的法人单位实现 46.0% 的营业收入。文化新业态对于广州文化产业发展的拉动力增强。在

---

① 新业态特征明显的 16 个行业小类：广播电视集成播控，互联网搜索服务，互联网其他信息服务，数字出版，其他文化艺术业，动漫、游戏数字内容服务，互联网游戏服务，多媒体、游戏动漫和数字出版软件开发，增值电信文化服务，其他文化数字内容服务，互联网广告服务，互联网文化娱乐平台，版权和文化软件服务，娱乐用智能无人飞行器制造，可穿戴智能文化设备制造，其他智能文化消费设备制造。

16个行业小类中，11个行业营业收入实现正增长，9个行业营业收入实现同比两位数增长。其中，娱乐用智能无人飞行器制造、数字出版、互联网搜索服务三个行业增势强劲，增速分别为 240.0%、94.0%、36.2%（见图5）。

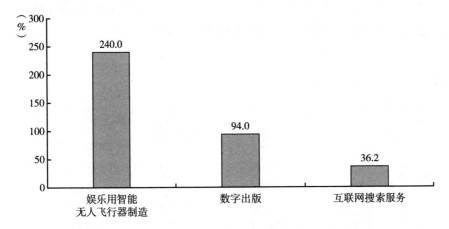

图5 2024年广州文化新业态中增速领先的三大行业增速

资料来源：广州市统计局。

2024年，广州文化产业在游戏、动漫影视、网络直播、创意设计、演艺演出及文旅消费等多个细分领域表现亮眼，形成多元化格局，重点赛道持续领跑，产业竞争力稳步提升。

游戏产业成为推动广州文化产业发展的重要力量。2024年，广州游戏产业继续发挥引领作用，全球总营收约1406.67亿元，同比增长10.5%，增速显著高于全国平均水平（7.53%）。[①] 其中，国内市场营收约1300亿元，占全国的39%。尽管整体增速放缓，但仍保持领先态势。小程序游戏赛道优势突出，全年营收突破150亿元，在《2024年中国小游戏百强企业榜》中，广州共有28家企业上榜，居全国首位。[②]

---

① 《广州去年游戏产业总营收约1406.67亿元》，《羊城晚报》2025年2月26日。

② 《2024年广州游戏产业全球总营收约1406.67亿元》，《广州日报》百家号，2025年2月25日，https：//baijiahao.baidu.com/s? id=1825032308111906615&wfr=spider&for=pc。

动漫影视产业占据国内重要地位。2024 年广州动画片备案 48 部，占广东的 50.3%、全国的 8.76%；总时长 1.38 万分钟，占全国的 7.63%。[①]2024 年，广州电影票房表现强劲，全年票房达 13.01 亿元，在全国城市票房排行榜中位列第四。2022~2024 年广州动画影视年均票房维持在 1.5 亿~2.5 亿元区间，呈现稳步增长趋势。2024 年，广州出品动画电影总票房约 2.5 亿元（见图 6），约占国内动画电影票房的 9%。

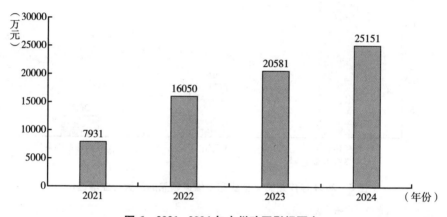

图 6 2021~2024 年广州动画影视票房

资料来源：《2024 年全国城市电影票房前 30 强，前二超过 20 亿元，均是直辖市》，网易，2025 年 1 月 15 日，https://www.163.com/dy/article/JLU0MOB205388U6J.html。

网络直播全国领先。2024 年，广州网络直播产业规模表现强劲，直播电商零售额达 5171 亿元，位居全国第一。[②]2024 年，在抖音电商"产业成长计划"推动下，广州共有 182 个产业带通过抖音电商进行直播销售，数量居全国第一。[③]

创意设计体系日趋完善。截至 2024 年底，广州共培育设计中心 251 家，同比增长 5.98%，其中包含 11 家国家级工业设计中心，90 家省级工业设计

---

① 根据国家广播电视总局网站公开数据整理。
② 《城市 24 小时｜拿下全国第一，广州赢了杭州？》，腾讯网，2025 年 2 月 28 日，https://news.qq.com/rain/a/20250228A03B1L00。
③ 《广州引领直播电商，2024 年零售额突破 5171 亿》，搜狐网，2025 年 3 月 25 日，https://www.sohu.com/a/875440712_122006510。

中心，172家市级工业设计中心。①

演艺演出活动领跑全国。2024年广州共举办营业性演出超14万场，同比增长近30%，其中5000人以上大型演出159场，稳居全国演唱会之城第一梯队。② 最多一晚同时上演6场热门演唱会，吸引观众超6万人。与2019年相比，演出场次增加1倍，从外地（含境外）培育的税源增长超过12倍。③ 大型光影沉浸式舞台剧《黄埔！黄埔!》自首演以来反响热烈，仅3个月便完成演出96场，吸引观众超3.5万人。截至2025年2月底，累计演出达366场，观演人数突破14.2万人次，在2025年春节档实现100%满座率。此外，该剧获评2024年"粤式新潮流"广东文旅消费新业态热门场景。

"低空+文旅"作为新业态代表，正引领文旅内容与科技深度融合，拓展消费场景。广州依托低空经济基础，已布局多条城市观光航线，如海心沙、珠江新城、广州塔等地标航线，打造空中文旅新体验。千机变、合利创兴、穗港澳航空、亿航、小鹏汇天等纷纷推出无人机表演、电动垂直起降飞行器（eVTOL）载人飞行、直升机主题航线等创新产品，服务婚庆、研学、观光等多元场景，增强城市旅游吸引力，推动文旅产业智能化升级。

（三）民营企业成增长主力，龙头企业加快发展模式转型

民营文化企业发展势头较好。2024年，全市规模以上民营文化企业实现营业收入3956.83亿元④，占全部规上文化企业营业收入的65.5%，营

---

① 《广州已培育172家市级工业设计中心》，央广网，2024年10月29日，https://www.cnr.cn/gd/gstjgd/20241029/t20241029_526956474.shtml。

② 《广州加快建设国际演艺中心 推动演艺产业经济高质量发展》，广东省文化和旅游厅网站，2025年1月22日，https://www.mct.gov.cn/whzx/qgwhxxlb/gd/202501/t20250122_958039.htm。

③ 《广州坚持深化改革优化供给 着力提升城市文化综合实力》，新浪财经网，2025年3月11日，https://finance.sina.cn/2025-03-11/detail-inephnhi8677757.d.html。

④ 规模以上民营文化企业是指控股类型除国有控股、港澳台控股和外商控股以外的全部规模以上文化企业。

业收入同比增长 7.0%，拉动全部规上文化企业增长 4.4 个百分点，增速高于全部规上文化企业 3.0 个百分点，高于国有控股规上文化企业 6.0 个百分点，港澳台商控股和外商控股规上文化企业营业收入同比均呈下降趋势。①

文化龙头企业竞争力持续增强。网易、酷狗音乐、三七互娱、欢聚时代、汇量科技、荔枝等多家企业入选"中国互联网企业百强"；网易、欢聚时代、唯品会等企业入选 2024 年中国品牌价值 500 强；网易、三七互娱、四三九九、库洛科技、中旭未来等 12 家游戏企业入选 2024 年度广东游戏企业 20 强；多家龙头企业凭借品牌实力屡获权威认可，分别获得中国企业 500 强、互联网十大品牌②及国家级重点企业称号。

与此同时，文化龙头企业加快向数字化、平台化和高附加值方向转型，更加注重技术驱动、细分场景深耕与模式外延能力的培育，成为广州文化产业形成新质生产力的关键引擎。以南方传媒、尚品宅配等为代表的文化企业，依托技术创新和业务重构，突破传统边界，实现了从内容生产商向教育科技、智能制造、城市服务等多元化平台的跃升。广州新华出版发行集团加速从传统图书分销企业向数字教育与文化服务提供商转型，聚焦"综合教育服务"和"大文化消费服务"，通过整合购书中心与新华书店品牌，持续强化内容供给与服务能力。视源股份、赛意信息等企业则通过 AI、大数据、物联网等新技术，深化产业融合，构建垂直整合的智能解决方案体系。驴迹科技、凡拓数创等文化科技企业不断拓展"数实融合"应用场景，增强数字内容的互动性与商业转化能力。

（四）科技赋能产业升级，技术研发驱动场景创新

2024 年，广州加快推动文化产业与科技深度融合，以"技术驱动—内容场景融合—资产运营创新"的全链条生态，打造全国领先的文化科技融

---

① 《2024 年广州文化产业保持平稳向好发展》，广州市统计局网站，2025 年 2 月 13 日，http://tjj.gz.gov.cn/stats_newtjyw/sjfb/content/post_10114199.html。

② 《互联网十大品牌排行榜》，品牌网，https://www.chinapp.com/best/hulianwang.html。

合示范区。

当前，人工智能、虚拟现实、5G、区块链等前沿技术正在全链条赋能内容创作、生产管理与用户体验，带动文化产业创新提质与多元化转型。政府通过政策引导与资源整合，推动产学研协同创新，构建稳固的技术创新基础。2024年，琶洲实验室推出"黄埔星"大模型；天河区推动智能技术在游戏产业的创新应用，支持优秀作品开发为电竞产品；黄埔区联合华南理工大学共建实验室，重点攻关5G等核心技术，增强区域技术策源能力，同时打造中国游戏产业大数据信息服务平台，提供游戏研发辅导、出版协审、运营监察和信息发布等功能。

企业层面，广州已初步形成以人工智能为核心的内容驱动体系。网易加码人工智能（AI）原生游戏研发，其伏羲实验室在AI生成非玩家角色（NPC）对话技术方面取得突破，准确率高达92%，为游戏智能化发展提供了重要支撑①；三七互娱、奥飞娱乐、星辉互动等将人工智能生成内容（AIGC）与大模型用于游戏、动画等场景，实现角色生成、智能互动与精准分发；广报传媒、因赛集团利用AI打造智能营销引擎，重塑广告产业链；虎牙、酷狗、荔枝等通过AI音视频处理、立体虚拟现实（S-VR）、8K分布式系统等技术提升沉浸式体验；咏声动漫、锐丰文化布局混合现实（MR）与元宇宙文旅新场景，拓展数字消费空间。同时，网易、智度科技等企业打造元宇宙平台和数字藏品系统，推动内容确权、分发与资产化运营。

（五）优质产品显现新优势，推动传统文化焕发新生

广州文化产业产品呈现"内容优质、场景丰富、体验创新"的整体特征，正加快从单点爆款迈向生态协同，从传统业态迈向数字化转型，构建多元驱动的发展格局（见表1）。

---

① 《2024年广州游戏产业全球总营收约1406.67亿元》，《广州日报》百家号，2025年2月25日，https：//baijiahao.baidu.com/s？id=1825032308111906615&wfr=spider&for=pc。

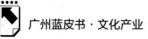

一是数字内容产品集聚爆款，强化 IP 价值与文化表达双重功能。2024年，三七互娱 *Puzzles & Survival* 全球流水突破 15 亿美元，库洛游戏《战双帕弥什》与《鸣潮》在二次元赛道表现亮眼，四三九九《冒险大作战》月流水破 1.6 亿元，成为轻量化休闲游戏代表。广州积极融合传统文化与游戏叙事，打造"游戏+文化"新范式，网易《逆水寒》再现北宋风貌，三七互娱将京剧脸谱、中医药等元素嵌入产品设计，拓展文化传播边界。

二是动漫影视精品频出，推动岭南文化跨界出圈。《百变校巴 15》《寻梦泡泡岛 4》《超级飞侠 16》入选国家优秀国产动画片，《雄狮少年 2》与《落凡尘》借助非遗与中国星宿文化，实现传统元素的当代表达，获口碑认可。

三是传统文化产品精彩纷呈。广州芭蕾舞团现代芭蕾《伊人》惊艳亮相中央广播电视总台春晚，广州歌舞剧院舞剧《英歌》片段亮相央视CCTV-4"四海同春"全球华侨华人春晚、CCTV-6"百花迎春——中国文学艺术界春节大联欢"。大型新编粤剧《双绣缘》作为广东省唯一代表剧目，入选由文化和旅游部、北京市人民政府主办的第八届中国戏曲文化周"精品大戏展"。

四是智能设备产品突破创新，助力文化场景扩展。亿航智能 EH216-S成为全球首个适航认证 eVTOL 产品，拓展城市空中文旅新空间。

五是数字文化平台服务细分用户需求，增强使用黏性。南方传媒"粤教翔云"平台覆盖全省义务教育，驴迹科技"数景通平台"与虚拟导游系统提升沉浸式旅游体验。

表 1　2024 年广州文化产业优质产品及市场表现

产品名称	市场表现及亮点
Puzzles & Survival	全球累计流水超 15 亿美元,SLG 赛道国际竞争力强
《战双帕弥什》	精美角色设定与剧情表现突出,代表广州二次元游戏赛道
《鸣潮》	2024 年全球公测首日登顶 107 个国家和地区 App Store 免费榜
《冒险大作战》	国内单月流水超 1.6 亿元,在韩国、港台畅销榜与免费榜双第一
《雄狮少年 2》	2024 年国产动画电影票房第 4 名,豆瓣评分 8.3

产品名称	市场表现及亮点
《落凡尘》	二十八星宿拟人化设定,豆瓣评分8.3分,被《人民日报》誉为"用动画缝合传统与现代"
RingConn智能指环	实现低功耗+超长续航,成为可穿戴消费电子中的创新代表
EH216-S载人无人机	全球首款获得适航认证的eVTOL产品
希沃教育平板	数字化教学市场占有率领先
Maxhub会议平板	数字办公核心产品,智能会议市场领导者
LED舞台灯与激光灯	服务奥运、世界杯等国际大型演出场景
Soundbar、VR耳机等	融合虚拟声场与算法,提升沉浸感
都弹App+自主音源键盘	融合音乐教育与数字内容,提升智能化练习体验
虚拟导游+数景通平台	提升文旅交互体验
现代芭蕾《伊人》	广州芭蕾舞团现代芭蕾《伊人》惊艳亮相中央广播电视总台春晚
舞剧《英歌》	广州歌舞剧院舞剧《英歌》片段亮相央视CCTV-4"四海同春"全球华侨华人春晚、CCTV-6"百花迎春——中国文学艺术界春节大联欢"
新编粤剧《双绣缘》	大型新编粤剧《双绣缘》作为广东省唯一代表剧目,入选由文化和旅游部、北京市人民政府主办的第八届中国戏曲文化周"精品大戏展"
大型光影沉浸式舞台剧《黄埔!黄埔!》	2024年1月28日舞台剧《黄埔!黄埔!》首演,在短短3个月内演出96场,观众人数突破3.5万人次,市场反应热烈。截至2025年2月,该剧累计演出366场,观演人数已达到14.2万人次,获评2024年"粤式新潮流"广东文旅消费新业态热门场景,2025年春节档期间更是一度实现100%满座,显示了其强大的市场号召力。

资料来源:根据网络公开信息整理。

（六）文化投资逐年增加，重大文化项目相继投产

近年来,广州市文化产业固定资产投资整体呈增长趋势。广州市统计局发布的数据显示,2023年广州文化产业固定资产投资额为267.82亿元(见图7),同比增长10.4%。2024年10月,广州召开旅游发展大会,促成14个文旅项目成功签约,投资金额达350多亿元。各区争相举办文化旅游产业招商和投融资大会,吸引项目落地。如白云区旅游发展大会暨2024年文化旅游体育招商会推动北斗星空文旅综合体项目、亚太经典车文化中心、"一

带一路"东盟文化风情园等落户，2024 年全年白云区签约优质文旅体项目
27 个，总投资超 240 亿元。

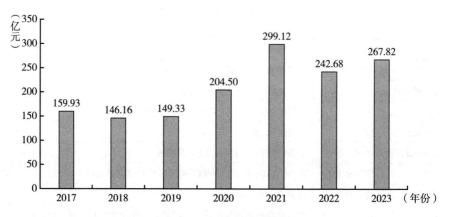

图7　2017~2023 年广州文化产业固定资产投资额

资料来源：《2023 年广州市文化及相关产业统计概览》。

广州通过"文化空间+科技引擎+消费场景"协同发力，加快重大文化
项目建设与投产，全面提升文化产业能级和国际传播力。一方面，强化文化
基础设施建设，打造高能级标志性文化空间。广州国际文化中心总投资
45.6 亿元，2024 年实现全面封顶，围绕"总部集群、创意高地、文化标
杆"三大战略定位，构建 24 小时书店、岭南讲堂、空中会议厅等高端文化
服务体系，成为广州文化软实力的重要支撑平台。另一方面，加快数字经济
与文化科技融合投资，推进文化科技企业落地发展。趣丸科技总部项目总投
资 25.6 亿元，聚焦 AI 研发、电竞内容与兴趣社交，构建绿色高效的总部集
群，并与高校共建实验室，推动科技成果转化，带动区域科技与文化协同创
新。此外，推动文旅商业一体化运营，加快项目投产与文商旅融合。广州塔
广场于 2024 年开业，打造集剧场、虚拟现实（VR）剧场、非遗空间于一体
的高能级文商旅地标，激活夜间经济，丰富文化消费体验。与此同时，南湖
乐园试运营重塑广州北部文旅格局，投资 5 亿元打造全国首个 RPG 模式科
幻乐园，结合原创 IP 与沉浸场景，推动城市记忆焕新与文化产业升级（见
表 2）。

表2　2024年广州部分文化产业项目情况

项目	基本介绍
广州国际文化中心	位于广州琶洲西区的标志性建筑,高320米,总建筑面积16.25万平方米,设计灵感源自"书山"理念,融合传统与现代元素。中心涵盖复合书店、国际会议厅、空中花园等多元功能,定位为粤港澳大湾区文化商务新中心,总投资45.6亿元,旨在打造连接东西方文化的智慧城市标杆,与周边39家名企总部共同推动区域发展
广州塔广场	位于广州新中轴线南端,紧邻广州塔,是集国际潮奢购物、高端餐饮与文化体验于一体的商业地标。项目引入85家首店及旗舰品牌,致力于打造广州夜间经济与高端消费新标杆
海丝音乐公园	广州白云区在建的大型文旅综合体,占地18万平方米,计划2026年建成。项目核心包括亚洲最大演艺中心(2万座)、全国最大Live House及3万人露天音乐节场地,配套益云广场、百花谷等多元业态,涵盖潮流运动、艺术展览与亲子娱乐,致力于成为融合音乐演艺、商业休闲与文旅体验的城市新地标
北斗星空文旅综合体(签约)	项目总建筑面积10万平方米。整体建筑由外到内,从物理空间到虚拟空间,完整体现北斗文化主题,用虚拟技术、光电影视等科技手段,使顾客身临其境沉浸式感受北斗文化发展脉络,搭建一座集北斗文化、餐饮购物、剧场演艺等于一体的大型北斗文化主题商业综合体
广州美术馆	广州美术馆(广州艺术博物院)是广州重要的现代化艺术博物馆,其前身为1930年建成的仲元图书馆,2023年11月迁至海珠区艺苑路新馆。新馆由国际团队设计,以"水中盛放的英雄花"为理念,融合岭南特色,占地3万平方米,建筑面积8万平方米。馆藏艺术品3.3万件,涵盖中国历代书画及岭南画派精品
白鹅潭大湾区艺术中心	广州荔湾区珠江畔的文化新地标,2024年4月28日启用,由何镜堂院士团队设计,总建筑面积14万平方米。其"文化巨轮"造型融合岭南特色,集广东美术馆、非遗馆和文学馆于一体,拥有展陈空间及剧场、报告厅等设施4万平方米
广州粤剧院新址	位于广州市天河区马场路与海安路交叉路口西北侧,珠江新城东北侧、跑马场西侧,西邻红线女艺术中心。总建筑面积约4万平方米,地下3层,地上16层,包括1200座大剧场、500座小剧场、3个60座小电影院、文化活动中心等配套设施
广州人民艺术中心	2024年9月22日正式启用,坐落于越秀区麓湖路13号,前身为广州艺术博物院
广州文化馆新馆	2023年开放,以"岭南园林+文化地标"为设计理念,巧妙融合传统镬耳墙元素与现代建筑风格。馆内设五大主题展区,涵盖非遗展厅、数字体验馆等多元空间,通过VR技术活化广绣、牙雕等传统技艺。作为国家一级文化馆,年均举办惠民活动500余场,创新推出"非遗大师工作室"和研学课程,并打造"广州文化云"数字平台,年服务超百万人次,成为展示岭南文化的重要窗口

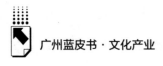

续表

项目	基本介绍
趣丸科技全球总部大厦	总投资 25.6 亿元,建筑面积 10 万平方米,位于琶洲 AI 与数字经济试验区;集总部办公、电竞馆、AI 创新中心于一体,推动自研语音大模型及 AI 技术落地,强化产学研协同
星纪世界·南湖乐园	投资 5 亿元,占地 25 万平方米,2025 年 1 月试运营;国内首个以 RPG 角色扮演为核心的科幻主题乐园,融合原创 IP、航天文化、沉浸式演艺,定位广州北部文旅新引擎

资料来源：根据网络公开资料整理。

（七）展会展贸活动精彩纷呈，文化产品交易成效显著

2024 年，广州以"展示+交易+投融+转化"为路径，系统构建文化产业全链条促进机制，助力本地文化企业拓市场、强品牌、促转化。各类展会成为企业集中展示产品、技术与创意的重要平台。2024 年广州文化产业交易会（简称"文交会"）首次以市场化方式运作，以"数字赋能新文旅产业汇聚大湾区"为主题，共吸引超过 1000 家文化企业单位参展，近 3000 位商界精英和企业家代表参会，线下展示面积超 5 万平方米。[①] 广州电影产业博览交易会（以下简称"影博会"）以"影动广州，绽放世界"为主题，聚焦电影产业交易、科技创新和消费市场，设置电影主题展馆、电影展映、电影版权交易、电影投融资对接、电影行业交流及培训、电影装备和科技产品展示、电影衍生产业交易、电影文旅消费配套活动八大板块内容，签约项目 150 个、交易额达 60 亿元。[②]

2024 粤港澳大湾区文化产业投资大会吸引 800 多家机构参会，达成意向合作及投资签约金额超 18 亿元，较上届增长 414%；签约企业 22 家，较

---

① 《2024 广州文交会影博会将亮相，亮点抢先揭秘》，广州市文化广电旅游局网站，2024 年 12 月 1 日，https://wglj.gz.gov.cn/gkmlpt/content/10/10026/post_10026226.html#9133。
② 《以文化人 以文惠民 以文润城 以文兴业——2024 年广州市宣传思想文化工作综述》，《广州日报》2025 年 1 月 23 日。

上届增长267%。① 广州设计周聚焦"设计+生活",展品涵盖高定家居、智能装置、材料美学等内容,观展人数达45.9万人次,形成强劲的消费转化。在展示基础上,广州着力推动"展转交"机制,构建高效文化交易平台。以展促销、以展促融、以融促转化,广州正在走出一条文化产品"展示即市场"的高效路径(见表3)。

表3 2024年广州部分文化产业展示交易活动

活动名	亮点、成效
广州文化产业交易会	主题为"数字赋能新文旅 产业汇聚大湾区",设数字文化创意展、文旅装备展、广州电影产业博览交易会,线下展示面积超5万平方米,推动文化产品交易与上下游对接
广州电影产业博览交易会(影博会)	吸引220家企业参展,签约150个项目,交易额60亿元,涵盖版权交易、影视投融资、科技装备与衍生产业等
文旅装备展	展示光影装置、文创潮玩、非遗产品等,设有2000平方米光影舞台,现场交易氛围浓厚
数字文化创意展	围绕元宇宙、裸眼3D、全息投影等数字体验设置展示板块,展示文化科技融合成果
粤港澳大湾区文化产业投资大会	聚焦"文化+科技+产业",签约金额56亿元、达成意向合作52项,800家机构参会,现场融资金额超14亿元
广州设计周	主题为"一起",观展人数达45.9万人次,设置18个展馆、150+同期活动,三馆联动展示"高定+材料美学""文创+生活美学"等
GETshow(演艺设备展)	展出面积13万平方米,汇聚全球演艺设备品牌,展示灯光音响、舞台技术、视听设备等,举办《极SHOW》光影展演与"飞马奖"
粤港澳中国戏剧文化节	三地联动举办,涵盖粤剧、儿童剧、经典剧目等,推动粤港澳戏剧创作联合体机制

资料来源:根据网络公开资料整理。

(八)园区激活老旧载体,提质增效深化业态融合

2024年,广州同时开展文化产业园区认定和已认定园区的评估工作,

---

① 《以文化人 以文惠民 以文润城 以文兴业——2024年广州市宣传思想文化工作综述》,《广州日报》2025年1月23日。

持续推动文化产业园区高质量发展。一是开展2024年度市级文化产业园区、市级文化产业示范园区、市级文化创意示范空间认定，发布文化产业园区画册和地图，以"一掌通览"形式整合广州104家重点文化产业园区资源。二是开展2024年广州市文化产业（示范）园区、文化产业示范空间实地评审，对纳入评估范围的42家广州市级文化产业示范园区开展资料审核和实地评审，拟评定14家园区"优秀"，8家园区"良好"，11家园区"合格"，2家园区"不合格，限期整改"，5家园区"撤销认定"，拟同意2家园区"延期评估"。三是开展"百样潮品 广玩广食"打卡文化园区里的精品宝藏征集活动，策划发布老字号周边、动漫产品、游戏产品、影视文化产品等"百园创意"榜单。

据不完全统计，截至2024年全市有文化产业园区（基地）731个（见表4），广州市各级文化主管部门积极推动文化产业园区提质增效，稳步推进市级文化产业园区认定工作，同时组织文化产业园区申报国家级、省级文化产业示范园区，着力提升文化产业集聚发展水平。2024年，广州新评定9家市级文化产业示范园区、20家市级文化产业园区、4家市级文化创意示范空间，广报阡陌间、西坊大院2个项目入选广东省文化和旅游产业赋能城市更新优秀案例名单。

表4 截至2024年广州文化产业园区（基地）数量

园区级别	数量	园区级别	数量
国家级	29	其他	610
省级	24	合计	731
市级	68		

资料来源：根据网络公开资料整理。

广州持续推进文化园区提质增效，通过"产业升级+空间更新+服务提升"综合路径，打造具有集聚效应和品牌影响力的文化产业发展高地。一方面，多个文化园区荣誉加身，凸显示范带动作用。广报阡陌间获评"市级文化产业园区"，并荣登"城市更新产业升级十大案例"等多个榜单；羊城创意产业园出租率达 99.17%，打造"一园七区"发展格局，集聚酷狗音乐、荔枝集团、天闻角川等头部企业，持续拓展人工智能、元宇宙等前沿业态。另一方面，文化园区产业能级稳步提升，2024 年广报阡陌间预计年产值超 20 亿元，工美港数字创新产业园年产值达 150 亿元，税收突破 4.5 亿元，成为旧改带动产业跃升的典范。各园区在业态引导与服务升级方面也不断突破，海珠同创汇围绕"时尚+科技"，集聚超 500 名设计师，强化纺织创意设计特色；西坊大院以艺术潮流、非标商业构筑区域消费热点；TIT 园区以保留原貌生态与服装创意展示形成独特园区文化。

（九）区域联动促进协作升级，文化共融开拓市场

广州以区域联动带动文化产业协作升级，通过构建跨市、跨省、跨境多维合作机制，加速形成文化共融发展格局。

一方面，广州推动与周边城市深度融合，打造区域文化产业协作样板。广州荔湾区联合佛山禅城、南海两地创建国家文化产业和旅游产业融合发展示范区，成为粤港澳大湾区首批入选全国示范区建设名单的项目。该示范区以广府文化为纽带，打造文商旅体融合样板，2024 年接待游客 9500 万人次、旅游收入 899 亿元，带动本地文化消费升级。[①] 番禺与佛山顺德、南海整合资源打造"南番顺"同城合作区，强化长隆—万博商务区、广州大学城等文化与科技集群协同，助推广佛科技创新主轴成型。制定《促进环南昆山—罗浮山县镇村高质量发展引领区广州片区农林文旅融合发展的若干措施》，统筹环南昆山—罗浮山县镇村高质量发展引领区广州片区生态旅游发展，引领区十大精品旅游线路串联广州市从化区、增城区及惠州市博罗县、龙门县热门旅游目的地，满足市民游客多层次、个性化、品质化的新需求。举办"文旅赋能'乡'遇新彩广州！环南昆山—罗浮山县镇村高质量发展引领区（广州）文化旅游季"活动，全力推进引领区建设，建设具有世界影响力的旅游强市。

---

① 《广东三区联手，"文化+百业"带火消费》，《中国文化报》2025 年 2 月 20 日。

另一方面,广州加快构建"走出去+引进来"文化贸易网络,国家对外文化贸易基地(广州)联动江西、四川等地,构建19省市联动、覆盖26国的国际文化贸易生态,推动文化产品出口与文旅消费入口双向拓展。在体制机制创新方面,广州探索"信用+文旅"融合模式,联合周边城市打造"信游珠三角"诚信文旅线路,为粤港澳大湾区构建统一文旅信用体系提供样板。持续优化粤港澳大湾区文化共建机制,广州通过中国戏剧文化节、出版合作共同体、"艺聚香港"等平台,深化与港澳在戏剧、出版、展演、旅游等方面的协同机制,推动形成"广州策源、港澳落地"协同传播格局,持续释放区域联动下的文化辐射力和产业带动力。

(十)对外文化贸易创新高,出海企业产品和品牌双向突围

近年来,广州将文化服务出口作为实施文化强市战略、推动城市文化综合实力出新出彩的重要举措,充分发挥国家文化出口基地在产业集聚、创新发展、示范引领等方面的重要作用,大力培育文化出口重点企业、重点项目,激发文化产业发展活力,推动对外文化贸易提质增效。2024年,广州市文化产品出口额合计475.32亿元。[①]

2024年广州获批国家对外文化贸易基地。广州举办一系列国际文化展会和产业对接活动,进一步推动文化产品出海。广州国际纪录片节、CICF×AGF动漫游戏盛典、广东国际旅游产业博览会等展会吸引全球买家和投资者,为广州文化产业的国际化发展提供更多机会。2024年,香港国际影视展首次设置广州展区,17家市属广播电视、网络视听机构集中亮相,展示了近年来广州电视剧、动漫、纪录片等影视产业的发展成就,与香港贸易发展局签署《穗港影视产业战略合作备忘录》,推进两地影视企业在项目投资、制作发行、市场拓展等方面的深度合作。随着数字文化、动漫游戏、影视、文化装备等产业的持续升级和全球化布局,广州逐步成为中国

---

① 《2024年1—12月广州关区所辖7地市进出口综合统计资料》,广州海关网站,2025年1月18日,http://guangzhou.customs.gov.cn/guangzhou_customs/381558/fdzdgknr33/381638/381572/381573/6325469/index.html。

文化产业全球化发展的核心枢纽，推动中国文化品牌在国际市场上赢得更广泛的认可。

广州企业加快"走出去"步伐，持续扩大文化产品在国际市场的影响力，已成为全国文化产品出海的重要阵地。游戏产业是广州文化产品出海的领军领域，2024年广州游戏企业海外营收达173.7亿元，占广东省海外营收总额的比重超过40%，在SLG、二次元、卡牌等细分赛道均具备全球竞争力。三七互娱 *Puzzles & Survival*、网易《阴阳师》《荒野行动》、库洛科技《鸣潮》、4399《菇勇者传说》等代表作在日韩、东南亚、欧美等市场长期霸榜。智能文化设备企业持续开拓国际市场，视声智能S3、S7系列智能面板接连斩获德国红点、美国IDA等国际设计大奖，亿航EH216系列载人飞行器完成多国首飞，中国智能飞行技术在全球的领先地位不断巩固。影视动漫领域同样收获亮眼成绩，《惹上冷殿下》入驻Netflix全球190多个国家，《喵能战士》《反斗联盟》亮相戛纳电视节。中图进出口、蓝深科技、视声智能等广州企业入选国家文化重点出口企业，广州文化产业正从"产品出海"迈向"品牌出海"（见表5）。

表5　广州文化产品出海情况

企业名称	出海情况
库洛科技	《鸣潮》登陆纽约时代广场，全球预约超3000万次，2024年5月发行后跻身海外中国手游内购收入榜前20名，全球下载量达1550万次
三七互娱	*Puzzles & Survival* 全球累计流水超15亿美元，占据全球SLG市场前三；《寻道大千》在日韩、东南亚及欧美市场表现优异
诗悦网络	《云上城之歌》推出泰语版本，在东南亚市场表现优异，用户留存率提升40%
网易	《荒野行动》多次登上日本iOS畅销榜前列，《阴阳师》在日本市场长期受欢迎
4399	《菇勇者传说》2024年上半年在日韩市场收入亮眼，成为双料冠军
百田信息	《反斗联盟》《喵能战士》亮相戛纳春季电视节，提升国产动漫国际影响力
莱可传媒	《惹上冷殿下》被Netflix翻译成26种语言，覆盖190多个国家，成为国产青春剧全球化传播典范
视声智能	推出S3、S7智能屏、华尔兹智能面板，获红点奖、MUSE金奖、IDA金奖、意大利设计银奖，拓展欧洲市场，依托KNX技术提升国际影响力

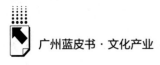

续表

企业名称	出海情况
澳飞扬标识	在纽约成立新公司,引进佳能 Arizona 设备,积极参与国际合作项目
天海花边	超过 85%产品出口欧美市场,成为全球最大一体化蕾丝生产企业之一
亿航智能	多型号飞行器在泰国、阿联酋、西班牙等完成公开首飞,提升中国智能无人飞行器国际影响力

资料来源:根据网络公开资料整理。

二 广州文化产业发展存在的问题及原因

(一)规模与先进城市差距扩大,竞争优势下滑

广州文化产业面临"前有强敌、后有追兵"的双重压力,整体发展速度与全国先进城市差距扩大,且被新兴文化城市快速追赶,呈现出"位次难升、差距拉大"的严峻局面。

一方面,广州与先进城市差距持续扩大。2023 年,广州文化产业增加值为 1997 亿元,虽位居全国第五,但规模与北京、上海、深圳、杭州的差距有所扩大。2023 年,广州文化产业增加值与杭州的差距由 2022年的 620 亿元扩大至 1214 亿元,进一步被甩开(见图 8)。营业收入方面,2023 年广州规模以上文化产业营业收入为 5582.34 亿元(见图 9),仅为上海的 23.86%、深圳的 50.71%及杭州的 58.67%,营收差距较大。

另一方面,广州文化产业增加值占 GDP 比重增长幅度较小。2014~2023 年仅提升 1.18 个百分点,从 5.26%升至 6.44%,而同期北京保持在 10%以上,杭州稳定在 12%以上,甚至一度突破 20%。

此外,后发城市快速崛起,追赶压力增大。以成都为代表的新兴文化城市正迅速追赶,2023 年成都文化产业增加值占 GDP 比重达 11.33%,比

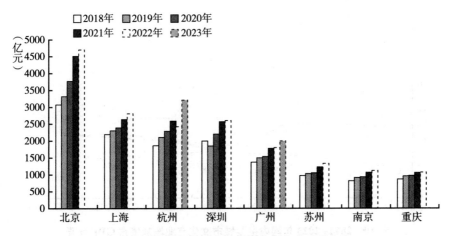

图 8   2018~2023 年国内主要城市文化产业增加值

说明：2023 年仅有广州、杭州数据，2021 年上海文化产业增加值数据为课题组估算结果。

资料来源：2019~2022 年《中国文化及相关产业统计概览》；2019~2022 年《广州市文化及相关产业统计概览》；相关城市统计局公布数据。

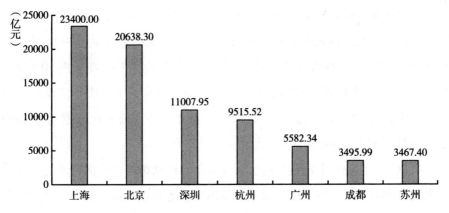

图 9   2023 年国内主要城市规模以上文化产业营业收入

资料来源：根据各城市人民政府网站公开数据整理。

2019 年提升 2.75 个百分点（见图 10），增速远高于广州，呈现"追兵渐近"的紧迫态势。

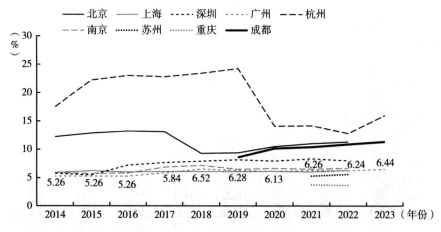

图10 2014~2023年国内主要城市文化产业增加值占GDP比重

资料来源：根据各城市人民政府网站公开数据整理。

（二）文化企业实力有待增强，企业整体梯队竞争不足

广州文化企业规模实力与其他城市悬殊。从知名企业数量来看，据初步统计，北京在国内各城市中占据绝对领先地位，其知名文化企业数量达到40多家，上海、深圳均为20多家，广州、杭州知名企业数量为10余家。2024年深圳腾讯实现营业收入6603亿元，位于北京的字节跳动实现营业收入11300亿元人民币，而广州最大的文化企业网易年营业收入刚超过1000亿元（见图11），企业实力差距较大。

广州文化企业在全国范围内引领性不足，以动画产业为例，其与北京等一线城市差距明显。尽管奥飞娱乐、咏声动漫等企业具备较强的实力，但在原创IP打造、工业化制作能力、全球化传播等方面尚未形成突破，主要作品集中于低幼市场，内容深度与技术水平有限。相较之下，北京的追光动画、光线传媒等企业通过构建"国风神话宇宙"、打造工业化流程、实现IP全球化传播，已形成内容、技术、资本"三位一体"的产业生态，持续引领中国动画发展方向。广州目前缺乏此类具备全国引领力和国际影响力的标杆企业，在品牌建设、技术融合、产业整合等方面仍有较大提升空间。

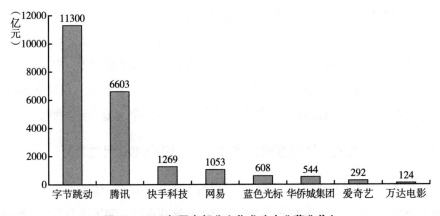

图11　2024年国内部分文化龙头企业营业收入

资料来源：各企业2024年年度报告；《字节跳动2025年营收增长有望追平Meta：AI与全球化双轮驱动下新格局》，东方财富网，2025年5月16日，https://caifuhao.eastmoney.com/news/20250516113017502926720。

（三）产品内容创新不足，原创IP孵化能力有待提升

广州文化产业整体原创能力不足，长期依赖代工生产和内容引进，缺乏系统的原创IP孵化机制，导致产品附加值不高、内容辨识度不强、市场持续竞争力不足，制约了产业的高质量发展。一是原创内容供给不足，现有代表性IP多集中于低幼市场，缺乏面向更广泛人群的高价值内容，叙事深度和文化内涵不足，难以形成全国性乃至全球性的品牌影响力。二是内容生产高度依赖外部资源，缺乏成熟的创意人才梯队和稳定的内容生产机制，剧本、创意、技术、运营等环节协同度不高，原创内容难以高效转化为成熟产品。三是产品生命周期短，缺乏具备可持续开发能力的IP矩阵，多数项目存在"一次性""短生命周期"现象，难以形成稳定的用户积累和文化沉淀。四是内容转化效率低，演艺、影视、数字等内容形态未能形成互为支撑、共同放大的联动效应，文化产品从创作到市场的转化路径不畅，平台化、系统化运作能力有待加强。

（四）市场资源整合能力不足，产业链协同效应弱

广州文化产业链布局不全、资源联动不强，制约了产业集聚效应和市场

拓展能力的发挥。一是内容创作与衍生开发脱节，缺乏 IP 商业化闭环；电竞、影视、音乐等领域上下游联动不畅，赛事运营、内容生产、宣发推广等关键环节薄弱，难以形成产业协同效应。二是与深圳、上海等地相比，广州在衍生品开发、电竞生态、影视制作体系等方面稍显滞后，公共资源利用效率不高，园区空置率较高，文化消费外溢严重，整体资源配置与转化能力仍需加强。

（五）行业发展缺乏系统性支持，基础设施建设相对滞后

广州文化产业政策支撑不足、要素供给不全。政策扶持体系不够完善，未覆盖游戏、音乐、电竞等细分行业，中小企业难获支持，创新活力不足。版权保护机制不够健全，执法不够统一。基础设施方面，广州影视拍摄基地、演艺场馆、电竞中心等专业平台建设不足，文化园区配套不够完善，产业链协同与数字基础设施融合度有待提升，限制了文化科技融合与高端化发展。

（六）细分领域人才短缺，高端专业人才吸引力不足

广州文化产业面临高端人才短缺问题，制约行业创新与国际竞争力提升。动漫原创团队稀缺，核心创意人才流失严重，难以打造爆款 IP；游戏企业全球化进程加快，但多语言、文化适配等出海人才供给不足，限制国际化布局；电影人才储备薄弱，能够系统培养编剧、导演等创作骨干的专业院校较少，影响产业长远发展；演艺行业专业梯队未成形，人才培养体系有待完善，原创驻演内容偏少，品牌影响力不足。整体来看，广州高端文化人才吸引力与培养能力亟待加强。

三　广州文化产业发展面临的形势及展望

（一）形势及展望

1. 文化消费风头正劲，文化供给面临优化升级

数字文化消费保持快速增长势头，成为引领文化消费的主引擎。数字经济为文化产业打造了全新传播渠道与商业模式，驱动数字文化消费模式创新

与多元化发展。2024年前三季度，全国数字文化新业态营业收入4.16万亿元，在全部规模以上文化企业营业收入中的占比为41.8%，与2019年相比提升了18.9个百分点，数字文化产业在文化产业整体格局中的核心地位进一步彰显。① 云旅演艺、直播带货、短视频等数字文化消费方兴未艾，数字文化消费的巨大潜力有待进一步发掘。

文化消费呈现融合化、个性化、体验式、互动式等创新发展态势。一方面，文商旅融合消费场景不断创新。体验式消费需求的增加对商业、文化、旅游业提出了更高要求，以文兴旅、以旅促商、文商旅融合的体验式消费场景越来越受到消费者欢迎。依托艺术街区、剧场、博物馆、美术馆、文化娱乐场所等文化旅游集聚地，推动文商旅融合发展，已成为各地推动文化消费的重要途径。另一方面，个性化共创式文化消费旺盛。在数字经济迅速发展、年轻人创新意识增强的趋势下，数据和算法深入挖掘消费者的个性化需求，互动、共创、分享等独特体验使得线上文化消费受到年轻消费者欢迎，文化内容生产中的个性化推动成为常态。

文化消费与城市的关系愈加紧密。城市成为文化消费最重要对象之一，文化消费成为提升城市形象，促进城市经济、文化繁荣的重要方式之一，也逐渐成为城市发展的共识。2024年，哈尔滨借助冰雪文旅成为顶流；电视剧《繁花》带火上海黄河路、和平饭店、排骨年糕等剧中同款场景和美食；李娟小说改编的影视作品《我的阿勒泰》热播，让新疆阿勒泰成为热门旅游"打卡地"；游戏《黑神话：悟空》带动取景地山西古建筑游迅速升温，让"跟着悟空游山西"成为文旅新口号。文化消费中的户外场景、跨城消费不断增多，线下文化消费增长突出，更多人愿意走出家门，"为一场演唱会奔赴一座城""跟着赛事去旅行""拖着行李箱去看戏"等成为年轻人文化消费潮流。

面向未来，广州应以数字经济为抓手，进一步释放文化消费潜力。依托粤港澳大湾区数字技术优势，加速构建虚实融合的文化消费新生态；以人工

---

① 国家统计局网站、艾媒咨询。

智能、元宇宙等技术重构文化供给模式，推动数字内容创作、智能交互体验与城市空间深度融合，培育线上线下联动的文化消费场景；立足岭南文化底蕴，强化"千年商都"特色，打造具有国际辨识度的城市文化 IP 矩阵，以数字技术激活非遗、商贸、艺术等文化资源，推动文化消费从功能型向体验型跃升，塑造"广式生活美学"全球品牌，实现文化产品与服务供需精准匹配与价值升级。

2. 文化产品出海更加繁荣，数字文化贸易迎来机遇

数字经济时代下，文化出口贸易发展迎来新机遇。数字技术拓展了文化贸易市场边界，驱动数字文化贸易迅猛发展，包括数字音乐、在线视频、网络游戏等数字产品，还包括以数字技术为支撑的音乐会、展览、设计等文化服务，并在全球数字贸易中占据重要地位。数字技术还促进了文化产业的国际分工，推动了文化中间品贸易的发展，如动漫产业的全球化分工以及工业设计服务外包模式的兴起。此外，数字技术的广泛应用显著提升了文化贸易的交易效率，丰富了贸易模式。平台在推动文化贸易发展中的作用越发突出，更多中国文化产品借助 Netflix、iTunes、Spotify、Amazon 等平台走向世界。

网文、网剧、网游等新载体，成为文化产品出海"新三样"。国产数字游戏力作《黑神话：悟空》自发布以来，便迅速占据 Steam 全球热门游戏排行榜首；2024 年中国网络小说海外市场规模已超 40 亿元，海外用户数达2.2 亿人，覆盖 200 多个国家和地区；短剧出海作为近几年兴起的新赛道，展现出了强大的发展潜力，当前短剧出海模式包括版权出海、译制出海、海外本土化创作三类，出海目的地以欧美、东南亚市场为主，未来整个出海短剧产业的商业化规模或将形成百亿量级的市场。

抢抓文化贸易发展新机遇，广州应深化开放推动文化产品出海，积极建设数字文化贸易枢纽。加速构建数字文化全球传播体系，聚焦游戏、网文、短剧等新兴领域，培育具有国际竞争力的数字内容产业集群，搭建链接全球市场的文化贸易服务平台。依托粤港澳大湾区协同优势，推动文化产品在地化改造与国际规则对接，强化版权保护与数字技术标准

输出，打造"湾区创作、全球分发"的文化产品出海模式，助力中国文化符号融入全球价值链。

3. 产业能级持续提升，国家文化战略纵深推进

文化产业能级跃升，在国民经济中的地位越来越重要。当前，文化产业已成为中国经济高质量发展的强劲推动力，是中国经济的重要组成部分。国家统计局数据显示，2024年，文化企业实现营业收入141510亿元，按可比口径计算，比上年增长6.0%。其中，文化新业态特征较为明显的16个行业小类实现营业收入59082亿元，比上年增长9.8%，快于全部规模以上文化企业3.8个百分点。

文化产业的战略价值在顶层设计中持续凸显。在全球文化权力格局加速重构的背景下，文化产业已突破传统经济范畴，成为国家综合实力的重要"招牌"。从"文化自信"写入宪法到"文化强国"战略全面实施，从双循环新发展格局构建到"一带一路"建设，文化产业在战略规划和政策设计中越来越受到重视。党的十九届五中全会明确提出到2035年建成文化强国的远景目标，党的二十届三中全会通过的《中共中央关于进一步全面深化改革、推进中国式现代化的决定》明确提出"健全文化产业体系和市场体系，完善文化经济政策"，为推动文化产业发展壮大，各地纷纷通过财政补贴、税收优惠等措施，引导文化资源向产业链高端集聚。这种自上而下的战略聚焦，标志着文化产业已升级为国家、城市软实力竞争的核心载体。

在此背景下，广州要进一步巩固文化产业支柱地位，持续强化政策支撑，完善文化产业治理体系。以制度型开放推动要素市场化配置，创新文化金融、用地供给、人才引育等政策工具，构建包容审慎的新业态监管机制。强化粤港澳大湾区文化协同，共建数字文化基础设施与标准体系，推动文化资源跨境流动与价值转化。通过系统性改革激发市场活力，力争建成全球文化资源配置枢纽，为中国式现代化提供"广州样本"。

4. 文化科技快速发展，新旧动能转换提质增效

文化科技持续推动文化产业创新升级。一是技术驱动文化创新，科技手段的应用极大提高了文化内容的创作效率和传播速度，人工智能、大数据、虚拟现实、增强现实等前沿科技正在更加广泛地应用于文化领域。二是新型文化业态不断涌现。新材料、新技术、新工艺推动了文化创意、数字内容、文化旅游等新型业态的快速发展，既打破了区域壁垒、延伸了文化产业链，又创造了新型经济增长点，文化科技正在推动一系列新型文化业态发展壮大，如数字文化旅游、在线演艺、电子竞技等。

人工智能深度重塑文化创作与消费生态。2024年AIGC从井喷式发展走向场景式落地，人工智能技术已全面渗透文化内容的生产、分发和消费环节，推动了创作模式与生态结构的革命性变化。在创作端，以生成式AI为代表的技术突破重构了传统创作流程，Stable Diffusion、Midjourney等工具使素人创作者可借助提示词工程实现专业级视觉表达，AI作曲系统已能生成具备完整编曲结构的音乐作品，这种"人机共创"模式既解放了创作生产力，也带来著作权归属、艺术原创性界定的新命题。在消费层面，AI通过个性化算法推荐和交互技术深刻改变了文化消费方式，不仅精准匹配用户需求，还通过虚拟助手、沉浸式体验等手段提升用户的参与感和互动性。

文化科技迅猛发展形势下，广州未来要持续以人工智能、区块链等前沿技术深度赋能文化产业全链条变革。以建设国家文化与科技融合示范基地为契机，推动文化数据资产化、创作智能化、体验沉浸化，在数字文博、智慧文旅、AIGC等领域形成创新策源能力。聚焦核心技术攻关与新型文化业态培育，构建"基础研究—应用转化—产业生态"的创新链条，推动文化产业从规模扩张向质量效益转型，打造全国文化科技融合标杆城市。

5.产业融合深入紧密，文化产业展现全新活力

以文化创意和深度体验为核心，文化产业与旅游业、商业、体育产业等深度融合。例如，文化产业与旅游业融合方面，沉浸式文化旅游产品将不断涌现；"文旅+康养"将进入新的发展阶段，高品质、社群化的康养文旅综合体将迸发新热点；商业综合体将融入更多当地特色文化元素，与地方非遗文化体验和更多休闲娱乐功能融合，使购物空间成为极具地方特色的文化休闲场所，线上线下的融合将拓展文化商业体验新空间；在"国潮"规模化

和大众化趋势下，一大批具有中国特色、中国气派、中国风格的产品将得到公众尤其是年轻消费者的青睐；文化产业与体育产业融合方面，将不断拓展融合领域和方式，通过体育赛事和文化旅游相结合、体育用品和装备与文化创意相结合、体育宣传与地方特色文化相结合等多种方式，在拓展体育产业文化内涵的同时，促进区域文化产业发展和文化形象提升。

文化IP深度开发推动跨界共融成为潮流。2024年，文化IP的深度开发更聚焦内容的创新性和独特性，通过深入挖掘IP背后的文化内涵和故事，结合现代审美和市场需求，打造出具有吸引力的新内容。文化IP的跨界融合展现出更加多元化的态势，游戏、影视、动漫、文学等领域的IP联动愈加频繁。推出衍生作品或改编作品，成功实现多领域的融合发展。例如2024年8月爆火的游戏《黑神话：悟空》和2025年春节档电影《哪吒之魔童闹海》，分别成为游戏和电影行业的现象级IP。此外，文化IP在消费端的影响力不断增强，消费市场的多样化需求推动文化IP开发模式向全产业链延伸。随着消费者需求的日益多元化和个性化，以消费者需求为导向的跨界共融模式提高了文化IP的市场竞争力，也带来了更多IP新业态和新模式。这种趋势在推动产业创新的同时，也强化了文化在现代社会中的连接性与活力。

在文化产业展现多元活力的形势下，广州应积极推动文化跨界协同，释放乘数效应，构建"文化+"生态圈。深化文化产业与城市功能、产业体系的有机融合，以"文化+"激活全域创新动能。推动文商旅融合向"场景化、社群化、国际化"升级，打造历史街区活化、夜经济等标志性项目；探索文化产业与先进制造、健康医疗、现代农业等跨界联动，培育文化装备、数字康养等融合业态。强化文化IP的全产业链开发，构建从内容创作到衍生消费的生态闭环，形成"以文兴产、以产促城"的融合发展格局。

（二）发展趋势预测

1.营业收入规模预测

2014~2024年，广州规模以上文化产业营业收入翻了一番，达到6040.8

亿元。2025年，广州加快构建"12218"现代化产业体系，为文化产业的进一步发展提供了体系支撑。广州文化产业发展迎来机遇期：向内看，广州将承办第十五届全国运动会（以下简称"十五运"）开幕式和全国第十二届残疾人运动会暨第九届特殊奥林匹克运动会开幕式，可将赛事红利转化为城市可持续发展的动力；向外看，文化产品出海正当时，海外文化产品需求激增推动广州文化产业走出国门。本文预测，2025年广州规模以上文化产业营业收入将达6420亿元，增速约6.30%。

本文对广州市规模以上文化产业营业收入规模和产业增加值进行测算。首先，需测算2025年广州GDP及增速。根据2024年广州市高质量发展大会中提出的"大干十二年、再造新广州，到2035年经济总量翻一番，率先实现社会主义现代化"的发展目标，结合广州的消费、固定资产投资和进出口增长情况，预测2025年广州GDP将达到32984.68亿元。同时，测算广州GDP年均增速，公式如下：

$$V = \left[\left(\frac{GDP_{2035}}{GDP_{2024}} \right) ^ \left(\frac{1}{11} \right) - 1 \right] \times 100 \tag{1}$$

式（1）中，V表示这一时期广州GDP平均增速，预测值为6.29%。

本文采用固定比重法和固定增速法对2025年广州市规模以上文化产业营业收入规模进行预测。

测算方式一：由于广州产业结构在短期内较为稳定，且近年来文化产业领域投资并未出现大规模突增，从历史数据来看，文化产业营业收入会持续走高但大概率不会出现反常增长，故文化产业营业收入占GDP比重变化不大。基于以上判断，本文采用近两年广州规模以上文化产业营业收入占当年GDP比重的均值。此法根据2025年GDP进行测算，计算公式为：

$$CIOI_{2025} = GDP_{2025} \times \sum_{i=2023}^{2024} \frac{CIOI_i}{GDP_i} \times \frac{1}{2} \tag{2}$$

式（2）中，$CIOI_i$和GDP_i分别表示第i年文化产业营业收入和GDP。

通过规模以上文化产业增长数据校准，测算出 2025 年广州市规模以上文化产业营业收入规模为 6243.30 亿元。

测算方式二：根据广州 GDP 预期增长速度测算规模以上文化产业营业收入规模。由于文化产业是广州"保持位势类"现代服务业，增速在广州现代化产业体系中位于前列，因此假设广州规模以上文化产业营业收入规模增速与预期 GDP 增速相当，测算方式如下：

$$CIOI_{2025} = CIOI_{2024} \times (1 + V) \tag{3}$$

进而，可测算出 2025 年广州市规模以上文化产业营业收入规模为 6420.81 亿元。鉴于以上分析，本文认为 2025 年广州市规模以上文化产业营业收入规模应介于 6243.30 亿元和 6420.81 亿元之间（见表6）。

表6　2014~2025 年广州规模以上文化产业营业收入规模及测算

单位：亿元，%

年份	规模以上文化产业营业收入	GDP	规模以上文化产业营业收入占 GDP 比重
2014	3034.06	16135.95	18.80
2015	2958.39	17347.37	17.05
2016	3221.44	18559.73	17.36
2017	3446.56	19871.67	17.34
2018	4054.92	21002.44	19.31
2019	4110.21	23844.69	17.24
2020	4135.28	25068.75	16.50
2021	4807.76	28225.21	17.03
2022	4815.79	28839.00	16.70
2023	5582.34	30355.73	18.39
2024	6040.80	31032.50	19.47
2025E1	6243.30	32984.68	
2025E2	6420.81		

注：规模以上文化产业营业收入对应的 2025E1 数据为行业营业收入占 GDP 比重不变标准测算出的结果，2025E2 数据为行业与 GDP 同一增速测算出的结果。

资料来源：2014~2024 年《广州市文化及相关产业统计概览》。

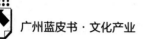

2. 增加值预测

产业增加值是指企业在生产过程中新增的价值，体现了企业在生产过程中对国民经济的贡献程度，是衡量产业发展质量和效益的重要指标。产业营业收入是计算产业增加值的基础数据之一。一般来说，营业收入的增长会为增加值的增长提供可能性，但两者并不总是同步变化。广州文化产业发展较为成熟，历年增加值率较为稳定，即广州文化产业增加值占营业收入比重较为稳定。参照 2025 年广州市规模以上文化产业营业收入的测算原理及测算方法，对广州市文化产业增加值进行估计。结合相关数据，本文以 2020～2022 年广州市文化产业增加值率平均值为标准，测算公式如下：

$$VAOCI_t = CIOI_t \times \sum_{i=k}^{t-1} \frac{VAOCI_i}{CIOI_i} \times \frac{1}{t-k} \tag{4}$$

其中，$VAOCI_t$ 和 $CIOI_t$ 分别表示第 t 年文化产业增加值和文化产业营业收入，k 为测算文化产业增加值增长率选择的基准年份。根据以上公式，结合上文测算出的文化产业营业收入，进一步预测 2025 年广州市文化产业增加值为 2288.45 亿~2353.51 亿元。

四 广州加快文化产业发展的对策措施

在广州市委、市政府出台的《关于加快建设"12218"现代化产业体系的意见》中，文化创意和旅游休闲是 8 个现代服务业中的两个"优等生"，在现代化产业体系建设中的作用非常重要。2025 年是"十四五"规划收官之年，也是"十五五"（2026～2030 年）规划编制的谋划之年，广州发展文化产业要认真落实省委"1310"具体部署、省政府工作要求和市委"1312"思路举措，加强顶层设计，编制文化产业专项规划，统筹各方力量，聚焦"招引平台企业、吸引优质企业、服务本地企业"等重点环节，通过实施 AI 赋能、超级文化 IP 打造、业态培育、空间拓展等举措，完善财政、金融、土地等政策，不断培育文化新质生产力，积极融入"12218"现代化产业体系，充分发挥文化产业对经济社会的赋能作用，为超大城市转型升级提供"广州样本"。

（一）整合文化产业资源，集中力量打造"爆款"文化IP

如今，文化产业已步入"超级IP时代"。超级IP通过其强大的影响力和商业价值，改变了文化产业的发展模式和格局，成为当代文化产业的重要特征和趋势。特别是2024年以来，涌现出《哪吒之魔童闹海》《黑神话：悟空》等现象级爆款IP，这些IP不仅在国内引发热潮，更通过创新表达和跨界融合走向国际，成为中国文化软实力的重要载体。

广州拥有丰富的文化资源，但缺乏系统性整合，文化符号辨识度不足，长期面临"资源丰富但IP乏力"的困境，难以形成规模化影响力。广州要培育出具有文化基因专利的超级IP，需要完成三重跨越：从文化元素提炼到价值符号锻造，从单点爆款开发到生态体系构建，从区域出彩到全国甚至全球运营。因此，广州打造爆款需以"文化深挖—基因页码与符号提炼—创新表达—矩阵传播—全球运营"为路径，通过资源重构、技术赋能和模式创新，将城市特质转化为可感知、可参与、可传播的价值体系。一是深入挖掘岭南文化资源，梳理出最具代表性和独特魅力的文化元素，建立"广州文化基因库"，主要聚焦三大核心：以十三行、海上丝绸之路为核心的历史商贸文化IP群；以粤剧、广绣、醒狮为代表的岭南非遗活化IP群；以珠江新城、琶洲数字经济区为载体的现代都市文化IP群。二是开展文化基因解码工程，提炼独特元素，将岭南人民独特的生活方式、审美观念和价值取向进行符号化解读，如"醒狮"代表拼搏精神、"木棉花"象征城市气质、"艇仔粥"链接市井烟火等，形成"岭南文化全景体验矩阵"。三是以"岭南文化+现代性表达"为核心，打造具有广州基因的超级文化IP矩阵，形成从符号提炼到产品落地的完整链条。四是强化科技赋能，构建数字传播体系，建立"双微一抖一快"新媒体矩阵，重点培育本土文化关键意见领袖，整合各方资源，发挥智能技术、内容制作、传播运营等优势，推动文化IP的创新发展和广泛传播。五是发挥粤港澳大湾区核心引擎优势，深化湾区协同，联合香港澳门文化资源开发运营系列文化IP，构建全球运营网络，推动文化IP更好走向全国甚至全球。

（二）全面部署多模态文化大模型，搭乘AI赋能"快车"

以大模型为代表的生成式AI技术，在知识推理、多模态交互、大数据分析等领域具有强大的优势，广泛应用于文化产业，突破了传统的文化产品创作边界，打通了文化产业"创意—生产—传播—衍生"产业链条，极大地激发了文化创作者的灵感，提升了创作效率与质量，重构了"人—内容—场景"新型关系，真正实现"千人千面"的文化消费体验，为文化产业全链条赋能。

广州文化产业实现原创能力的跃升，对大模型的充分利用起到非常关键的作用。同时，全面部署多模态文化大模型是一个复杂的系统工程，涉及数据、算法、算力、应用场景及伦理合规等多方面的协同优化。广州可以从以下几个方面着手：一是由政府牵头，联合网易、腾讯、华为等企业，搭建"粤港澳大湾区文化大模型开放平台"，为文化企业提供算力、数据资源支持。二是依托DeepSeek、豆包、文心一言、通义千问、即梦、ChatGPT等多模态大模型处理能力，对全市文保单位、博物馆、非遗数字档案等文化资源进行结构化处理，通过知识抽取技术建立"岭南文化要素关系网络"，实现建筑文化、饮食文化、商贸文化等主题域的智能关联，为文化产品开发提供灵感与线索。三是借助大模型的内容生成能力，辅助文化产业创意转化，将文化产业以更加生动、有趣的形式呈现给受众。四是利用大模型打造文化产业创新协同平台，整合广州文化产业上下游企业、高校科研机构、文创工作室等资源，通过大模型的智能匹配与推荐功能，促进各方在创意项目上的合作。

（三）充分释放"十五运"效应，推动文商旅体融合发展

"十五运"将于2025年11月9~21日举行，由广东、香港、澳门三地共同举办，是粤港澳三地承办的中国规模最大、水平最高、影响最广

的综合性运动会，开幕式和闭幕式分别在广州和深圳举行。历史经验表明，重大赛事具有要素集聚与业态创新、品牌增值与生态重构等多重价值，对文化产业起到催化效应，已经成为推动区域文化经济协同发展的战略支点。

广州可以充分借助"十五运"契机，推动文化产业在文化内涵挖掘、文创产品开发、与体育产业融合发展和市场宣传推广等方面实现高质量发展。一是系统梳理全运会的历史脉络和体育精神，结合广州的岭南文化、海丝文化、创新文化等特色，深度挖掘全运会与广州城市文化之间的内在联系，通过举办故事征集活动、文化讲座、主题展览等多种形式，广泛传播运动员的奋斗故事、广州的办赛历程以及全运会为城市带来的变化，以故事为载体，使全运会文化与广州城市文化相互融合、相互促进。二是深入挖掘岭南建筑、广府民俗、传统工艺等广州本土文化元素，将其融入文创产品设计，开发具有广州特色的赛事吉祥物、纪念品、文具、服饰等文创产品。三是整合广州的体育场馆、历史文化景点、自然风光等资源，设计开发多条体育文化旅游线路，如推出"全运场馆探秘之旅""岭南体育文化寻踪之旅"等线路，将体育赛事观摩、场馆参观、文化体验、休闲旅游等活动有机结合，吸引国内外游客前来体验，带动旅游、餐饮、住宿等相关产业的协同发展，形成新的经济增长点。四是以赛事举办为契机，把文化元素融入体育产业发展，促进文化产业生产要素与体育产业生产要素优化组合，打造体育赛事、旅游、演艺、娱乐的内容产业链，提升体育产业文化内涵，推进文化产业与体育产业融合发展。

（四）大力推动文化科技创新，打造文化产业创新策源地

技术创新推动文化生产要素的变革与升级、促进文化生产方式的创新与变革、催生文化产业新业态与新模式，在文化新质生产力培育中发挥着至关重要的作用。广州科技创新资源丰富，是全国唯一聚集国家实验室、综合类国家技术创新中心、国家重大科技基础设施、国际大科学计划等国家级重大科创平台的城市，要充分用好现有22家全国（国家）重点实验室（占全省

总数超七成）、435 家省级重点实验室（占全省总数近六成），加强对关系文化产业高质量发展全局的科学问题的研究部署，增强原始创新能力，提升文化产业原创发现、技术发明和产品产业创新的整体水平，支撑文化产业变革和保障文化产业链供应链安全。

一是加强前沿技术和颠覆性技术研究，强化对科技变革性、苗头性态势分析，研判可能形成新质生产力的重点技术和技术群，开展文化内容创作、生产、管理、传播与消费等文化产业各个环节发展的共性关键技术研究，突破百项前沿关键核心技术。二是强化智能科学、体验科学、机器学习等基础研究，开展语言及视听认知表达、跨媒体内容识别与分析、情感分析等智能基础理论与方法研究，推动类人视觉、听觉、语言、思维等智能技术在文化领域的创新应用。重点突破新闻出版、广播影视、文化艺术、创意设计、文化旅游等领域关键系统集成应用技术。三是建设布局文化产业概念验证中心，提供原理或技术的验证服务，加强验证中心与验证项目的管理与支持。四是健全文化科技成果转化应用体系，打造成果转化与承接平台，支持公共服务平台建设项目，拓展健全相关公共服务。以场景驱动文化科技成果转化，探索"未来场景+试点示范+推广应用"的全周期场景设计机制，开展应用场景实测和市场验证，为发展文化新质生产力提供场景牵引。

（五）积极培育文化新业态新模式，抢先布局文化产业新赛道

当前，人工智能、5G、区块链等技术重构了文化生产逻辑，催生数字内容、虚拟现实、短视频、网络文学等新兴业态，具有产业融合与创新、满足多元化需求、市场拓展与消费升级等多方面的优势，正成为驱动文化产业增长的核心引擎。

广州要积极培育文化创意产业的新产品、新业态、新模式，构筑高端高质高新的现代化文化产业体系。一是以数字化、智能化为引领，提升动漫、游戏、创意设计等新兴文化产业发展水平。鼓励开发脑控游戏，让用户能通过大脑信号操控游戏角色，提高游戏的互动性和趣味性。二是大力培育基于5G、大数据、云计算、物联网、人工智能等新技术的新兴文化业态，积极

探索元宇宙、数字藏品、云上会展、数字影视后期制作等若干文创未来赛道。三是推进"脑机接口+文化创意",加快脑机接口技术在动漫、游戏、电竞、电影、音乐等娱乐领域的应用。四是围绕建设以高品质演艺为核心竞争力的国际灯光音响之都,加快推进 AR、VR 等前沿技术手段应用,深化灯光音响演艺产品、活动交互体验。五是以酷旅、携旅等企业为龙头,大力发展智慧旅游,强化美亚尚途、漫游国际等在线旅游分销龙头企业的优势,持续在商旅出行、酒店全场景生态运营赛道上发力,打造"平台+渠道+内容+大数据+应用+场景"的智慧旅游生态体系,扩大国内市场规模,抢先布局全球市场。

(六)大力发展"低空+文旅",推动文化产业"升空"发展

低空经济是万亿元级"蓝海",已被列入国家战略性新兴产业,全国已有 26 个省(区、市)将低空经济写入政府工作报告,北京、上海、南京、深圳、武汉、长沙等十余个城市已陆续出台相关政策举措,为低空经济的发展提供了良好的政策环境。"低空经济+文旅"在推动文化产业创新和提升旅游消费体验方面具有极大的潜力,将成为文化产业新的增长点。

2024 年广州市人民政府办公厅印发《广州市低空经济发展实施方案》,指出要抢抓低空经济发展战略机遇,加快推动广州低空经济高质量发展,开展低空旅游和航空运动。广州有丰富的历史文化资源和自然景观,非常有条件发展"低空经济+文旅"。

广州发展"低空经济+文旅",要从几个方面着手。一是联合民航、文旅、交通部门建立"低空经济+文旅"协调发展机制,制定专项政策,简化无人机、直升机、eVTOL 等运营审批流程。二是划定低空文旅飞行专属空域,明确低空经济与文旅融合的试点区域(如珠江沿岸、白云山、南沙湿地等),开放低空文旅飞行审批绿色通道。三是打造特色低空文旅产品,如开发"珠江畔的城市风光"线路,游客可以乘坐直升机或固定翼飞机,沿着珠江飞行,欣赏珠江两岸的历史遗迹与现代建筑,开发"广州都市精华游"线路,涵盖越秀公园、陈家祠等标志性景点,再如,

开发南沙湿地公园—白云山景区 eVTOL"空中走廊"短途接驳线路,解决节假日地面交通拥堵痛点,提升跨区域游览效率。四是建设低空起降网络,在热门景区、商业区、交通枢纽等周边合理规划低空起降点,配套充电、导航设施,如在广州塔、白云山、长隆旅游度假区等地设置起降点,方便游客快速便捷地享受低空文旅服务。五是规划建设低空飞行基地,如在从化、增城等生态资源丰富的地区建设基地,方便开展低空观光、飞行体验等项目。

(七)积极拓展演艺产业新空间,打造演艺新业态集聚区

近年来,广州出台《广州市加快培育建设国际演艺中心实施方案》等政策文件,加快建设国际演艺中心。虽然广州有丰富的演艺资源和优越的地理位置,但传统演艺占比较高,演艺新业态发展不足,与上海、北京等先进城市有较大的差距。本文通过调查问卷分析发现,绝大多数市民都曾体验过演艺新业态,对演艺新业态的接受度较高,说明演艺新业态有非常大的市场需求。

广州拓展演艺新空间、发展演艺新业态要从几个方面着手。一是结合城市更新、"百千万工程",鼓励社会化、市场化力量盘活"沉睡"的老旧物业资源,拓展一批民营剧场、脱口秀剧场、多功能小剧场等富有岭南特色的演艺新空间。二是鼓励社会化、市场化力量对全市范围内闲置临街店铺、老旧厂房以及特色街区进行升级改造,打造更多富有岭南特色的演艺新空间。三是利用丰富的室外广场、绿地、商业综合体、办公楼宇、产业园区、众创空间内等空间载体,建设种类多样、布局合理、特色鲜明的演艺新空间矩阵。四是借鉴伦敦西区、上海演艺大世界等国内外知名的演艺聚集区,重点选择北京路商圈、天河路商圈、广州塔—琶洲商圈、永庆坊、万达广场、锐丰广场、大壮国际广场等交通便利的商业综合体,与广东演艺新空间专业委员会、开心麻花、大麦66、阿波罗尼亚、INS Comedy 喜剧中心等省内外演艺新业态企业和专业机构合作,引入海内外知名的国际演艺组织、跨国演艺公司、演艺经纪机构、文化教育培训机构,形成规模效应,集聚新型演艺产

业资源，建设具有区域影响力和吸引力的演艺新空间集聚区，形成演艺新空间观演若干"地标圈"。

（八）实施文化"新基建"计划，建设文化产业发展"高速公路"

"新基建"即新型基础设施建设，包含5G、人工智能、大数据中心、工业互联网、物联网等多个领域。新时代背景下，产业基础设施配套完善程度和公共服务能力是企业决定落户的重要考量因素，也是一个区域文化产业可持续发展的力量源泉。

广州开展文化"新基建"，要从政策、数据、设施、平台和服务等多方面着手。一是出台"广州市文化新基建三年行动计划"，加快5G、数据中心、工业互联网等新型基础设施在文化领域的布局和应用，为文化新基建提供基础支撑。二是建设"广州文化大数据中心"和百万核级AIGC算力中心，整合粤剧、广绣、岭南建筑等文化遗产数字化资源，搭建可交互的虚拟文化博物馆与非遗数据库。三是借鉴重庆、成都等先进城市的经验，围绕重点领域和关键环节，如动漫、游戏、影视等行业，构建相对完备的互联网公共服务平台、云渲染、影视后期制作装备。根据文化企业发展需求，引进国内外先进的技术研发设备，建立设备共享机制，降低企业研发成本，加速文化科技创新。四是依托广州国际媒体港等平台和园区，搭建虚拟制片工场，开发实时渲染引擎，建设4K/8K超高清制播基地，建立粤港澳影视协同创作云平台，提供从剧本开发到特效制作的全流程云端服务。五是整合相关资源搭建完善的专业公共服务平台，为文化和科技融合领域各类机构提供创业孵化、融资推介、信息交流、人才培养、市场推广、管理咨询、知识产权保护等多方面的服务。

（九）赋能经济社会高质量发展，实现文化新质生产力"核变"

文化产业的价值已超越传统范畴，不仅体现在文化产品本身，更在于其对社会、经济、政治等领域的深远影响，成为驱动城市创新发展、优化经济结构、提升居民生活品质的关键力量。

广州要深化"文化+"理念，推动文化产业与制造、商务、教育、旅游、体育、农业等各领域融合发展，不断探索文化产业跨要素、跨行业、跨平台融合发展新路径，使文化符号、文化理念、文化创意等向相关产业渗透，嵌入相关产业的研发、设计与品牌营销等高端价值链环节，实现相关产业向价值链高端提升。通过加强政策扶持引导、促进技术创新应用、培育跨界融合人才、拓展合作与交流渠道、强化品牌建设与推广、加强文旅资源保护开发、推动产业融合创新发展以及提升服务质量和水平等措施，推动文化产业与其他产业深度融合，形成文化产业发展的新优势和新动能。在城市建设中增加文化内涵、环境保护等要素，优化文化产业园区布局，引导产业集聚发展，创造出更多新颖的文化产业业态和消费场景，拓展文化产业发展空间。

（十）编制"十五五"专项发展规划，不断优化完善营商环境

当前全球文化产业正经历数字化重构，人工智能、元宇宙等新技术催生文化新业态，国家文化数字化战略的深入推进更要求地方政府加快文化产业布局。2024年国务院批复同意《广州市国土空间总体规划（2021—2035年）》，其对广州文化发展方面的定位是：建设岭南文化中心和对外文化交流门户，发挥向世界展示岭南文化魅力、改革开放成果和中国式现代化建设重要成就的窗口作用，提升粤港澳大湾区在国家经济发展、对外开放和国际合作中的支撑引领作用。

在新的起点上，广州文化产业要在前期成果基础上实现新突破、新跨越，就必须充分利用"十五五"（2026~2030年）规划编制谋划之年的机遇，出台更具前瞻性、系统性与精准度的文化产业发展专项规划，编制广州文化产业"十五五"发展规划，明确文化产业在城市经济社会发展新阶段中的战略定位与阶段性目标，在文化科技融合、产业生态构建、国际传播能力等方面形成示范，加快现代化文化产业体系建设进程，为全球超大城市文化产业发展提供"广州方案"。

同时，要强化知识产权保护，探索数据公开、信息透明的数字文化版权

管理及分发服务平台。完善创新创业服务，建设创新与创业结合、孵化与投资结合、线上与线下结合的文化创新创业服务平台，支持各类企业孵化器、众创空间等载体打造文化产业"双创"服务体系。积极发挥行业组织在平台搭建、信息交流、行业自律、信用体系建设等方面的作用。坚持审慎监管与包容开放相结合的理念，把握文化产业在发展中规范、在规范中发展的治理要求，营造包容开放环境，建立相关规则体系，防范安全风险和行业乱象。

综合篇 ▷

B.2
培育壮大广州文化新质生产力的
对策研究

秦瑞英　胡梦非*

摘　要： 文化新质生产力作为新质生产力的文化维度展现，是构筑国家
文化软实力与提升中华文化全球影响力的关键基石。近年来，广州文化产
业作为城市发展的坚强支柱不断巩固壮大，尤其是数字技术引领的新业态
蓬勃发展，文化与科技深度融合，文化企业茁壮成长，对外开放合作不断
深化，文化新质生产力已成为驱动广州高质量发展的核心引擎。紧抓我国
文化新质生产力发展的黄金机遇期，广州应乘势而上，进一步强化前沿技
术应用，勇于跨界融合创新，培育壮大市场主体，开辟消费新蓝海，提升
金融服务效能，促进文化IP与品牌营销深度融合，激发文化新质生产力的
无限潜能，积极推动两业融合与两化转型，增强文化产业对广州"12218"

---

* 秦瑞英，博士，广州市社会科学院现代产业研究所研究员，研究方向为产业经济、文化
产业；胡梦非，广州市社会科学院现代产业研究所博士后，研究方向为宏观经济、产业
经济。

现代化产业体系的增值赋能作用，为"大干十二年、再造新广州"添动力增底气。

关键词： 文化新质生产力　高质量发展　广州

自 2023 年 9 月习近平总书记在黑龙江考察时首次提出"新质生产力"，到 2023 年 12 月中央经济工作会议上强调要"发展新质生产力"，再到 2024 年 1 月中共中央政治局第十一次集体学习系统阐释新质生产力理论内涵和主要特征，以及 2024 年国务院《政府工作报告》强调"因地制宜发展新质生产力"，这一系列高屋建瓴的论断与论述，为新时代精准把握新一轮科技革命与产业变革的突破趋势、培育文化新质生产力、推动文化高质量发展，指明了根本方向并提供了实践指南。深入领会新质生产力的科学内涵，清晰洞察我国文化产业面临的新形势与新特征，梳理广州在培育文化新质生产力方面的卓越成就，提出依托文化新质生产力激发全新发展动能的战略构想与实施路径，对于推动广州文化产业不断革新与升级，迈向高质量发展新阶段，为广州构建"12218"现代化产业体系注入源源不断的创新活力，具有重要的决策参考价值。

一　文化新质生产力的属性与特征

（一）文化新质生产力是新质生产力在文化领域的新质态

新质生产力是以创新为第一驱动力的生产力质态跃迁，其本质是通过技术革命、要素重构、产业升级的三重动力机制，突破传统增长路径，构建符合新发展理念的先进生产力体系。其核心内涵凝练为三大质态特征：要素层面，劳动者向创新主体转型，劳动资料智能化升级，劳动对象拓展至数据领域，形成协同创新生态；效能层面，全要素生产率显著提升，技术乘数效应叠加制度红利释放；质态层面，融合高科技含量、高效能转化、高质量供给的"三维优势"。作为新质生产力发展的重要组成部分，文化新质生产力可以概括为在现代社会发展中，以创新为驱动，以高科技为支撑，以高质量和高效能为指引，以文化创作生产为核心内容的先进生产力形态。①

（二）共建、共融、共享是文化新质生产力的本质属性

文化新质生产力要求共建文化创新发展生态圈，强调政府、企业、高校、研究机构以及个人等多方面主体，在文化新质生产力的创造、传播和应用过程中发挥各自作用，通过协同合作，致力于构建一个涵盖政府、社会与市场三方协同的文化产业治理体系，共同培育文化产业高质量发展的土壤，构建文化产业新生态。文化新质生产力的共融体现在"文化+"，推动产业融合发展。通过文化产品和服务与科技创新、人才引进、金融支持等各方面相结合，催生产业发展动能，提升文化生产效能，促进相关产业协同发展，培育现代化文化产业体系。文化新质生产力的共享属性体现在发展成果由全体人民共享。数字化、VR、AR② 等技术支持推动文化消费提质增效，提供更丰富、更高质量的文化产品和服务，推动文化消费数字化、便利化，促进文化服务均等化，拓展文化消费场景，提升文化消费体验。③

（三）文化新质生产力具有创新驱动、高科技、高效能、高质量和融合性等显著特征

文化新质生产力以创新驱动为核心，通过技术创新、内容创新、模式创新等多个方面，不断推动文化产业的转型升级和高质量发展，具有创新驱动的显著特征；文化新质生产力依赖大数据、云计算、人工智能等新技

① 李凤亮：《论文化新质生产力》，《党建》2024 年第 7 期。
② Virtual Reality（VR），虚拟现实，是一种通过计算机技术模拟出一个三维环境，让用户感觉身临其境的技术；Augmented Reality（AR），增强现实，是一种将计算机生成的虚拟元素叠加在现实世界中的技术。它利用智能设备（如智能手机、平板电脑、AR 眼镜等）将虚拟信息与现实世界相结合，创造出一种全新的感知体验。
③ 参考 2024 年广州文化产业交易会智库学术年会主题演讲嘉宾观点。

术的支持和应用，提升文化产品与服务的生产效率和质量，具有高科技特征；文化新质生产力在提高文化生产效率方面表现出色，数字化生产流程与智能管理系统深度应用，贯通文化产品创意、制作、传播、消费全链条的数字化管控闭环，具有高效能特点；文化新质生产力极大激发了资本、技术、数据等文化生产要素的活力，能够提升文化生产质量，提升文化产品和服务供给质量，更好满足消费者的文化需求，具有高质量特征；文化新质生产力是文化创意与科技创新的耦合共生，注重与制造业、战略性新兴产业、服务业的融合发展，促进文化产业与其他产业的协同发展，具有融合性特征。

二　我国迈入文化新质生产力发展新阶段

（一）我国文化产业已经进入新阶段

自文化产业被纳入国家战略以来，总体上经过了两个阶段，即以2010年为界划分的高速增长阶段和中低速发展阶段。从文化生产力的发展来看，2000~2010年属于传统文化生产力发展阶段，在文化体制改革的生产力释放和文化产业的政策性推动作用下，实现了年均增长率达24%的高速发展。2010年后，伴随工业化高峰窗口期的结束，文化产业规模增速减缓，2010~2023年文化产业增加值年均增速为16.3%，其中2015~2019年年均增长13%，2020~2023年年均增速降至9.9%[①]，文化产业从政府扶持的"外部推动"转向依靠文化市场开放的"内生动力"，市场成为数字技术迅速迭代的载体。文化产业积极拥抱数字革命，出现了基于数字技术的新质生产力，推动我国文化产业进入文化新质生产力发展新阶段。

[①]　根据国家统计局公布的历年文化产业数据计算所得。

（二）文化产业地位不断提升

2003 年以来，我国文化产业发展经历了探索、起步、培育阶段，文化产业地位持续提升。2004~2022 年，全国文化及相关产业增加值增长 14.6 倍，年均增长 16.5%，2023 年，规模以上文化及相关产业实现营业收入 129515 亿元；文化及相关产业增加值占 GDP 比重由 2004 年的 2.13%提高到 2022 年的 4.46%；文化产业对 GDP 增量的年均贡献率达 4.8%。文化服务业逐渐成为推动文化产业发展的主体力量。2012~2022 年，文化服务业增加值占文化及相关产业增加值的比重提高了 12.1 个百分点，对文化及相关产业增加值增量的贡献率达 71.5%。①

（三）文化新业态成为文化产业发展的新动能和新增长点

文化新业态的带动效应明显。2023 年，全国文化新业态特征较为明显的 16 个行业小类实现营业收入 52395 亿元，同比增长 15.3%，高于全部规上文化企业 7.1 个百分点。2024 年上半年，文化企业实现营业收入 64961 亿元，按可比口径计算，比上年同期增长 7.5%。② 其中，文化新业态特征较为明显的 16 个行业小类实现营业收入 27024 亿元，同比增长 11.2%，较全部规上文化企业高 3.7 个百分点，文化新业态行业对全部规上文化企业营业收入增长的贡献率达 60.5%。③

（四）文化金融激发文化产业新活力

我国不断完善文化产业金融投融资体系，深化文化与金融的融合，激发

---

① 《人民文化生活日益丰富　文化强国建设加力提速——新中国 75 年经济社会发展成就系列报告之二十一》，国家统计局网站，2024 年 9 月 24 日，https://www.stats.gov.cn/zt_18555/ztfx/xzg75njjshfzcj/202409/t20240924_1956644.html。
② 未扣除价格因素的名义增长。
③ 《国家统计局社科文司高级统计师张鹏解读 2024 年上半年全国规模以上文化及相关产业企业数据》，国家统计局网站，2024 年 7 月 30 日，https://www.stats.gov.cn/sj/sjjd/202407/t20240730_1955884.html。

文化产业发展的新活力。2023年下半年及2024年上半年，全国文化产业投融资市场保持强劲增长态势，年内资本市场共披露融资事件424起，融资规模累计721.5亿元，相比同期，融资事件数和融资金额增速分别达13.1%和9.3%。文化产业债券市场不断发展，成为助力文化产业融资的主要市场，2024年上半年，文化产业短期与长期债券融资金额同比分别增长63.5%与187.8%。私募股权市场资本热浪持续涌向硬核科技赛道，人工智能、虚拟现实、元宇宙及数字资产等前沿领域融资事件占比均超五成[1]，凸显资本对技术创新制高点的深度布局。

三 文化新质生产力成为广州高质量发展的强劲推动力和坚实支撑

（一）文化产业的支柱地位持续夯实

近年来，广州文化产业保持强劲增长势头，规模持续扩大，效益显著提升。2023年，全市规模以上文化及相关产业实现营业收入5582.34亿元，同比增长15.92%；初步核算实现增加值近2100亿元，占全市GDP的6.8%，支柱地位进一步巩固（见图1）。产业内部结构持续优化，文化服务业主体地位进一步强化，规模以上文化服务业实现营业收入3795.94亿元，同比增长22.1%，占全市规模以上文化产业营业收入的68.0%，同比提高3.5个百分点，拉动全市文化产业营业收入增长14.3%。市场主体持续壮大，全市共有文化企业7.44万家，其中，规模以上文化产业法人单位3347家。文化战略性新兴产业龙头企业培育见效，已拥有49家上市文化企业。[2]

---

① 《文化产业上半年融资额超300亿元 科技创新渗透多环节》，《中国经营报》百家号，2024年9月23日，https://baijiahao.baidu.com/s? id=1810955675126719073&wfr=spider&for=pc。
② 尹涛主编《广州文化产业发展报告（2024）》，社会科学文献出版社，2024。

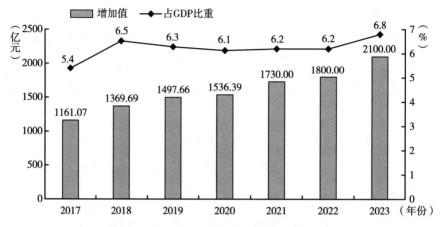

图1　2017～2023年广州文化产业增加值及其占GDP比重

资料来源：尹涛主编《广州文化产业发展报告（2024）》，社会科学文献出版社，2024。

（二）文化新业态的引领作用显著增强

随着人工智能、大数据等新技术的不断进步和应用，广州文化产品和服务的生产、传播和消费的数字化、网络化进程不断加快，以短视频、电商直播、网络游戏等为代表的文化新业态规模日益壮大，对全市文化产业的引领拉动作用持续增强。2020年以来，文化新业态特征较为明显的16个行业小类的营业收入规模，除2022年有所回落外，其他年份均呈两位数增长，2023年实现营业收入2541.29亿元，同比增长16.1%。新业态占全市文化产业营业收入的比重持续保持在42%以上。2023年，文化新业态占比27.7%的法人单位量实现45.5%的营业收入，成为带动全市文化产业增长的新引擎（见图2）。从新业态的结构看，多媒体、游戏动漫和数字出版软件开发，互联网游戏服务，互联网搜索服务，互联网广告服务，互联网其他信息服务等行业增速较高，2023年营业收入规模均超300亿元。[1]

---

[1]　《文化娱乐休闲、创意设计、新闻信息服务领跑2023年广州文化产业》，广州市统计局网站，2024年2月8日，http://tjj.gz.gov.cn/zzfwzq/tjkx/content/post_9495825.html。

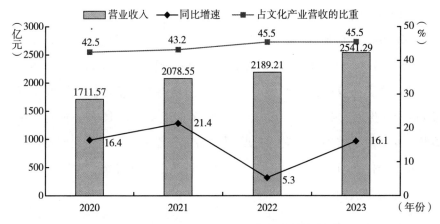

图 2　2020~2023 年广州文化新业态发展情况

资料来源：根据广州市统计局网站公开的历年文化新业态相关数据计算整理。

（三）数字创意产业成为发展新动能

1. 游戏产业规模占全国1/3

2023 年，广州游戏产业实现营业收入 1129.64 亿元，约占全国的 35%。现有游戏企业 6783 家，规模以上法人单位 358 家，上市企业 15 家，拥有网易、三七互娱、四三九九、诗悦网络等一批龙头企业。在 2023 年广东游戏企业金钻榜 20 强中，广州占据 14 席。趣丸科技成立"TT 电竞"俱乐部，成为国内少数拥有 4 支电竞战队（王者荣耀、英雄联盟、英雄联盟手游、和平精英）的俱乐部之一。[①]

2. 数字音乐产值占全国1/4

据不完全统计，2023 年，全市拥有音乐及相关企业 2900 多家，数字音乐总产值约占全国的 1/4。[②] 产业门类齐全，涵盖音乐录制方、版权方、分发方等全产业链条。数字音乐生态体系发展良好，涌现出酷狗音乐、荔枝集团、天翼爱音乐等一批数字音乐龙头企业。

---

① 尹涛主编《广州文化产业发展报告（2024）》，社会科学文献出版社，2024。
② 尹涛主编《广州文化产业发展报告（2024）》，社会科学文献出版社，2024。

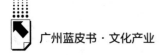

3. 动漫产业产值占全国 1/5

2023 年，全市拥有 500 多家动漫企业，年产动画片超 200 部，播出时长达 26 万分钟，产量和播出量均居全国首位。动漫产业实现产值超 300 亿元，约占全国动漫产业总产值的 1/5。原创漫画发行量占据全国漫画市场 30% 以上的份额。中国（广州）国际漫画节已成功举办 16 届，拥有"中国动漫金龙奖"等国内外知名动漫奖项和品牌。以漫友文化、天闻角川、咏声动漫等为代表的龙头企业，在文化精品创作上屡获佳绩，中国"动漫之都"地位愈加巩固。[①]

（四）文化与科技融合步伐加快

1. 产业科技创新持续强化

近年来，广州大力推动文化产业科技创新，支持研发机构和市场主体加快技术创新步伐。琶洲实验室（黄埔）、长隆、联通沃音乐、凡拓数创、趣丸等企业积极探索 AI、VR/AR、大模型、大数据等先进技术在文化产业中的应用。联通沃音乐利用 AI 技术创作虚拟数字人、三维虚拟卡通形象等，驱动视觉内容的生产制作以及交互方式的变革。趣丸集团利用 AI 技术打造数智人客服系统，为文旅产业提供智能客服解决方案。加快推动元宇宙技术在工业、医疗、教育、旅游等领域的实际应用，积极构建元宇宙生态体系。南沙区、黄埔区、天河区等地汇聚形成各具特色的元宇宙产业园区，涵盖了场景打造、云计算、VR 设备等关键领域。

2. 文化科技融合平台搭建效果显著

文化和科技融合示范基地建设取得优异成绩，全市累计有 4 家国家文化和科技融合示范基地。以广州高新区为载体的广州国家文化和科技融合示范基地建设成效最为显著。该基地在科技部、中宣部绩效评价中被评为优秀等级，拥有国家级工业设计中心 4 家，占全市的 45%；省级工业设计中心 18

---

① 尹涛主编《广州文化产业发展报告（2024）》，社会科学文献出版社，2024。

家，占全市的 31%；市级工业设计中心 23 家，占全市的 29%。①

3. 文旅产业进入沉浸式体验新阶段

随着智能交互、传感设备、计算机视觉等核心技术在文化领域的深入应用，文化装备及其解决方案不断更新迭代，文旅新业态愈加丰富多元，全市已有网络游戏、网络动漫、VR/AR 体验项目等 14 类文旅新业态。文化消费体验不断升级，涌现出一系列沉浸式体验文旅产品和项目。永庆坊沉浸式小剧场将骑楼空间转化为移动式舞台，结合环境戏剧与数字投影，打造《西关小姐》实景穿越剧。在北京路，佩戴 AR 眼镜可透视地下古道遗址，与数字复原的南汉国商人对话。大型光影沉浸式舞台剧《黄埔！黄埔！》入选 2024 年"粤式新潮流"广东文旅消费新业态热门场景。新起典打造的"Z-BOX 智慧旅游沉浸式体验新空间"项目，入选全国首批智慧旅游沉浸式体验新空间培育试点名单。从广州国际灯光节等"云演艺"到云游广州塔等"云旅游"，不断涌现的爆款产品激发了消费热情，推动文旅产业快速增长。2023 年，全市接待游客数量达到 2.34 亿人次，同比增长 51.8%，文旅消费总额达到 3309.5 亿元，同比增长 47.4%。②

（五）文化企业成为文化新质生产力的中坚力量

1. 培育了一批骨干企业

"企业强，则产业兴；产业兴，则城市旺。"近年来，广州培育了众多数字素养深、文化特色明、技术专业性强、参与活跃度高的企业主体，有力推进了文化产业高质量发展。自 2018~2019 年发布广州文化企业 50 强，以及 2020 年开始发布广州文化企业 30 强榜单以来，全市发掘和培育了一批批具有强劲带动力和核心竞争优势的领军企业方阵（见表 1）。2024 年文化企业 30 强评选共吸引了 127 家企业申报，入选的 30 家企业总营业收入约 1800 亿元，占全市文化产业总营业收入的近 1/3，涵盖游戏、动漫、影视、文化

---

① 尹涛主编《广州文化产业发展报告（2024）》，社会科学文献出版社，2024。
② 尹涛主编《广州文化产业发展报告（2024）》，社会科学文献出版社，2024。

装备制造、电竞直播、数字音乐、文化旅游、创意设计、数字文博、空间运营等多个行业领域，形成多元化发展格局，充分体现出这些骨干企业不仅是广州文化产业的佼佼者，更是推动文化产业高质量发展的中坚力量。

表1 历年广州骨干文化企业涵盖的主要领域

年份	榜单	主要行业
2018	广州文化企业50强	互联网文化、报业集团、文化设备制造业和动漫游戏等
2019	广州文化企业50强	互联网文化、游戏、文化旅游、动漫、数字音乐等
2020	广州文化企业30强	互联网文化、文化设备制造业、文化旅游、动漫和游戏等
2021	广州文化企业30强	网络直播、数字音乐、动漫、游戏、电竞、创意设计、文化旅游等
2022	广州文化企业30强	文化设备制造、网络直播、影视、数字音乐、游戏、文化旅游、数字文博、动漫等
2024	广州文化企业30强	游戏、动漫、影视、文化装备制造、电竞直播、数字音乐、文化教育、文化旅游、创意设计、新闻出版、数字文博、空间运营等

注：受疫情影响，2022~2023年广州文化企业30强评选合并为2022年榜单。
资料来源：根据网络公开资料整理。

2.龙头企业示范带动作用增强

近年来，入选"广州文化企业30强"的企业都是各自行业的领军企业，具有强大的行业影响力，带动作用强。网易、酷狗音乐、三七互娱、荔枝等多家企业连续多年入选"中国互联网企业百强"。漫友文化、咏声动漫等均是我国动漫行业的领军企业，被誉为中国动漫界的"黄埔军校"，在动漫内容创作方面表现出色。被称为"中国原创漫画第一刊"的动漫IP《如果历史是一群喵》保持全国销量冠军，发行量突破1700万册。趣丸科技作为电竞直播行业的代表，其TT电竞王者荣耀分部（广州TTG）斩获KPL王者荣耀职业联赛夏季赛总冠军，为广州夺得首个KPL冠军。

（六）文化产业开放合作水平稳步提升

1.对外文化贸易不断创新高

依托天河和番禺2个国家文化出口基地，广州文化贸易持续繁荣。2023

年，文化产品出口金额稳定增长，全年出口总额达到 510.58 亿元，荣获国家对外文化贸易基地认定，成为全国 12 个国家对外文化贸易基地之一。奥飞娱乐、久邦数码等 26 家企业上榜国家对外文化贸易基地名单。文化企业在国际舞台上表现突出，14 家企业被评为 2023～2024 年度国家文化出口重点企业。[①]

2. 广州文交会品牌效应日益凸显

广州文化产业交易会（以下简称"广州文交会"）作为文化产业宣传展示和对接交易平台，参展规模和交易总额不断跃升，行业话语权持续增强，品牌矩阵效应与产业辐射能级形成双轮驱动。2024 年，以"数字赋能新文旅　产业汇聚大湾区"为主题的第七届广州文交会，围绕数字文化时代下动漫游戏、文旅装备、数字电影等新业态、新场景，汇聚文化领域千家头部企业参展，吸引 3000 多位行业领军人物及商业精英共襄盛举，举办了超过 50 场行业论坛和高端峰会，开展了超过 300 场主题演讲和高峰对话，广州文交会已经成为粤港澳大湾区乃至我国文化产业新产品、新模式的"展示窗""检阅台"，产业发展新技术、新业态的"风向标""助推器"，通过广州文交会，湾区故事、中华文化在广州聚焦、向世界"放大"。

四　壮大广州文化新质生产力的重点策略

（一）强化新技术应用，推动广州文化产业创新高效发展

1. 以新技术赋能文化产业转型升级

加快体感互动、数字影像、灯光设备、装置艺术等新技术应用，加速打造世界电竞名城，支持电竞与文旅融合应用的场景建设，培育"沉浸互动"文娱潮玩新业态，提升泛文娱产品的体验度。规范和发展一批兼具趣味性和

---

① 《2023-2024 年度国家文化出口重点企业公示名单》，商务部网站，2023 年 8 月 15 日，htp://images. mofcom. gov. cn/fms/202308/20230815145900755. pdf。

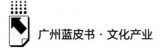

社交性的文旅景区主题密室、剧本杀、PRG、ARG①等沉浸式娱乐业态。发挥广州高品质演艺业核心竞争力优势，以"国际灯光音响之都"建设为契机，积极推进 VR、AR 等前沿技术应用，增强灯光音响演艺产品、活动交互体验。加快打造一批元宇宙数字艺术馆和新潮 Live House（展演空间）。鼓励龙头企业发展"云剧场""云演出""云节庆"等，大力发展线上直播 XR②沉浸式虚拟艺人直播秀、"云演唱会"、数字音视频专辑等新产品。

2. 以数字平台赋能数字内容高质量发展

数字平台不仅是内容传播的加速器，更是内容创新的孵化器。数字内容要实现高质量发展，离不开数字平台的技术赋能与传播扩散。一要充分利用广州数字化文旅云平台、海珠数智文创平台等政府数字平台，鼓励酷狗、荔枝等数字平台从资本驱动向公共价值导向转型。鼓励和引导数字平台改进算法机制，优化数字内容扩散的动力机制，促进具有社会性与审美性的高质量数字内容的传播，进而影响受众的内容接受习惯，建立多元化的数字内容推送机制，提升受众反思能力。二要优化平台激励机制，从利益驱动转向审美价值引领。加强对创作者孵化项目内容深度和长期性的培养，倡导基于艺术审美和人文价值的数字内容创作，推动数字内容的叙事意义从生活故事走向生命故事。

3. 坚持"包容审慎"的智改数转融合监管模式

采取既包容又谨慎的策略，促进人工智能等技术与文化产业的融合发展，推动动漫、游戏、音乐、文博、影视等产业数智化发展。一方面，对于非安全领域的创新实践，需秉持"开放包容与审慎监管相结合"原则，为技术迭代预留探索空间。可建立专项扶持基金体系，打造阶梯式产业孵化平台，通过"首购首用"风险补偿、应用场景开放清单等机制，培育智能文

---

① Points Ranking Game（PRG）是具有一定的情节、描述人物成长过程、表现事件始末的一种角色扮演类电脑游戏；平行实境游戏（Alternate Reality Gaming，ARG）是一种以真实世界为平台，融合各种虚拟游戏元素，玩家可以亲自参与到角色扮演中的一种多媒体互动游戏。

② Extended Reality（XR）是指通过计算机将真实与虚拟相结合，打造一个可人机交互的虚拟环境，是 AR、VR、MR 等多种技术的统称。

创生态链。在安全可控前提下放宽试验性场景的市场准入，形成"创新容错—迭代优化"的良性循环。另一方面，针对技术应用的伦理边界与安全底线，构建"技术评估+制度防护"双层防护网。建立动态监测预警平台，对算法训练、内容生成、传播扩散全周期实施风险评估，针对深度伪造、认知误导等潜在风险制定分级管控预案；在知识产权保护领域，明确 AI 生成内容的权属认定规则，探索建立伦理审查前置程序，有效防控网络安全、数据安全、科技伦理、知识产权纠纷等潜在风险。

（二）创新跨界融合，催化和孕育文化新质生产力

1. 推进文化与旅游深度融合

立足广州"千年商都"和岭南文化中心的文化基因，打造文化旅游体验项目，如举办非物质文化遗产展示、体验活动，开发历史街区徒步游、古建筑探访游等，创新非物质文化遗产的传承方式，将其融入旅游纪念品设计、餐饮文化，提升旅游产品的文化内涵。推动文商旅深度融合示范区建设，打造"广州新中轴"文商旅深度融合示范区，建设海珠滨水新活力文商旅融合示范圈，推动国家文化产业和旅游产业融合发展示范区创建。创新旅游开发模式，打造一批以岭南文化、广府文化为主题的特色旅游景区，通过实景演出、互动体验等方式，让游客深入了解广州。建设与推广智慧旅游，依托"AI 游广州智慧旅游平台"，打造智能推荐个性旅游需求、便捷交易文旅产业链条、提供旅游时尚玩法交互体验以及汇集广州文旅科技的展示平台等。通过 AR/VR 等技术，打造虚拟景区、虚拟博物馆等，创建沉浸式体验场景。

2. 推进文化与科技深度融合

鼓励科研机构、高校和企业开展 VR/AR、人工智能、区块链等关键技术的创新研发，拓展应用场景，推动新技术在文化旅游、文化创意、数字文化等领域的应用。鼓励企业利用数字技术提升文化遗产的保护和传承水平，建设数字化博物馆、虚拟景区等，开发数字游戏、数字艺术品等具有创新性和竞争力的文化产品。强化企业的创新主体地位，推动产学研深度融合，提

高科技成果转化和产业化水平。

3. 推进文化与其他产业的融合发展

发挥广州"千年商都"、现代农业、体育赛事等产业优势,积极推进"文化+商旅""文化+体育""文化+农业"等跨界融合发展。结合商业街区、购物中心等商业设施,融入广州特色文化元素,打造具有地方特色的文化商业综合体;举办文化创意市集活动,为创意产业从业者提供展示和销售产品的平台。应用 VR、AR 等技术,为观众提供沉浸式体育赛事观看体验;利用大数据分析,优化赛事组织和管理,提升办赛效率和赛事观赏性。发展"文化+社交电商",利用社交媒体平台,如微信、微博、自媒体、短视频等,推广广州文化产品和活动。将农业与文化、旅游等多种元素相结合,推动农业文化遗产的保护与传承,发展农业文化旅游。

(三)壮大市场主体,点燃文化产业新活力引擎

1. 构建文化企业梯队培育机制

鼓励广州文化发展集团、岭南集团、珠江影业等国有文化集团,以及龙头文化企业充分发挥引领作用,利用自身资源和优势,开展技术创新、品牌建设和市场拓展,通过资源共享、优势互补和协同创新,加强产业链整合,促进上下游企业的紧密合作,提升整个产业链的协同效应和竞争力。扶持中小企业成长,鼓励其向"专精特新"方向发展,形成差异化竞争优势。搭建线上线下交流平台,促进龙头企业与中小企业在技术、市场、资本等方面的合作,形成大中小企业协同创新、资源共享的良好生态,推动不同所有制和规模的文化企业协同发展,构建大中小企业融通发展格局。

2. 加速孵化文化独角兽企业

建立文化独角兽企业识别机制,通过大数据分析、行业趋势预测等手段,筛选出广州具有独角兽潜力的文化企业,为其量身定制培育计划。强化金融资本赋能体系,推动文化科技独角兽企业培育金融生态链,引导金融机构创新"风险共担贷""知识产权质押贷"等专项产品,以政府风险池增信扩大信用贷款覆盖面,吸引头部创投机构与行业领军企业的战略投资部门共

同搭建资本生态圈。鼓励初创文化企业探索 AI、VR/AR、区块链等前沿技术在文化产品创作、传播、营销等方面的应用，提升文化产品的创新性和互动性。支持和鼓励文化产业创新孵化器、加速器及创业园区，为初创企业提供共享办公空间、技术实验室、法律咨询、市场对接等一站式服务，助力企业快速迭代和规模化发展。

（四）激活消费新空间，打造全球盛名的文化消费城市

1. 打造新型消费空间

狠抓广州城市文脉 IP 总纲，纲举目张，在北京路、沙面、广州塔周边等区域建设富有文化底蕴、折射历史厚度、兼具时尚气息的沉浸式消费街区、城市未来社区和社区美学空间，推出一批互动性强的沉浸式体验活动，讲好广州故事，向粤港澳大湾区进发、向东南亚进发、向全球文创进发。

2. 创新文化消费场景

支持企业将人形机器人等数字文创技术在消费领域的创新应用，培育 AI 等智能化解决方案服务、柔性化定制服务、共享型生产服务，重点发展数字光影艺术展、沉浸式交互游戏等数字文创产品和服务。在大模型、大数据、人工智能等新技术应用基础上，加快构建数字文创新消费产业生态，融合文化科技、城市景观、公共空间、节庆仪式、生活美育、闲适生活等多功能生活生产场所，构建"文化科技赋能+城市空间活化+生活美学浸润"三位一体场景矩阵。

（五）深化文化金融变革，强化服务文化产业的新动力

1. 推动金融服务重点产业

顺应文化产业数字化趋势，推动文化产业与数字技术深度融合，打造具有广州特色的数字文化品牌和产品，大力发展数字内容创作、数字传媒、数字娱乐等数字创意产业。顺应文化产业新业态呈现新供给、"+文化"新消费的新趋势，发展智能文化设备、VR/AR 设备等高端文化生产制造和高端文化消费装备。提升文化产品的科技含量和附加值，满足消费者日益增长的

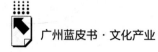

个性化、多样化需求。顺应文化生产力带来更高附加值的新趋势，重点发展与未来信息、未来健康、未来制造、未来能源、未来材料、未来空间等未来产业相关的智能文化服务、健康文化产品、绿色文化制造等文化领域，打造具有广州特色的未来文化产业体系。

2. 推动文化金融产品和服务创新

结合金融供给侧结构性改革主线，引导金融机构紧密围绕文化产业项目的多元化、创新性和独特性，积极探索并灵活组合文化产业投资基金、知识产权证券、文化企业债券等多种金融工具，为文化企业提供更全面、高效和个性化的金融支持。积极实施《广州市促进金融业高质量发展若干措施》等政策，利用政策性开发性金融工具，推动文化产业重大项目实施。应用大数据、云计算、人工智能等先进技术，以数字产业金融模式服务文化企业信用评估、融资需求匹配、风险管理，降低融资成本，提高融资效率。

3. 壮大耐心资本

鼓励投资者关注长期价值。通过教育、宣传等方式，提高公众对文化产业价值的认识，引导资金围绕国家战略目标和重点发展领域，向数字内容、电竞、创意设计、文化装备制造、影视传媒等重点领域倾斜。优化文化产业投资环境，提高投资便利化程度。加强知识产权保护，降低投资风险，吸引更多中长期资金进入文化产业领域。完善风险防控机制，加强对投资项目的风险评估和监测，及时发现和解决潜在风险，确保投资的安全和稳健。

（六）促进"文化IP+"品牌营销，开创文化产业新纪元

1. 深度挖掘，精准定位

鼓励文化企业深度挖掘文化内核，打造独特IP。深入挖掘广州本土文化、历史故事、民间艺术等丰富资源，通过创意转化，打造具有鲜明特色和文化底蕴的IP形象。精准定位目标受众，了解受众的喜好、需求及价值观，确保文化IP与品牌营销的融合能够精准触达并增强吸引力。采用市场调研、数据分析等手段，不断优化营销策略，提升营销效果。

2. 创新融合，跨界合作

鼓励企业将文化 IP 以新颖、有趣的方式融入品牌营销，如设计联名产品、举办主题活动等，提升品牌的吸引力和影响力。注重文化 IP 的多元化表达，以适应不同受众的审美和需求。开展跨界合作，提升 IP 影响力。将传统文化 IP 与现代科技、时尚设计相结合，传承文化精髓，拓展受众群体，激发新的创意火花，通过共享资源、互借优势实现文化 IP 的活化与增值。

3. 强化品牌叙事，深化情感链接

强化富有感染力的品牌叙事，融入文化 IP，利用社交媒体、短视频等新媒体平台的互动，以更加生动的方式传播品牌故事，让文化 IP 成为连接品牌与消费者情感的纽带。通过打造创意工坊、主题快闪、沉浸式互动展等线下活动，提供个性化定制专属服务等，让消费者在深度参与中触摸品牌的人文温度，将单向服务升级为双向情感对话。

B.3
广州文化新质生产力发展现状及提升策略

文远竹*

摘　要： 在全球文化产业数字化转型与技术革命的双重驱动下，新质生产力已成为推动文化创新与经济高质量发展的核心动能。本文以广州文化产业为对象，系统分析了文化新质生产力的理论内涵与实践逻辑，结合典型案例揭示广州在数字技术赋能、文化产业融合及国际化发展中的阶段性成果与深层次挑战。研究发现，广州文化产业中数字内容、文化旅游与创意设计三大支柱产业贡献显著，头部企业如微信、网易通过数字化工具助力非遗传承，永庆坊"微改造"模式成为全国城市更新范本。然而，中小型企业技术鸿沟突出、高端复合型人才短缺、文化消费分层加剧等问题制约了产业均衡发展。本文借鉴杭州"数字文娱之都"与伦敦西区"文化+金融"模式，研究提出构建技术生态化、金融敏捷化、叙事全球化的升级路径，建议设立文化新质生产力专项基金、推动高校交叉学科建设、打造海上丝绸之路文化博览会，并强化粤港澳区域协同。未来，广州需以全球数字文化创新枢纽为目标，依托岭南文化底蕴与数字经济优势，探索技术赋能文化复兴的"广州范式"。

关键词： 新质生产力　文化产业　数字化转型　产业融合

---

* 文远竹，博士，教授，广东财经大学人文与传播学院、网络传播学院、出版学院副院长，研究方向为文化产业、网络传播。

在全球数字经济浪潮与技术革命的双重驱动下，文化产业正经历从传统形态向数字化、智能化、融合化的深刻转型。新质生产力作为这一转型的核心动能，以人工智能、区块链、5G 等技术为依托，重构文化产业的创新链条与价值逻辑，成为推动经济增长与文化软实力提升的关键引擎。国家"十四五"规划明确提出"实施文化产业数字化战略"，要求各地加快文化科技融合步伐，而广州作为国家中心城市和粤港澳大湾区核心引擎，肩负着建设国际消费中心城市与文化强市的双重使命。在此背景下，广州文化产业借力新质生产力实现跨越式发展，既是顺应全球趋势的必然选择，也是破解传统产业增长瓶颈、满足人民高品质文化需求的重要路径。从理论层面看，新质生产力的内涵不仅涵盖技术驱动的效率提升，更强调文化价值与经济效率的协同共生，苏州、杭州等城市已通过"文化赋能经济"的实践验证了这一模式的可行性。反观广州，其深厚的岭南文化底蕴、完善的产业链基础以及数字经济的先发优势，为探索新质生产力与文化产业的深度融合提供了独特土壤，但同时也面临技术迭代加速、区域竞争加剧、文化消费多元化等现实挑战。

本文立足理论与实践的双重视角，通过定量分析与定性调研相结合的方法，系统剖析广州文化新质生产力的发展现状与未来路径。数据层面，依托广州市统计局 2020~2023 年文化产业增加值、企业数字化覆盖率等核心指标，结合广州市文化广电旅游局的文化消费调研报告，揭示产业规模、结构特征与转型痛点；案例层面，选取 TIT 创意园、羊城创意产业园等代表性项目进行深度调研，分析其"微改造"模式、数字化运营策略及产业集聚效应，同时对比杭州"数字文娱之都"与伦敦西区"文化+金融"生态的实践经验，提炼可复制的创新路径。研究方法上，注重政策文本分析与实地访谈的结合，例如通过解析《广州市数字文化创意产业发展行动计划（2023—2028 年）》等政策文件，评估政府扶持措施的有效性；通过访谈网易、酷狗音乐等企业高管，获取技术应用与市场拓展的一手信息。本文旨在为广州文化新质生产力提升提供兼具理论深度与实践价值的策略框架，助力其在全球文化经济新格局中抢占先机。

一 文化新质生产力的理论内涵与实践逻辑

新质生产力是数字经济时代下，以人工智能（AI）、区块链、5G 等前沿技术为驱动力的新型生产力形态。文化新质生产力的核心在于通过技术赋能、产业融合与价值重构，推动文化产业的创新性变革。具体而言，文化新质生产力表现为文化内容的智能化生产（如 AI 生成艺术）、传播渠道的数字化升级（如区块链确权）、消费场景的沉浸式拓展（如元宇宙体验）以及产业链条的生态化整合（如 IP 跨界运营）。这一概念不仅强调技术对生产效率的提升，更注重文化价值与经济价值的协同共生，从而实现文化产业的可持续发展。数字技术是重构文化生产关系的底层逻辑。以 AI 为例，其通过深度学习算法优化内容创作流程，例如腾讯 AI Lab 开发的"写稿机器人"已实现新闻、诗歌等多类型文本生成。技术打破行业边界，催生"文化+科技""文化+金融"等产业融合新业态。例如，上海张江文化产业园通过引入 VR 技术与金融资本，打造"文化、科技、金融"三位一体的创新模式。数字化传播使文化产品实现边际成本趋零的规模效应。通常来看，数字内容产业的利润率较传统模式提高 20%~30%。文化新质生产力要求资源利用效率与文化生态平衡的统一。例如，故宫博物院通过数字化修复技术，不仅大大缩短了文物修复周期，还减少了物理损耗。

苏州与杭州经验对新质生产力驱动下的广州文化产业升级具有重要借鉴意义。苏州通过"非遗+数字"模式，将传统文化资源转化为经济动能。2023 年 12 月，第十五届中国刺绣文化艺术节上发布上线了"苏绣版权数字平台"，为苏绣工匠、设计师以及艺术中介和品牌方打造"一站式"线上服务，促进苏绣行业上下游资源整合与创新发展。苏州苏绣小镇有绣娘 8400 多人，培育国家级非遗传承人和工艺美术大师 3 人，刺绣年产值近 15 亿元。[①] 此外，苏州推出"园林元宇宙"项目，利用 VR 技术还原拙政园历史

---

① 《苏绣小镇持续擦亮"国字号"金字招牌》，中国新闻网，2024 年 3 月 28 日。http：//m. toutiao.com/group/7351252487862567450/？upstream_biz＝doubao。

场景，吸引不少游客，拉动旅游及周边消费。这一模式的核心在于以技术激活文化资源存量，实现"保护—创新—收益"的良性循环。杭州依托阿里巴巴、网易、DeepSeek 等科技巨头，构建"内容生产—平台分发—IP 衍生"的全产业链。2025 年春节黄金周期间，杭州宋城演艺全国 12 大"千古情"景区演出 550 场，高峰期间，"千古情"系列单日最高上演 91 场、单日游客接待量 46 万人次，单日收入破 4000 万。① 其成功关键在于"技术赋能内容创新，资本驱动生态扩张"。

《长三角文化产业发展蓝皮书 2024》显示，2023 年长三角地区共有规模以上文化企业 23955 家，营业收入达 44384 亿元，占全国的 34.27%，其中网络视听、数字出版、电竞游戏、沉浸式演艺、智能装备制造等新型业态快速增长。② 相比之下，珠三角与长三角存在一定差距，这源于两地资源禀赋与政策导向的差异。长三角以上海、杭州为核心，侧重"技术—内容—资本"三位一体发展。例如，上海张江文化控股通过"文化科技专项贷款"，为 200 余家中小型企业提供低息融资。珠三角以广州、深圳为双核，更注重"硬件—场景—出海"链条。2024 年广州国际灯光节通过"5G+AR"技术，吸引广大游客参观，海心沙亚运公园展演 10 天，预约入场观众人数近 30 万，这还不包括无须预约的花城广场、广州塔、一江两岸分会场和黄埔区分会场游客。③ 游客虽多，但缺乏类似杭州的头部内容企业支撑。苏杭经验表明，新质生产力驱动文化产业升级需遵循三大逻辑：一是技术嵌入的适配性，技术应用需与本土文化资源深度耦合，避免"为技术而技术"的盲目投入；二是生态系统的开放性，构建政府、企业、高校协同的创新网络，例如杭州"之江实验室"联合浙江大学孵化文化科技项目；三是价值分配的公平性，防止技术垄断导致中小文化企业边缘化，需通过政策工具平

---

① 《祥源文旅、宋城演艺发布春节假期成绩单 "非遗游" 成春节文旅关键词》，《证券时报》2025 年 2 月 5 日。
② 《长三角 "文化引擎" 高速转动》，新华网，2024 年 11 月 22 日，http：//www. xinhuanet. com/20241122/076d038a0bc8416786a61d5a5ffc0cff/c. html。
③ 《近 30 万观众预约入场！广州国际灯光节圆满收官》，《广州日报》2024 年 11 月 18 日。

衡利益分配。广州需在借鉴苏杭等外部经验的同时，立足岭南文化特色与数字经济基础，构建"技术—文化—制度"协同的创新生态，方能实现新质生产力的全面赋能。

二 广州文化产业发展现状分析

据广州市社会科学院课题组估算，2023 年广州市文化产业增加值为2070.85 亿元，占全市 GDP 的 6.8%。[①] 这一数据印证了广州作为国家文化中心城市的核心地位。从产业结构来看，数字内容、文化旅游与创意设计构成三大支柱。其中，数字内容产业的快速增长尤为显著，依托天河区集聚的腾讯微信、网易等科技企业，形成了以游戏、短视频、网络文学为主体的产业集群。创意设计产业则受益于广州国际设计周、红棉奖等平台效应，吸引了如方所书店、例外服饰等本土品牌崛起。空间布局上，广州提出"一核引领、多点支撑"战略，天河区凭借数字创意企业的密集分布成为核心引擎，荔湾区则以永庆坊、陈家祠等非遗文化集聚带为载体，探索"老城市新活力"的转型路径。这一格局既体现了广州在数字经济时代的先发优势，也彰显了其历史文化资源的独特禀赋。

（一）创新驱动与数字化转型

在数字化转型浪潮中，广州文化企业的技术应用覆盖率较高，头部企业的引领作用尤为突出，例如微信生态通过小程序、视频号等工具，为广绣、粤剧等传统文化项目开辟数字化传播渠道。广绣非遗传承人谭展鹏团队借助微信视频号直播刺绣过程，单场观看量超百万，带动线上销售额增长200%。然而，部分中小文化企业受限于资金与人才储备，转型困境不容忽视。部分传统工艺企业因缺乏数字化技术储备，仍依赖线下展销模式，面临市场萎缩风险。对此，广州市相继出台一些与文化产业相关的政策，如

---

① 尹涛主编《广州文化产业发展报告（2024）》，社会科学文献出版社，2024。

《关于推动文化产业高质量发展的行动方案（2022—2025 年）》《广州市促进文化与科技融合的实施意见》《广州市文化和旅游产业发展专项资金管理办法》等，但政策落地效果尚需进一步观察。

广州在数字技术赋能文化产业方面展现了显著的创新活力。以广州大剧院为例，其"云端演出"项目借助数字孪生技术，将线下舞台表演实时映射至虚拟空间，2023 年累计举办线上音乐会、话剧等演出 50 余场，覆盖全球 50 个国家的观众，在线观看人数突破 1200 万人次。这一技术不仅突破了地域限制，还通过虚拟互动功能（如实时弹幕、虚拟打赏）增强了观众参与感，单场演出收入也较传统模式有较大增长。"荔湾非遗版权交易平台"自 2022 年 9 月上线至 2023 年 12 月，已促成 18 项版权交易。平台已有 35 位非遗大师进驻，作品涉及广绣、广彩、玉雕、彩瓷、泥塑、石砚、陶瓷、苗画、象牙雕刻等多个类型。[①] 此类实践表明，数字技术不仅是工具性赋能，更通过重构生产、传播与交易流程，推动文化产业向智能化、可信化方向升级。

（二）"文化+科技"等产业融合

产业融合是广州文化新质生产力发展的核心路径之一。在"文化+科技"领域，广州国际灯光节通过引入增强现实（AR）技术，将珠江两岸的灯光艺术与虚拟场景叠加，游客可通过手机扫描地标解锁隐藏剧情，带动了 AR 道具购买、主题周边销售衍生消费的增长。这一模式不仅提升了传统文旅项目的吸引力，还催生了"科技策展人""AR 内容设计师"等新兴职业。"文化+金融"的探索同样成效显著，此类融合实践打破了行业壁垒，但需警惕过度资本化导致文化内核稀释的风险。例如，部分影视项目为迎合投资方偏好，弱化本土文化元素，反而降低了市场辨识度。

---

① 《版权护航非遗发展，荔湾让更多美好被看见》，《新快报》2023 年 12 月 25 日。

（三）历史文化资源的现代转化

广州在历史文化资源的现代转化中，探索出一条兼顾保护与创新的特色路径。以国家级非遗香云纱为例，其传承工坊引入数字化设计平台，将传统莨绸纹样与现代时装设计结合。电商平台数据显示，2023年"新中式"服饰的订单量同比增长195%，其中香云纱服饰的订单量同比增长112%。[①] 这一成功背后是"技术赋能+品牌运营"的双轮驱动：一方面，3D建模技术加速了纹样库的迭代效率；另一方面，与唯品会等电商平台合作，打通了高端定制市场。广州本土企业制作的动漫原创力量注重传统文化IP的打造。2021年，动画电影《雄狮少年》总票房突破2亿元，创下当年贺岁档国产动画新纪录。广州美术学院毕业设计短片《落凡尘》，取材于牛郎织女传说，曾在哔哩哔哩收获全网上亿次点播量。动画电影《落凡尘》2024年暑期档放映后，也在业界收获不俗的口碑。[②] 在城市更新领域，永庆坊的"微改造"模式成为全国范本。项目保留80%的历史建筑肌理，通过引入文创商店、非遗体验馆等业态，将骑楼老街转化为年轻客群聚集的文旅地标。与上海田子坊相比，永庆坊更强调"政府主导+市场参与"的协同机制，例如荔湾区政府联合万科集团成立运营公司，确保商业开发与文化保护的平衡；而田子坊则以艺术家自发聚集为起点，后期因过度商业化导致原真性流失。这一对比凸显了广州模式的可控性与可持续性，但也暴露出政策灵活性不足的问题，例如部分商户反映审批流程烦琐，制约了创新试错空间。

（四）国际化与品牌化发展

广州文化产业的国际化与品牌化进程，体现了新质生产力的全球辐射能力。酷狗音乐通过"区域定制化"策略深耕东南亚市场，推出粤语

---

① 《火爆！"国潮风"带火桑蚕丝服饰，有企业订单排到3个月后》，新华网，2024年7月11日，https：//www.xinhuanet.com/fashion/20240711/479825a4f7e94b7586e3006e3e865026/c.html。

② 《"一吡难求"背后的文化密码》，《南方日报》2025年2月28日。

歌曲专区与本地化歌单推荐算法，深受东南亚用户的喜爱。这一成功不仅依赖技术优势，更基于对文化差异的精准洞察。例如，针对马来西亚华人群体，平台将粤语老歌与南洋风情音乐融合，形成独特的"怀旧新潮"体验。在品牌建设方面，广州文化产业交易会（以下简称"文交会"）"文化展区"成为"中国制造""走出去"的重要窗口，近年来在推动中国产品和文化等方面的对外交流与输出上发挥着重要作用，且在数字化等方面也有不断的发展和创新，比如在展示产品和技术上有运用到数字技术等。值得注意的是，广州品牌出海仍存在"重产品轻叙事"的短板。以香云纱为例，尽管其出口额连年攀升，但国际消费者对其文化内涵认知有限，多数仅将其视为高端面料，而非岭南文化符号。对此，亟须通过跨文化传播策略（如联合国际设计师发布联名系列）提升品牌附加值。

三 国内外经验借鉴与广州路径优化思路

（一）国内经验：杭州"数字文娱之都"的生态构建

杭州在数字文娱领域的崛起，为广州文化新质生产力的发展提供了重要参照。《2023 年杭州市国民经济和社会发展统计公报》显示，2023 年杭州数字经济核心产业增加值 5675 亿元，占 GDP 的比重为 28.3%；[①] 文化产业增加值达 3211 亿元，占全市 GDP 比重 16%。[②] 其成功源于"技术—内容—资本"三位一体的创新生态。技术层面，阿里巴巴的云计算与大数据能力为中小文创企业提供了基础设施支持。例如，网易《逆水寒》手游利用阿里云的分布式渲染技术，极大地提升游戏场景加载速度和用户

[①] 《2023 年杭州市国民经济和社会发展统计公报》，杭州市统计局、国家统计局杭州调查队，2024 年 3 月 20 日。

[②] 《占 GDP 比重 16%！杭州市文化产业增加值达 3211 亿，动漫游戏营收突破 500 亿》，《21世纪经济报道》2024 年 2 月 7 日。

留存率。内容层面，杭州通过"IP全产业链开发"模式实现价值倍增。以宋城演艺为例，《宋城千古情》系列演出还衍生出剧本杀、虚拟偶像等数字产品。资本层面，《杭州市未来产业培育行动计划（2025—2026年）》提到要发挥"3+N"杭州产业基金集群投资的引导作用，建立覆盖种子期投资、天使投资、风险投资和并购重组投资的未来产业培育基金体系。对比广州，杭州的优势在于头部科技企业与政策资源的深度绑定。而广州虽拥有微信、酷狗等平台，但中小企业在技术接入与资本获取上仍存在断层，申请政府技改补贴审批流程较烦琐。因此，广州需借鉴杭州的"生态闭环"经验，强化政策落地的时效性与普惠性，同时推动本土科技巨头开放技术资源，降低中小企业创新门槛。

（二）国际经验：伦敦西区"文化+金融"的共生模式

伦敦西区作为全球文化金融融合的典范，其经验对广州文化产业国际化与资本化具有启示意义。西区剧院群通过"文化债券"与"风险共担基金"等金融工具，实现了艺术价值与商业收益的平衡。政府设立专项资金，如英国艺术委员会资助西区艺术项目，稳定支持文化创作。金融机构积极参与，银行提供优惠贷款，助力剧院设施升级、剧目排演。同时，社会资本活跃，通过众筹、赞助等形式，众多企业、个人为心仪剧目投资，为西区源源不断输送资金。开创产业链协同盈利模式，以戏剧演出为核心，向上下游延伸。上游创作环节，剧作家、导演等人才汇聚，创作优质剧本，吸引投资。中游演出，剧院凭借精彩剧目吸引观众，票房收入可观。下游衍生产品开发丰富，从戏剧周边、音像制品到主题旅游线路，全方位挖掘商业价值，实现文化产业链各环节金融收益的良性循环。针对剧目演出风险，保险机构开发专业险种，如演出取消险、演员意外保险等，降低运营风险。金融机构创新金融工具，如以未来票房收入为抵押进行证券化融资，提前回笼资金，缓解资金压力，保障项目顺利推进。伦敦西区文化债券投资者可获得票房分成与税收优惠双重回报。此外，西区建立"文化风险评估模型"，联合保险公司对演出项目进行风险定价，使中小制作公司融资成本大大降低。伦敦模式的启示在于，广州需构建多层次文化金融产品体系，例如试点"文化收益权质押贷款"，允许企业以 IP 未来收益为抵押获取资金；同时引入第三方风险评估机构，降低资本与文化的信任成本。广州可借鉴伦敦的"文化出口保险"机制（政府为出海文化项目承保），联合中国出口信用保险公司，推出针对东南亚市场的文化出口保险产品，助力酷狗音乐、广交会文化展区等国际化项目规避风险。

（三）路径优化思路：广州特色文化新质生产力的升级策略

基于国内外经验，广州文化新质生产力的路径优化需聚焦三大方向：技术生态化、金融敏捷化、叙事全球化。技术生态化方面，可参考杭州"之江实验室"模式，联合中山大学、腾讯共建"粤港澳文化科技联合实验室"，重点攻关数字孪生、生成式人工智能（AIGC）等关键技术。例如，实验室可开发"岭南文化基因库"，利用 AI 对粤剧、广绣等非遗元素进行智能解析与再创作，为内容生产提供底层素材。金融敏捷化方面则需创新资本工具，借鉴伦敦西区的风险共担机制，设立"文化创新风险补偿基金"，对早期项目的失败损失给予适当补偿，吸引社会资本进入高风险高回报领域。同时，推广"以赛代投"模式，通过"广州文化科技创业大赛"筛选优质项目，获奖团队可直接获得基金投资资格。叙事全球化方面，如酷狗音乐可联合东南亚本土音乐人创作"粤语+马来语"融合歌曲，通过算法推荐强化文化认同；广交会文化展区则需设立"文化叙事专区"，用 VR 纪录片、交互装置等形式讲述"广彩出海""十三行贸易"等历史故事，提升品牌情感附加值。此外，广州应主动参与国际文化标准制定，例如在 ISO（国际标准化组织）框架下发起"数字文化遗产保护标准"提案，将永庆坊微改造、粤剧数字化等案例纳入全球实践范本。

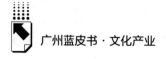

四 面临的挑战与对策建议

（一）面临的挑战

1. 技术迭代与市场竞争压力

广州文化产业在技术快速迭代与外部竞争加剧的双重压力下，面临显著的发展瓶颈。尽管头部企业如微信、网易在数字化应用上表现突出，但中小型文化企业的技术鸿沟问题依然严峻。据调研统计，广州中小文化企业的AI技术应用率不足20%，且超过60%的企业存在"数据孤岛"现象，即内部系统无法与外部平台高效对接。这一短板导致许多传统工艺企业难以适应市场需求变化，例如广彩、牙雕等非遗工坊仍依赖手工生产，产品迭代速度滞后于消费偏好。与此同时，外部竞争态势不容乐观。深圳凭借腾讯、华为等科技巨头的布局，在元宇宙内容开发领域占据先机。杭州则依托阿里巴巴生态，在数字文娱赛道持续发力。这种区域竞争差异不仅源于技术投入的差距，更反映出广州在创新生态协同上的不足，如缺乏类似杭州之江实验室的跨领域研发平台，导致技术转化效率较低。

2. 结构性矛盾与人才短板

广州文化产业的结构性矛盾集中体现为"大企业主导、小微企业脆弱"。小微企业占全市文化企业比重大，但营收贡献率小，抗风险能力普遍较弱。许多小微企业在数字化转型中因资金短缺陷入困境，例如荔湾区某广绣工作室尝试引入AI设计工具，但因单次系统授权费用高达20万元而被迫放弃。人才短缺问题同样突出，尤其是兼具文化素养与技术能力的复合型人才稀缺。高校培养体系与产业需求脱节是主要原因之一，例如华南理工大学"数字媒体艺术"专业课程仍以传统影视制作为主，缺乏区块链、虚拟现实等前沿技术模块。此外，高端人才流失现象加剧，广州文化科技领域领军人才流向深圳、上海的比例较高，这与两地薪酬水平、科研配套资源的差异直接相关。

3. 文化消费多元化挑战

文化消费需求的多元化与分层化对广州文化产业提出了更高要求。Z世代（1995~2009年出生群体）成为消费主力，其偏好呈现"体验化、社交化、圈层化"特征。广东动漫产业"家底"丰厚：产业产值已突破600亿元，约占全国动漫产业产值的1/3；全省在册的动漫关联企业数量超过20万家，形成了实力强劲的动漫产业集群；2024年，广东制作的动画片数量达95部，总时长达2.56万分钟，数量与时长均位居全国前二，充分说明了粤产动漫强大的创作实力。然而，背靠如此丰富的资源，"动漫之城"广州近年来仍未诞生像《哪吒》一样的全民爆款，偏重低幼化市场的定位，或许是其中原因之一。有数据显示，2024年粤产动画电影票房达22亿元，但成人方向的作品占比不足三成。① 近年来，广州剧本杀市场规模增长迅速，但有关部门监管不到位导致内容同质化、安全隐患等问题时有发生。例如，部分剧本杀场馆因未备案敏感题材剧本被查处，暴露出行业规范缺失的隐患。消费分层的另一表现是高端市场与大众市场的割裂。以珠江新城文化消费区为例，其高端艺术展览门票均价超800元，与老城区人均50元的传统演出形成鲜明对比，这种分层虽满足差异化需求，却加剧了文化资源分配的不均衡。此外，虚拟偶像、数字藏品等新兴业态的爆发式增长，对内容审核与版权保护提出挑战。

（二）对策建议

针对上述挑战，广州需构建系统性解决方案。具体来说，有如下几点对策与建议。

1. 强化政策支持体系

广州文化新质生产力的提升急需系统性政策支持。建议设立"新质生产力专项基金"，规模不少于20亿元，重点支持中小文化企业的数字化转型。基金可采取"政府引导+社会资本跟投"模式，对人工智能等前沿领域

---

① 《"一吒难求"背后的文化密码》，《南方日报》2025年2月28日。

项目给予补贴。针对中小企业的技术应用难题,可推动头部企业开放技术接口,如腾讯微信为广绣、粤剧非遗工坊提供免费的小程序开发模板,降低数字化门槛。优化政策落地效率,缩短技改补贴审批周期,借鉴深圳"即报即审"机制,减少企业等待成本。建议在黄埔区试点"文化科技融合试验区",开放公共数据共享平台,允许企业接入城市文旅、交通等实时数据,用于开发沉浸式文旅产品。例如,广州塔可通过数据接口与 AR 技术结合,实时生成游客动态画像,提供个性化导览服务,预计每年可提升游客消费额 15%。

2. 构建多层次人才生态

人才短缺是广州文化产业升级的瓶颈。需推动高校教育体系改革,联合中山大学、华南理工大学开设文化科技交叉学科,课程设置涵盖 AI 内容生成、区块链版权管理等前沿领域。参考杭州之江实验室与浙江大学的合作模式,设立产学研联合实验室,每年定向培养 500 名复合型人才。此外,建议实施"湾区文化领军人才计划",对引进的国际高端人才给予最高 200 万元的安家补贴,并减免个人所得税至 15%,政策力度对标深圳"孔雀计划"。针对本土人才流失问题,可借鉴伦敦西区的"文化职业认证体系",建立"数字策展人""元宇宙内容设计师"等新兴职业资格标准,提升从业者的社会认同感。

3. 推动国际化与品牌升级

首先,打造海上丝绸之路文化博览会,以广交会为平台,设立"东盟文化合作专区",重点展示粤剧、广彩等非遗的数字化创新成果。广交会"文化展区"未来可通过 VR 技术还原"十三行"历史场景,增强采购商的沉浸式体验。其次,支持本土品牌参与国际标准制定,例如推动酷狗音乐联合国际唱片业协会(IFPI)制定流媒体平台文化多样性评估标准,提升在全球产业链中的话语权。此外,需强化文化叙事的在地化适配,例如针对东南亚市场,将粤语歌曲与马来传统乐器融合,通过算法推荐形成"文化混搭"歌单。

4. 优化文化消费环境

应对文化消费多元化挑战，需建立动态监管与引导机制。一方面，建议出台"新兴文化业态分类管理指南"，对剧本杀、虚拟偶像等细分领域实施分级监管。例如，剧本杀内容需通过"AI 伦理审查系统"自动筛查敏感题材，减少违规率。另一方面，推出"广州文化消费券 2.0"，重点补贴数字艺术展览、非遗体验等普惠性项目，联合支付宝、微信平台发放定向消费券。通过网络直播技术向社区文化中心同步转播，促进文化资源均衡分配。

五　结论与展望

广州文化新质生产力的发展已取得显著成效，其中数字内容、文化旅游与创意设计三大领域贡献突出。然而，深层矛盾依然存在：一是技术鸿沟显著，中小文化企业数字化覆盖率和 AI 技术应用率仍然较低；二是人才结构性短缺，数字内容领域人才缺口较大，高端复合型人才流失率有所上升；三是文化消费分层加剧，新城区高端文化消费与老城区大众市场割裂，Z 世代对传统文旅产品的兴趣持续下降。这些问题反映出新质生产力发展的不均衡性，技术红利尚未普惠至全产业链，文化价值与经济效率的协同机制仍需完善。

面向 2025 年，广州需以全球数字文化创新枢纽为定位，推动文化产业增加值突破 3000 亿元，并实现三大战略跃迁：技术生态化、叙事全球化、制度协同化。技术生态化方面，需构建"头部引领—中小协同"的创新网络。借鉴杭州之江实验室模式，联合中山大学、腾讯等机构成立粤港澳文化科技联合实验室，重点突破 AIGC（生成式人工智能）、数字孪生等关键技术。例如，实验室可开发岭南文化数字基因库，利用 AI 解析粤剧唱腔、广绣纹样的美学规律，生成跨媒介创作素材，预计每年为中小企业节约设计成本 30%。同时，推动区块链技术在版权交易中的规模化应用，荔湾区非遗数字确权平台可扩展至全市，力争 2025 年完成版权登记 10 万件，侵权纠纷率再降 40%。叙事全球化方面，依托海上丝绸之路文化博览会，将广交会文化展区升级为"文化叙事中心"，通过 VR 技术还原十三行贸易历史场景，并联合东南亚艺术家创作"粤语+本土语言"融合作品,强化文化认同。酷狗音乐可进一步优化算法推荐策略,针对东南亚用户偏好开发"粤语老歌新编"专区,继续提升东南亚用户占比。主动参与国际标准制定,推动数字文化遗产保护标准纳入ISO框架,将永庆坊微改造、粤剧数字化等案例列为全球实践范本。制度协同化是突破行政壁垒的关键。建议成立粤港澳文化科技走廊跨城协调机构,统筹广深港澳四地资源,在IP共享、数据互通、人才流动等领域实现政策对接。例如,广州可联合深圳腾讯、香港TVB共建湾区元宇宙内容联盟,2025年前孵化100个跨城IP项目。此外,优化文化金融工具,试点文化收益权ABS(资产证券化),允许企业以未来IP收益发行债券,参照伦敦西区文化债券模式,目标融资成本降低20%。

广州需将当前挑战转化为升级动力,构建"问题导向—创新驱动—生态重构"的闭环机制。未来,广州应聚焦数字人文赛道,打造"传统—现代—未来"融合的文化产品矩阵。在全球文化产业数字化浪潮中,凭借岭南文化的历史纵深、数字经济的先发优势、粤港澳大湾区的协同潜能三大独特禀赋,广州有望成为"技术赋能文化复兴"的典范城市,在全球文化经济新格局中书写"广州范式"。

参考文献

《2023年杭州市国民经济和社会发展统计公报》,杭州市统计局、国家统计局杭州调查队,2024年3月。

《广州市公共文化设施布局专项规划(2020—2035年)》,广州市文化广电旅游局,2020年12月。

《广州市关于推进数字文化创意产业高质量发展的实施意见》,广州市文化广电旅游局,2022年8月。

尹涛主编《广州蓝皮书:广州文化产业发展报告(2024)》,社会科学文献出版社,2024。

广州演出市场品牌化、机制化、流量化的对策研究

陈雅涵 刘佳 柳立子 李曦*

摘 要： 演出市场兼备推动城市物质文明建设和满足人民精神文化需求的双重功能，是能够深度激活人文经济活力的强劲市场。千年商贸促成的文明交流互鉴及改革开放后港台流行文化的涌入，使广州成为发展演出市场的沃土。当前，广州演出市场发展势头良好，但仍存在品牌建设分散、多主体资源供给不足、票务机制僵化等结构性问题。借鉴上海、杭州及纽约在空间集聚、多元供给、品牌建设、融合发展等方面的经验，本文建议广州围绕珠江新城及沿江经济带进行横纵领域及区域布局，有针对性地打造城市演艺品牌集群；深挖本土文化元素，健全作品知识产权保护机制，完善"一团一场"模式，推出城市品牌剧目；优化票务体制机制，保障消费者合法权益；鼓励演艺新空间入驻商圈，以演出活动带动文、商、旅等行业互促共荣，留住跨城观演群体，全面激发"演出+"的乘数效应。

关键词： 演出市场 城市品牌 演艺新空间 文商旅融合发展

党的二十届三中全会审议通过的《中共中央关于进一步全面深化改

---

* 陈雅涵，博士，广州市社会科学院城市文化研究所助理研究员，研究方向为文化产业、文化消费及艺术管理；刘佳，硕士，广州市社会科学院城市文化研究所助理研究员，研究方向为公共文化服务、城市空间规划；柳立子，博士，广州市社会科学院城市文化研究所所长、研究员，研究方向为城市发展与都市文化；李曦，博士，上海师范大学天华学院财务管理（国际课程合作）专业主任，研究方向为企业战略、文化企业管理及文化产业。

革、推进中国式现代化的决定》提出加快培育完整内需体系、完善扩大消费长效机制、优化文化服务和文化产品供给机制等目标任务，为城市发展指明了方向。2023 年全国演出市场总体经济规模达 739.94 亿元，较 2019 年增长29.30%，①创历史新高，演出行业不仅成为城市经济发展的新增长点，凸显出广大群众对精神文化消费的需求以及追求美好生活的热情，也成为实现物质文明与精神文明相协调的中国式现代化的重要支点。2024 年，《关于打造消费新场景培育消费新增长点的措施》《国务院关于促进服务消费高质量发展的意见》强调增加高质量演出供给、提高审批效率，鼓励文艺新业态发展，以激发改善型消费活力，推动演出市场进入发展新纪元。广州作为商贸与文化协同发展的千年古城，正在扎实推进文化强市建设，因此如何推动本地演出市场繁荣发展，并在经济不稳定时期借助优势行业之势，树立各方主体对广州城市发展的信心，为"二次创业"再出发注入新动能，成为广州城市文化综合实力建设的重要课题。

一 广州演出市场整体发展势头较好

演出市场是指由演出制作方、策划方、艺术团体、投资方以及广大消费者所组成的演出服务交易市场②，可根据艺术门类细分为话剧、音乐剧、音乐会、演唱会、舞蹈等 9 个子领域。③ 总体来看，受到千年商贸带来的文明交流互鉴及港台流行文化影响，广州演出市场长期居于国内城市前列，但市场行情仍然存在较大波动。广州开设国内第一家音乐茶座及第一家卡拉 OK，并首次在全国范围内开放音像制品生产及经营权，成为国内演艺

---

① 《〈2023 年全国演出市场发展简报〉公布——2023 年全国演出市场总体经济规模创历史新高》，四川文艺网，2024 年 3 月 22 日，https://www.artsc.gov.cn/portal/article/index/id/12075.html。

② 傅才武：《中国文化市场的演进与发展》，经济科学出版社，2019。

③ 《2021 年中国演出市场年度报告》，"中国演出行业协会"微信公众号，2022 年 4 月 27 日，https://mp.weixin.qq.com/s/pyiQdga6OrNQIsmRb9rnfw。

行业的先锋队，为广州演出市场高速发展奠定了基础。但是，此后广州的演出市场逐渐走下坡路，甚至因其大型演出与同级城市相比体量较小而被称为"广寒宫"。① 近年来，广州积极发展演出经济，向建设国际演艺中心的目标前进。2024 年 1~7 月全市审批营业性演出 75375 场次，演艺市场带动城市文化艺术业营业收入增长 44.7%②，呈现出多元共荣的发展态势。

（一）演唱会经济活力十足，多项指标位列全国第一

"演唱会经济"已成为众多城市人文经济的增长点，其中，大型演唱会及音乐节在全国范围内持续发挥引领作用。2023 年，全国 5000 人以上大中型演唱会、音乐节演出场次约 3100 场，较 2019 年增长 97.23%；票房收入 177.96 亿元，较 2019 年增长 348.98%；观演人数 2789.41 万人次，较 2019 年增长 239.17%。③ 2024 年上半年，该门类票房收入同比增长 134.73%，观演人数同比增长 63.35%，其中 5000 人以上大型演唱会对市场增长的贡献率最高。④

放眼全国，广州的成绩尤为亮眼。据广州市文化广电旅游局统计，2023 年广州大中型演出数量全国第一，在广州举办演唱会的艺人数量同样位列全国第一。中国演出行业协会联合大麦等机构联合发布的《2023 演出市场大型演唱会年度洞察》数据显示，广东省位居全国演唱会票房之首，其中，广州体育馆主办 28 个演唱会项目，共计 32 场演唱会，成为 2023 年度全国第三大演唱会主办场馆。

---

① 《广州不是"广寒宫"！摩登天空：广州音乐消费群体全国前三》，腾讯网，2021 年 12 月 7 日，https://new.qq.com/rain/a/20211207A07HD700。

② 《1-7 月广州经济运行情况》，广州市统计局网站，2024 年 8 月 25 日，http://tjj.gz.gov.cn/stats_newtjyw/sjjd/content/post_9825856.html。

③ 《强劲复苏 在地共荣——大型营业性演出市场趋势及特点分析》，搜狐网，2024 年 4 月 16 日，https://business.sohu.com/a/771986616_745022。

④ 《2023 年广州经济运行解读》，广州市统计局网站，2024 年 1 月 25 日，http://tjj.gz.gov.cn/stats_newtjyw/sjjd/content/post_9458483.html。

（二）消费者满意度居全国榜首，彰显行业消费信心与动力

消费者满意度是指导策略研究的核心指标之一，对于产品市场健康发展及金融市场绩效均有正向影响[1]，因此，为保证市场行稳致远，需要重点关注并提升消费者满意度。据《中国消费者报》与易观咨询联合发布的《2023中国演出行业消费者洞察报告》统计，广州消费者的观演体验满意度位列全国第一，领先成都、上海、北京等城市。其中，消费者对演唱会的观演满意度最高（8.3/10分），话剧及展演空间（Live House）并列第二，亲子剧目相对靠后。[2] 广州在消费者满意度方面的成就得益于城市演出营商环境的改善，凸显出广州演出市场兼具场馆设施"硬实力"与演出内容与服务"软实力"，能够为消费者带来优质化、多元化的演出服务与体验，为广州建设国际消费中心城市提供了保障，也展现了广州在文化交流与消费领域的巨大潜力和吸引力。

（三）文化事业与文化产业双轨同行，共推市场繁荣发展

广州借助文化事业之力，着力培养观演习惯，培育演出生产与消费市场，构建优质演出市场生态。例如，广州交响乐团与星海音乐厅自2005年起共同主办"走进交响乐·相约音乐厅"公益性普及音乐会系列，持续为提升公众艺术素养、推广高雅艺术助力。又如，广州市人民政府、广东省文化和旅游厅等政府主体及文化事业单位共建广州青年交响乐团，从艺术生产及消费的源头抓起，提升广州城市文化综合实力。广州青年交响乐团培养了大批热爱音乐的青少年群体，并代表广州赴世界各国巡演，乐团对外成为展现广州城市文化的名片，对内则化身拉动艺术生产、促进演出消费的引擎。

---

① V. Mittal, K. Han, C. F. Rennea et al., "Customer Satisfaction, Loyalty Behaviors, and Firm Financial Performance: What 40 Years of Research Tells Us", *Marketing Letters*, 2023 (34): 171-187.

② 《2023中国演出行业消费者洞察报告》，《中国消费者报》2024年3月13日。

此外，中共广州市委宣传部及广州市文化广电旅游局举办广州艺术季[①]，致力于丰富市民的文化生活，提升广州的城市文化软实力。2024年广州艺术季历时4个月，覆盖歌剧、音乐剧、话剧、音乐会、戏曲、杂技等艺术门类，共计演出117场次，举办艺术普及和推广活动70余场次，观演人数达6.8万人次，发放惠民票累计5万余张，惠民补贴总金额约1000万元[②]，为广州市民带来全方位、多层次的文艺演出。

（四）演出市场政策紧推，助力行业行稳致远

政策既是行业动向的风向标，也是市场发展的助推器。近年来，广州高度重视演出市场高质量发展，并于2023年底密集出台了系列重要文件，以扶持演出市场长久发展。一是长远布局，定位演出市场发展高度。《广州市加快培育建设国际演艺中心实施方案》提出广州演出市场的宏观发展目标，明确以演出活动为核心，串联原创孵化、表演展览、社区教育等功能，盘活演艺资源，带动市场供给与需求平衡发展。二是中段优化，简化演出审批流程。《广州市"文旅体一证通"行政审批改革工作方案》致力于简化营业性演出审批流程，实施文化、公安审批提供对接联调，实现集成办理，并针对演出场馆及园区分别推出"穗演通"及"穗园通"。2024年7月11日《国务院关于同意在沈阳等6个城市暂时调整实施有关行政法规和经国务院批准的部门规章规定的批复》同意营业性演出审批权适度下放。广州作为试点城市之一，允许市级层面自主审批境外投资者在广州投资设立演出场所经营单位及演出经纪机构，进一步激发市场活力，吸引境外优秀演员及剧目入驻，促进了广州演出市场国际化发展。三是短期扶持，加大优质演出供给及补贴力度。《广州市促进演出市场繁荣发展实施方法》对营利性演出活动相关主体开放审批绿色通道，鼓励经营主体丰富演出供给，支持文化企业在穗

① 《广州持续擦亮艺术季品牌聚力打造国际演艺之都》，广东省文化和旅游厅网站，2022年11月8日，https://whly.gd.gov.cn/news_newdsxw/content/post_4042248.html。
② 《2024广州艺术季圆满收官集中展示广州国际演艺中心显著成果》，广州市人民政府网站，2024年9月9日，https://www.gz.gov.cn/zlgz/wlzx/wthd/content/mpost_9860709.html。

设立总部，并对符合条件的演出活动及主体给予相关优惠政策。2024年7月29日，《国务院关于促进服务消费高质量发展的意见》提出通过扩大文化演出市场供给、提高审批效率等方式刺激文化消费。可见，广州在演出市场政策布局方面做到了高瞻远瞩和未雨绸缪。

二 广州演出市场繁荣发展的隐忧及其原因分析

广州演出市场整体发展态势良好，市场潜力较大，但是从时间序列数据来看，广州演出市场增速逐渐回归理性。广州市统计局数据显示，2023年广州文化艺术业同比增长1.2倍[①]，2024年1~5月同比增长60.6%[②]，回落趋势较为明显。广州演出市场目前仍存在剧场布局分散、主体资源不足、票务机制僵化等结构性问题，阻碍了演出行业长期可持续发展，需要及时干预以确保演出经济行稳致远。

（一）品牌建设散点化，尚未形成有影响力的空间集群

空间集群是演出市场蓬勃发展的基础，伦敦西区剧院、纽约百老汇、北京戏剧东城及上海静安戏剧谷等演出市场发展蓬勃之地均验证了剧院集群在增强市场吸引力、资源共享协同、完善产业链条等方面的积极作用。目前，广州重视演出市场集群，并在《广州加快培育建设国际演艺中心实施方案》中进行了一系列部署。例如，以长隆集团、广州塔、正佳等文旅标杆企业为中心，规划建设多个文旅项目驻场演艺基地；以广州大剧院为中心，链接星海音乐厅、友谊剧院、广东艺术剧院等高端剧院形成核心演出区；以北京路、永庆坊、天河路、白云新城等多个商圈为主，开发流行音乐怀旧歌厅、沉浸式剧院、小剧场等小剧院群。虽然上述目标体现了广

---

① 《2023年广州经济运行解读》，广州市统计局网站，2024年1月25日，http://tjj.gz.gov.cn/stats_newtjyw/sjjd/content/post_9458483.html。

② 《2024年上半年广州经济运行解读》，广州市统计局网站，2024年7月27日，http://tjj.gz.gov.cn/stats_newtjyw/sjjd/content/post_9776766.html。

州全面建设演出市场的雄心，但现有的发展策略较分散，看似覆盖了广州市的众多区域及演出行业的多个门类与功能，实则难以具体落实。这种"撒胡椒粉式"的发展思路在空间维度上并不聚焦，难以形成集聚效应并发挥乘数效应，对于打造城市文化品牌、吸引跨城观演的作用较弱。

（二）与同量级城市相比，演艺资源供给相对不足

增加高质量演出供给是演出市场发展的前提，演出空间、文艺院团及演出经纪机构则是演出供给的基础。但是，广州与国内外重要城市相比，优势较弱，存在资源供应不足的问题。

第一，演出空间数量有限，难以满足人民的基本精神文化需求。首先，作为一个常住人口约1900万人的超大型城市，广州仅有196个演出空间①，即大约每9.7万人共享一个剧场。而在日本及韩国，常住人口约1400万的东京共有898家演艺场所，首尔则约2.1万人共享一个剧院。②其次，广州现有的演出空间有70%分布在越秀、海珠及天河三区内③，其他区居民参与演出活动的成本较高。可见，广州当前的演出空间数量及布局在一定程度上遏制了城市演出市场的服务范围及上升空间，尤其是难以在国庆黄金周等消费高峰期满足大批市民的精神文化需求，弱化了演艺业的经济效应。

第二，小型演出空间供给不足，导致观演双方负担较重。目前全国剧场类演出消费火热，小剧场及演艺新空间票房增速达4倍有余③，且后劲十足，但该板块却是广州演出市场的薄弱项。据统计，在剧场类演出板块中，珠三角的演出场次仅占全国的7%，远低于京津冀（占27.4%）、长三角

① 《时时有戏，艺享花城：存量更新背景下广州演艺空间的提升策略研究》，"广州市城市规划勘测设计研究院"微信公众号，2022年11月24日，https://mp.weixin.qq.com/s/m433fABrFrjGUVMM9bIGXg。
② 张晨：《打造演艺新空间培育文旅消费新场景的上海实践》，《中国旅游报》2022年10月21日。
③ 《回归与重塑——2023年剧场类演出市场消费观察》，网易，2024年4月16日，https://m.163.com/dy/article/IVSV3COI0517DNB8.html。

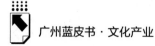

（占 30.7%）及川渝地区（占 11.2%）。① 当下广州的演出大多集中在宝能广州国际体育演艺中心、星海音乐厅等中大型演出场馆，另有投资 4 亿余元的广州粤剧院新址等一系列文化新地标拔地而起。② 尽管大型演出场馆具有一定的地标性意义，但专注于这类演出空间并非长久之计。一是因为兴建大型场馆及后期运维费用给地方带来巨大的财政压力，而表演艺术的"成本病"③ 问题却使政府难以在短期内收回投资成本，另需进行持续性投入，难以实现体系完善的演出市场化。二是因为并非所有院团和剧目都适合在中大型演出场馆内进行，例如小微型院团难以负担主流剧院高昂的租赁费用，实验性创作型剧目则倾向于小规模地展开市场培育。然而，当下广州的演出市场并未给予这类院团及剧目足够的发展空间，削弱了构建文化多元主体的动力和演出创作多样性的潜力。三是因为中大型演出观演门槛较高，未能辐射不同社会阶层。大剧院与大制作必定转嫁为高票价，隐性地抬高了文艺观演门槛，违背了艺术本身的普惠价值，对中低收入群体的利益考虑不足。

第三，经纪机构体量较小，多元演出内容供给后劲不足。演出经纪机构是指从事演出组织、制作、营销，演出居间、代理、行纪等活动的机构④，是演出产业链中的重要一环。根据广东演出行业协会统计，广州市记录在册的演出经纪公司共 235 家，而上海有 1362 家⑤，北京仅东城区就有 293 家。⑥ 三地的差距一方面可以看出北京"戏剧东城"理念的建设成效以及上

---

① 《回归与重塑——2023 年剧场类演出市场消费观察》，网易，2024 年 4 月 16 日，https：//m. 163. com/dy/article/IVSV3COI0517DNB8. html。
② 《广州市粤剧院新址圆满落成 将打造世界粤剧文化中心》，广州市人民政府网站，2022 年 9 月 28 日，https：//www. gz. gov. cn/zt/ddesd/whqs/content/post_8591439. html。
③ "成本病"理论由美国经济学家威廉·鲍莫尔在 1966 年提出，认为表演艺术是个生产力滞后的行业，需要政府加以干预和补贴。
④ 陈楠、刘靖编著《表演艺术管理与音乐产业运营》，上海音乐出版社，2020。
⑤ 《一季度上海演出市场票房增近 3 倍，接下来好戏连台》，澎湃新闻网，2024 年 5 月 8 日，https：//www. thepaper. cn/newsDetail_forward_27297669。
⑥ 《与戏剧共生，与城市共美！大戏东望·2023 全国话剧展演季隆重开幕》，北京市东城区人民政府网站，2023 年 11 月 30 日，https：//www. bjdch. gov. cn/ywdt/dcyw/202311/t20231130_3328768. html。

海演出市场多元供给的驱动所在，另一方面也反映了广州多元演出内容供给不足。作为兼具演出生产、中介、传播等多重功能的重要主体，经济机构的体量是影响城市演出市场长久发展的重要因素，需要加以拓展，为多元演出供给提供更多可能性。

（三）票务监管不到位，黄牛倒票致观众权益受损

以文化和旅游部、公安部联合下发的《关于进一步加强大型营业性演出活动规范管理促进演出市场健康有序发展的通知》为指导，广州规定5000人以上的演出实行全流程"强实名制"管理，在一定程度上强化了演出票务管理。但调研发现，广州仍不同程度存在"黄牛"倒卖门票、购票系统"一票难求"、演出现场"坐地起价"的市场乱象，是折损消费者满意度的主要因素。① 究其原因，主要体现在以下三个方面。第一，监管不严，实操中存在"非强实名"现象。调查发现，若出现购票人与观演人不符的情况，只需到人工通道进行解释即可放行。在实践过程中，主办方对工作人员的培训和监管并不充分，给予了检票员与"黄牛"相互勾结的空间。第二，覆盖不全，多数艺术门类未在"强实名制"管理范围内。目前，"强实名制"仅应用于5000人及以上规模的演出，但除大型演唱会外，音乐会及各式剧目等演出规模几乎难以达到这一阈值，换言之，仍有大量票务并未纳入"强实名制"管理，票务"可操作"余地较大。第三，流动不足，票务退改机制僵化。广东文化票务网、大麦网等票务平台均表示，鉴于票品为有价票券，具有时效性、稀缺性等特殊属性，不支持退换，仅有部分"强实名制"的票品可以在规定时间内退票。这种票务制度不仅带有一定的强制买卖色彩，也造成了文化资源的浪费。更重要的是，官方途径的退改封锁，阻断了一级市场的票务流通，严重影响市场供需关系，给予了二级市场钻空子的机会。广州演出数量众多，加之票务机制三大问题的干扰，使其演出市场秩序深受"黄牛"问题影响，也侵害了消费者的合法

---

① 《2023中国演出行业消费者洞察报告》，《中国消费者报》2024年3月13日。

权益。然而，广州尚未针对规范演出票务问题出台相关的政策文件，亟待布局。

三 国内外标杆城市演出市场的经验借鉴与启示

（一）久久为功：上海持续打造亚洲演艺中心

自 1843 年开埠以来，上海发展成为文化消费高地，并建成国内首家国际性高等级综合剧院。近年来，为进一步促进城市文化软实力发展并满足人民日益增长的精神生活需求，上海进行了缜密的规划与布局，其经验可供广州参考借鉴。

一是政策推动，以阶梯式部署明确市场发展步调。2007 年，上海市第九次党代会明确了建设国际文化大都市的总体目标，并在随后的上海市"十三五"规划中将该目标细化。2017 年 12 月，上海在《关于加快本市文化创意产业创新发展的若干意见》中进一步细化了城市文化品牌的发展方向，明确提出打造"亚洲演艺之都"的发展目标，并提出鼓励商业综合体引进创新演艺项目、支持社会资本结合旧区改造改建演艺空间等系列举措。

二是落实推进，以具体化措施推进市场有序发展。上海注重凝聚资源、组建团队、制定标准，关注不同市场主体的需求与利益。具体而言，上海将人民广场附近的剧场集群规划为"演艺大世界"，形成"一中心、多集群"集聚样态，并在静安区特设"现代戏剧谷"，打造城市文化品牌。此外，上海市演出行业协会于 2018 年底率先组建"演艺新空间专业委员会"，并于 2019 年制定了《上海市演艺新空间运营标准》，针对这类空间的营运要求、硬件标准、服务标准等要素做出详细规定，为社会资本建设演艺新空间提供了规范指导，也让小微型演出空间逐步嵌入人们的日常生活。2024 年 4 月，上海市演出协会经年度评核后发布新一轮 100 家演艺新空间名单[①]，在持续

---

① 《100 家上海演艺新空间公布，近 20% 为新上榜》，上海市文化和旅游局网站，2024 年 4 月 28 日，https://whlyj.sh.gov.cn/cysc/20240428/badccb94a2fc4915b5aefe4665bdd926.html。

监察中保证市场健康运转。

三是多元供给，以融合发展全面激发市场活力。目前，上海已形成专业剧场与演艺新空间并存的多元化差序格局，一方面聚焦专业剧场的高质量建设与精细化运营，打造了"上海国际艺术节"等系列品牌；另一方面积极促进演艺新空间的引导、建设及管理，推动闲置空间演艺化改造，旨在有效应对并缓解公众日益增长的艺术审美需求与既有剧场资源供给不足之间的结构性矛盾。更重要的是，演艺新空间这一"立体百老汇"的形象兼具灵活性、便利性、实用性的特点，一方面给予原创作品及小型文艺团体演出平台，推动内容创新及市场培育，完善演艺产业生态；另一方面，演艺新空间近距离的演出形式及生活化的演出内容，使其成为大众文化和小众文化的纽带，为观众带来沉浸式体验的同时也激发百姓对文艺作品的兴趣。小剧场成功撬动大市场，据统计，2023年上半年上海共举办了营业性演出2.2万余场，票房收入8.32亿元。其中，演艺新空间的演出场次占比四成，票房达6357.2万元①，造就了演出市场新业态的蓝海。由此可见，上海通过从宏观至微观的政策引导与部署，配合合理的空间布局与规划，传播高雅艺术的精神与美学，挖掘演艺新空间的潜力与能量，全方位打造亚洲演艺中心。

（二）步步为营：杭州文旅演艺品牌将"流量"化为"留量"

杭州是中国文旅演艺的开创之城，自1996年起，宋城演艺集团将宋文化主题公园逐步打造成主题式演艺世界，并将这种模式拓展至全国各地。论其举措，主要体现在以下三个方面。一是扎根本土文化，扩大城市文化传播力。杭州开创了以在地文化为基础、以本地山水为幕布的实景演出模式。一方面致力于回溯杭州民间传说及神话，重述西湖人文；另一方面深度挖掘杭州作为南宋都城时期的历史故事、民间传说及传统艺术，凝练宋韵文化的文化符号与人文精神，并以此推出了《宋城千古情》《最忆是杭州》《今夕共

---

① 《优质品牌和大IP助燃申城文旅消费热》，上海市文化和旅游局网站，2023年8月11日，https://whlyj.sh.gov.cn/wlyw/20230811/4984a65ea94a4d43b4d052c148621aa5.html。

西溪》《如梦上塘》等实景演艺项目,以艺术形式呈现本土文化,增强城市文化影响力。二是注重科技化表达,新质生产力赋能演艺制作。杭州各色演艺项目善于运用 AR、VR、全息投影等现代科技赋能舞台装置,在舞蹈及音乐的基础上,将虚拟与现实相结合,对杭州历史故事及文化精神进行现代化的创新表达,给观众带来复合感官体验,提升文旅演艺的互动性和吸引力,同时延长文旅演艺产业链,实现资源共享与优势互补。三是打造文旅演艺综合体,将"流量"转化为"留量"。2020 年,杭州宋城演艺景区将文旅演艺由"一台剧目、一个公园"模式向"多剧院、多剧目、多活动、多门票"演艺王国模式升级[①],形成以《宋城千古情》为内核、多主题剧目为外延的演艺聚落群。由于聚落中文化产品众多,游客难以在一天内完成体验,进而促成包含住宿、餐饮、观光、节庆活动等要素的文旅演艺综合体,鼓励游客延长消费时间,形成更大的产业规模及平台效应。广州坐拥丰富的岭南文化资源,拥有大批优秀科创企业,可依托本土文化旅游资源,借鉴杭州模式,制作拥有广州本土特色的演出剧目,并联动上下游产业,拓展广州演出市场的维度和深度。

(三)顺势而为:纽约百老汇以集聚性和市场化创造品牌

百老汇是纽约曼哈顿街区及林肯中心一带剧院的代名词,早在 18 世纪中叶就已初现雏形,并在随后的 200 多年不断扩大规模。目前,百老汇在南北长约 1300 米、东西宽约 300 米的街区内聚集了大大小小上百家剧院,形成空间集聚、内容多元、品牌成熟的世界著名剧院街区[②],其成功经验具体体现在以下三个方面。

一是演出空间圈层聚集,共建城市文化辐射群。百老汇除了核心区内41 个 500 座以上的剧院之外,曼哈顿外围还分散着可容纳 100~500 人的中型剧院,被称为外百老汇剧院(Off-Broadway),另有规模更小、地理位置

---

① 《宋城演艺:探索"演艺王国"新模式》,《中国旅游报》2021 年 7 月 23 日。

② C. J. Naden, *The Golden Age of American Musical Theatre:1943 - 1965*, Maryland:Scarecrow Press, 2011.

相对偏远的外外百老汇剧院（Off-Off-Broadway）及其他类型剧场①，使剧院在演出供给、市场培育、人才培养等方面得以发挥乘数效应。为加强集聚效果，区域内剧院联合成立"百老汇剧院联盟"（The Broadway League），旨在提供维护行业利益、提供数据统计支持、推进百老汇全产业链合作与管理等服务，共同维护演出市场生态。

二是剧场运作市场化，以多元内容满足各类群体的文化需求。在百老汇形成的过程中，政府秉承"无为而治"的理念，不直接干预艺术创作，主要通过容积率奖励、开发权转让、税收优惠政策、财政拨款和艺术基金赞助等多种方式鼓励社会资源参与，依靠完善的法律体系和行业委员会进行监管。② 百老汇的聚集性及市场化吸引了众多人才参与，形成了以内容生产为核心的产业链条。一方面，市场化运营模式使各主体可根据市场喜好适当调整题材；另一方面，因百老汇剧院及剧目类型数量众多，可以同时满足不同消费需求及观演体验的消费者，进一步提升区域演艺市场的整体竞争力和吸引力。

三是演出集群品牌化，吸引观众跨城跨国观演。以剧院集群及演出内容为基础，百老汇另通过多重方式不断扩大自身品牌影响力。例如，推出"百老汇快递"，鼓励企业将百老汇演出引入企业年会、新品发布会等活动；与纽约市旅游局合力打造"百老汇周"，其间观众到指定网站注册即可获得部分演出半价购买权，另可同时选购交通、住宿及旅游套餐，激活"演出+"效应；创建戏迷可与幕后团队实时互动的"百老汇地带"线上平台，鼓励二次创作，扩大百老汇品牌传播力，并以此加强粉丝忠诚度及身份认同感。百老汇的品牌及口碑使众多剧团及演职人员以百老汇的演出经历为资本，各地观众也为体验百老汇独特的文化氛围和高品质演出慕名而来，不仅提升了整个区域的城市文化形象，还为招商引资和未来发展创造了有利条件。

---

① 其他类型剧场是指"用餐剧场"（Dinner Theater）、酒吧及歌舞厅等。参见陈楠、刘靖编著《表演艺术管理与音乐产业运营》，上海音乐出版社，2020，第67页。

② 《借鉴纽约更新经验，推进上海演艺集聚区再活化》，澎湃新闻网，2023年10月15日，https：//m.thepaper.cn/newsDetail_forward_24792843。

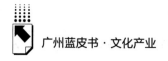

四 广州演出市场繁荣发展的对策建议

从过去的全国首家音乐茶座及卡拉 OK，到今日演唱会与音乐剧，广州作为改革开放的排头兵，拥有发展演出市场的基础、能力及潜力。但是，演出观演终归是感性驱动，如何在"热度"褪去后做到"曲终人不散"，依然保持演出市场的活力、持续推进城市文化软实力建设，是广州需要重点攻关的现实问题。

（一）空间聚焦，针对性打造演出集群品牌

文化艺术有向城市中心集聚的特点[1]，伦敦、纽约、上海等城市皆是如此。演出集群产生的规模效应，既有助于提升城市文化影响力及知名度，塑造城市文化品牌，又可以通过集群中形成的良性竞争不断提升剧院各自演出质量及服务水平。因此，应在特定区域内加强针对性布局，实现演出生产、中介、消费及相关产业全方位发展后，再推进"以重点带全局"。具体而言，可从以下三个方面推进。

第一，精准定位，以珠江新城及沿江经济带为核心向外辐射，打造城市演艺集群。当下的演出市场消费呈年轻化态势，2023 年，18～34 岁的群体占剧目类演出观众总量的 72%[2]、占大型演唱会受众的 81% 及大型音乐节观众总量的 85%[3]。因此，建议选择以珠江新城及沿江经济带（如琶醍、二沙岛、沙面、大湾区艺术中心、广州文化中心[4]等）这一众多具有消费能力的

---

① 黄昌勇：《"亚洲演艺之都"的现代之路》，载黄昌勇主编《中国城市文化报告 2018—2019》（长三角卷），同济大学出版社，2020。

② 《回归与重塑——2023 年剧场类演出市场消费观察》，网易，2024 年 4 月 16 日，https://m.163.com/dy/article/IVSV3COI0517DNB8.html。

③ 《强劲复苏 在地共荣—大型营业性演出市场趋势及特点分析》，搜狐网，2024 年 4 月 16 日，https://business.sohu.com/a/771986616_745022。

④ 广州文化中心是指太古汇（广州）发展有限公司于 2024 年 8 月 6 日拿下的广州市天河区天河路 387 号 101 房地块，建筑面积为 6.08 万平方米。

年轻群体聚集之地为主圈轴，向外部片区辐射延伸，同时借鉴纽约百老汇模式，打造包含各类剧场规模、各种艺术门类及各式演出内容的广州演出市场集群。

第二，纵深发展，促进演出市场多元供给。一是开发"小而美"的演艺新空间。利用城中村旧城改造、借助珠江夜游开发"江上剧场"，打造一批具有沉浸式体验特征的演艺新空间。一方面将文艺活动融入人们的日常生活，进一步增强优秀文化资源的均衡性和可及性；另一方面丰富城市更新的功能取向，解决广州演出空间不足的现实问题。二是鼓励演出经纪机构入驻。凝聚文化企业在琶洲板块的广州国际文化中心或广州 T. I. T 创意园等地，发挥经纪机构在特色演出策划、制作、宣传及发行中的独特优势，推出"广式生活""岭南艺文"等系列演出，借助专业机构之力优化演出市场资源配置，提高行业运作效率，加快剧场集群品牌培育进程。

第三，横向协同，以多主体共荣推动演出市场可持续发展。一是鼓励各类差异化院团及场馆推出联合演出季及联票优惠等合作机制，带动新生团体及中小型剧院的影响力及知名度，推动演出市场多元发展。二是联结珠江新城及沿江经济带周边的文艺院团及专业院校（如广州交响乐团、广东民族乐团、广州粤剧院、广东省歌舞团、星海音乐学院及广东省舞蹈戏剧职业学院等），一方面为演出市场的后备人才提供舞台实践机会，另一方面促成业界信息及前沿技术直达学界，打通引才、育才、留才、用才链条，形成"演培共进"的良好生态。三是加大学生票供给力度，积极进行市场培育。降低青少年走入剧场的门槛，培养该群体的观演习惯及艺术素养，确保广州演出市场可持续发展。四是以"演出+"带动文化科技研发、文创产品开发、文化旅游观光、商贸会展等上下游产业，借助粉丝经济及文化新质生产力，拉长演艺行业产业链条，提高广州演出市场的韧劲与厚度。

（二）深挖城市文化元素，推出吸引跨城观演的精品剧目

舞台艺术"内容为王"，优秀文艺作品及持续的创作力才是演出市场行稳致远的根本。尤其是在消费逐步回归理性后，广州需要以更优质、更丰富

的演出内容供给保持演出市场繁荣势头。为增强广州演出市场的生命力，一是鼓励文艺工作者充分利用国家版本馆广州分馆、广东省非物质文化遗产馆、广东文学馆等文化资源，深度挖掘广州的红色文化、海丝文化、商贸文化、疍家文化、广绣文化等本土特色元素进行音乐及剧目创作，将文艺作品根植本土，讲好广州故事。二是健全原创作品保护机制，加强文化领域知识产权保护，加快作品版权审批流程。从立法、执法两端同时入手，向用人主体授权、为人才松绑，让创作者"不怕写""放心演"，提高创作的积极性及内容的多样性，以优秀文艺作品为基础方可创造可观的经济及社会效益，以知识产权保护机制支撑文艺作品"引进来""走出去"。三是鼓励国有文艺院团完善"一团一场"的驻场演出制度，联结演出院团及场馆的力量，打造品牌化院团、推出精品式剧目。据统计，跨城观演已经成为当代消费者新的生活方式[1]，广州演出行业应借助市场和社会流动的势头，创作编排具有代表性的精品剧目，并借鉴纽约百老汇的"一剧一场"模式，周期性上演经典剧目，吸引观众跨城观演。这种演出模式既有助于实现文化创造性转化与创新性发展，促进文化传播与传承，塑造广州城市文化形象，还可有效降低舞台装卸等制作成本及减轻剧目宣传等运营压力，提高资源利用效率，确保市外观众各个季度到穗均有好剧上演，为观众慕名而来或"复刷"提供可能，有助于形成"来广州，必看剧"的观念，提升广州城市文化影响力。

（三）优化演出票务体制机制，保障观演双方合法权益

广州人口众多，演出市场存在较为显著的供需失衡现象，应在增加高质量演出供给的同时，以公平合理的票务政策规范演出市场，满足广大群众的精神文化消费需求。一是加强全流程"强实名制"管理及其应用范围。将不同规模及类型的演出纳入"强实名制"管理，以"人—脸—证"核验机

---

① 《强劲复苏　在地共荣——大型营业性演出市场趋势及特点分析》，搜狐网，2024 年 4 月 16 日，https://business.sohu.com/a/771986616_745022。

制,确保真实的观众身份,遏制黄牛通过冒用身份等方式进行倒票的行为,进一步保障消费者权益,并为票务退改业务提供依据。二是确定阶梯式售票及退改原则,维持一级市场票务流通。一方面,通过政策文件给演出票务市场"立行规",使执行与监管有据可依,优化票务销售平台职能并规范演职人员的票务权限;另一方面,借鉴铁路售票系统进行分批售票,推行有条件转赠及阶梯式退改票机制,以活态化方式平衡票务销售管理需求及消费者合法权益之间的关系,最大化保证市场活力。三是更新演出场馆的管理服务设备,为规范票务市场提供硬件保障。2024 年 5 月,国家发展和改革委员会等部门联合印发《推动文化和旅游领域设备更新实施方案》,提出更新升级智能管理服务设备的具体任务,优化演出场馆的智能化门闸等设备,为全面推行"强实名制"购票提供可能。四是联结公安及网信部门,加强数据安全保护。联动国家安全网络管理体系,防止未经授权的访问及个人信息泄露、篡改或丢失,减少"强实名制"推进过程中的数据安全顾虑。

(四)跨界融合,演出与餐饮、购物等消费行业互促共荣

演出是人员密集型的生产消费共时性活动,能够较高效地吸引大批具有一定消费能力的群体。目前,广州正在积极建设国际消费中心城市,计划丰富白鹅潭等商圈,扩大太古汇容量,更新马场地块功能,建设聚龙湾珠江太古里、SKP 商场。为避免商圈及项目消费同质化导致审美疲劳、吸引力不足等问题,应尝试以演出活动为支点,盘活商圈客流量,发挥"演出+商业"的乘数效应,使广州建设国际消费中心城市与国际演艺中心互促发展。具体而言,一是鼓励演艺新空间入驻商圈,以演出凝聚客源带动周边消费。随着精神消费的转型升级及体验经济的日益成熟,现场演出活动的互动性与体验感更能够满足人们的消费需求。因此,可参考上海世贸广场、第一百货大楼、亚洲大厦、纽约时代广场等模式,将"小而美"的演艺新空间植入商场内部,使演出场所成为像电影院一样的商圈标配。通过演出活动吸引高购买力人群,延长顾客在商场内的停留时间,增加顾客与餐饮、购物等商户的接触机会,激活潜在性消费。二是演出门类差异化定位,推动商圈打造特

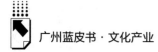

色品牌。鉴于演出行业内容多元的特质，各商圈可根据自身目标客户市场的品位及偏好，有针对性地引入沉浸式戏剧、古典音乐、曲艺、脱口秀、Live House 等演出门类，实现商圈错位发展。以特色演出增加商圈的吸引力、话题性及知名度，凸显商圈的品牌形象及文化定位，拓展潜在消费群体，并以此增加顾客群的回访率及忠诚度，进一步激活消费并保证其稳定性。三是丰富大型场馆周边的商圈及文旅交通配套设施，留住跨城观演群体。如今"为一场演出奔赴一座城"已成为年轻人新的生活方式，以此短暂地逃离日常生活圈。2023 年广州大型演唱会的观众中有 68% 为跨城观演，客源地覆盖华南、华中、华东及北京等地。[①] 为此，广州应进一步完善并丰富大型演出场馆周边商圈及配套设施建设，借鉴杭州文商旅互促发展模式，提供"食住行游购娱"一站式服务，将演出流量化为推动城市经济增速的驱动力。一方面，可在大型场馆周边布局具有广式生活特征的美食、集市和工作坊，使跨城观演群体能够具身化、沉浸式地体验广州的松弛感及"鲜香和乐"，为外地消费者带来独具魅力的生活体验的同时也促进城市文化传播。另一方面，完善公共交通布局，提供赴广州塔、长隆、永庆坊等广州标志性旅游景点的接驳车，链接城市文商旅共同发展。

---

① 《强劲复苏　在地共荣——大型营业性演出市场趋势及特点分析》，搜狐网，2024 年 4 月 16 日，https://business.sohu.com/a/771986616_745022。

B.5
AI 浪潮下广州文化科技融合发展的对策研究*

韦晓慧　艾希繁**

摘　要： 2024 年广州巩固其作为全国数字文化创意产业核心区的地位，文化新业态营收规模超 2700 亿元，呈现新态势：一批文化科技龙头企业涌现，在产业链形成明显优势；动漫游戏、创意设计服务、文化装备及消费终端生产等 3 个千亿级产业集群影响力不断提升；文化科技空间集聚发展；新业态蓬勃发展。与国内其他城市比较，广州文化科技融合发展存在一些不足与短板。借鉴北京等地经验，本文提出广州加快数字文化产业高质量发展的对策建议：加快发展"国际科技创新中心重要承载地"，完善政策体系，推动产学研一体化；以"互联网+"思维推动各领域改革，全力打造国际一流营商环境；培育扶持一批文化科技企业，形成若干千亿级文化新业态集群；鼓励企业创新发展新型文化业态，培育一批"人工智能+文化"的爆款产品；协同粤港澳大湾区发展，打造全球文化科技融合发展高地；全方位优化人才政策，培育一批高端文化科技人才。

关键词： 人工智能　文化科技　数字文化产业

---

*　本文系 2023 年度广东省普通高校特色创新项目"高质量共建'一带一路'数字化基础设施的经济效益研究"（项目编号：2023WTSCX025）的阶段性成果。

**　韦晓慧，博士，广东外语外贸大学国际经济贸易研究院副教授，研究方向为经济发展、国际贸易；艾希繁，博士，广州市委宣传部干部，研究方向为文化发展。

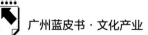

以 DeepSeek 为代表的 AI 前沿技术成为 2025 年春节以来的社会舆论热点，DeepSeek 成为史上最快突破 3000 万日活跃用户数的应用，更成为 2025 年全国两会期间会场内外的热点话题。AI 前沿技术新质生产力正推动文化科技融合达到新高度，DeepSeek 仅凭对 3% 的云冈石窟历经 1500 年风化佛像残存纹饰，就可以完整还原北魏时期的服饰规制与美学特征，经专家验证准确率达 97.6%，还借助数字化技术修复敦煌壁画，AI 技术赋能使文化遗产保护效率提升 40 倍，还将壁画场景转化为生动动画短片，让游客沉浸式体验历史盛况。文化科技融合带动文化新业态迅速发展。国家统计局数据显示，2024 年规模以上文化及相关产业企业营业收入达 14.15 万亿元，较上年增长 6%，文化新业态特征较为明显的 16 个行业小类实现营业收入 5.9 万亿元，同比增长 9.8%，对整体文化企业收入增长的贡献率达 65.7%。[①] 2019~2024 年，文化新业态收入从 1.9 万亿元增长至 5.9 万亿元，年均复合增长率约为25.40%。[②] 文化科技融合助力文化产品出海取得新突破，《全球数字文化产业出海研究报告》显示，以 App 下载量和营业收入等指标衡量，中国综合排名已稳居全球第二，小红书、TikTok 已成为文化产品出海标杆。[③]

北京、深圳、上海、广州、成都等城市大力推动文化科技融合发展，并在人才、资金、政策等各个层面予以保障支持，带动数字文化新业态快速涌现。在人工智能加速发展的趋势下，比较研究广州等国内领先城市文化科技融合发展，具有较强的理论和现实意义。

---

① 《2024 年全国规模以上文化企业营收超 14 万亿元》，中国政府网，2025 年 1 月 27 日，https：//www.gov.cn/lianbo/bumen/202501/content_7001434. htm。
② 《文化新业态爆火！从 1.9 万亿到 10 万亿，未来 5 年靠啥狂飙?》，山东省文化产业发展协会网站，2025 年 2 月 25 日，https：//www.wenhuasd.com/document/2135.html。
③ 臧志彭：《全球数字文化产业出海研究报告》，《文汇报》百家号，2024 年 11 月 23 日，https：//baijiahao.baidu.com/s? id=1816521727490811876&wfr=spider&for=pc。

一 广州文化科技融合发展情况

（一）整体情况

2024 年，广州通过"12218"现代化产业体系，巩固其作为全国数字文化创意产业核心区的地位。广州不断优化文化科技融合发展政策环境。2024 年 11 月广州市文化广电旅游局下达 2024 年文化和旅游产业发展专项资金"数字文化产业项目"专项扶持资金，扶持 102 个生成式 AI 文旅推广、VR/AR 技术研发等项目，总金额达 890 万元，如广州津虹网络的"AI 赋能文旅直播"项目获 100 万元支持。[①] 广州数字文化产业营收规模居北京、上海、深圳、杭州之后，处在全国主要大中城市前列。2024 年，广州市规模以上文化及相关产业法人单位 3760 家，合计实现营业收入 6040.80 亿元，同比增长 4.0%，文化新业态持续引领增长，文化新业态特征较为明显的 16 个行业小类实现营业收入 2780.88 亿元，同比增长 6.9%，高于全市文化产业平均增速 2.9 个百分点，以占比 30.6% 的法人单位实现 46.0% 的营业收入。其中，娱乐用智能无人飞行器制造、数字出版、互联网搜索服务三个行业增势强劲，增速分别为 2.4 倍、94.0%、36.2%。[②] 随着 AI、区块链、5G 等新一代信息技术的应用和引领，广州文化产业正迸发出势能强劲的新质生产力。

（二）发展特点和态势

一批文化科技龙头企业涌现，在产业链形成明显优势。当前，广州现有游戏企业 3000 家，规模以上法人单位 260 家，上市企业 15 家，拥有网易、

---

① 《"新、齐、多、强"广州发布 2024 文化产业促进成绩单和 2025 年工作重点》，广州市人民政府网站，2025 年 1 月 23 日，https：//www.gz.gov.cn/xw/zwlb/bmdt/content/post_10092401.html。

② 《2024 年广州文化产业保持平稳向好发展》，广州市统计局网站，2025 年 2 月 13 日，https：//tjj.gz.gov.cn/zzfwzq/tjkx/content/post_10114206.html。

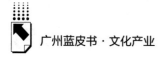

三七互娱、四三九九、诗悦网络等一批龙头企业。网易、三七互娱、四三九九、汇量科技、钛动科技、趣丸科技、荔枝集团、金科汤姆猫、诗悦网络等9家广州文化科技企业入选"2024年度中国互联网企业百强榜"。2024年网易总营收1053亿元，同比增长1.7%，归母净利润297亿元，同比增长1%，《逆水寒》手游全球流水超50亿元，"AI+游戏"研发中心落地广州。游戏出海取得新进展，《漫威争锋》登顶Steam畅销榜，注册用户超4000万人。2024年三七互娱实现营业收入170亿元，同比上升10.76%，净利润25亿元，三七互娱海外营收占比提升至20%。2024年前三季度广州汇量科技营收73.91亿元，净利润1.34亿元（见表1）。酷狗公司拥有音乐用户4亿人，海量正版音乐曲库3000万首。网易云音乐全年营收80亿元。

表1　2024年广州代表性文化科技企业发展情况

企业名称	2024年营收	2024年净利润	2024年主要发展成果
网易	1053亿元,增长1.7%	297亿元,增长1%	入选"2024年度中国互联网企业百强榜";游戏收入836亿元,《漫威争锋》《燕云十六声》全球用户超1500万人
华多网络（欢聚时代）	22.4亿美元,同比增长3.3%	净利润2.99亿美元,同比增长2%	2024年,欢聚时代的发达国家收入同比增长24.6%,占集团收入比例提高至53.9%;非直播收入也显著提升,同比增长55.9%至4.498亿美元,占总营收的20.1%
三七互娱	170亿元	25亿元	入选"2024年度中国互联网企业百强榜";累计分红超47亿元;Puzzles & Survival累计流水破百亿元,AI技术覆盖研运全流程
酷狗音乐	—	—	艾媒咨询数据显示,2024年中国音乐用户主要使用的音乐App中,QQ音乐、酷狗、网易云位列前三,占比依次为33.47%、31.47%、29.28%

企业名称	2024 年营收	2024 年净利润	2024 年主要发展成果
汇量科技	前三季度 73.91 亿元，同比增长 36.01%	前三季度归母净利润为 1.34 亿元，同比增长 37.45%	其业务涵盖程序化广告、用户增长及变现服务，客户覆盖全球市场，其中 80% 的收入来自美国；入选 "2024 年度中国互联网企业百强榜"
趣丸科技	34.02 亿元	—	为广东旅博会打造的专属数智人客服、为广交会打造的沉浸式多模态交互数字人平台等项目，展示了其在数字人领域的领先地位；入选 "2024 年度中国互联网企业百强榜"

资料来源：根据各公司财报和网络公开资源整理。

　　动漫游戏、创意设计服务、文化装备及消费终端生产等 3 个千亿级产业集群影响力不断提升。2024 年动漫游戏产业营收 1406.67 亿元，其中动漫产业营收超 3000 亿元，约占全国 1/5；游戏产业营收超 1100 亿元，约占全国 1/3，增长 10.5%。① 奥飞动漫《喜羊羊与灰太狼》新系列登陆 Netflix，全球播放量破 10 亿次，推动国漫 IP 国际化。咏声动漫《落凡尘》发行至全球 50 多个国家，推动国漫国际化，《猪猪侠》衍生品收入同比增长 30%，虚拟偶像 "猪小侠" 直播带货破亿元。动漫电影《雄狮少年 2》获行业高度关注。广州国际动漫节吸引观众 50 万人次，签约国际合作项目 12 个。出海方面，广州企业海外营收 190.58 亿元，小程序游戏赛道优势凸显，全年营收突破 150 亿元，在《2024 年中国小游戏百强企业榜单》中，广州有 28 家企业上榜，上榜数量位居全国第一。② 广州市音乐及相关企业共有 2900 多家，数字音乐总产值约占全国的 1/4，行业规模继续保持全国第一。2024 年广州跃居全国演唱会 "第一城"，举办 "湾区音乐汇" 等活动 50 多场次，

① 《三大 "千亿级"，广州文化产业够 "硬气"》，《人民日报》客户端网站，2024 年 11 月 21 日，https://www.peopleapp.com/column/30047433973-500005934117。
② 《广州百强小游戏企业数量全国第一》，广州日报大洋网，2025 年 1 月 7 日，https://news.dayoo.com/finance/202501/07/171077_54771487.htm。

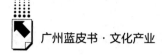

带动文旅消费超 8000 万元。①

文化科技空间集聚发展。2024 年广州酷狗音乐、黄埔文化集团、锐丰、华立等 4 家文化企业被认定为国家文化产业示范基地。目前，广州现有国家级文化产业园区（基地）25 家，省级文化产业园区（基地）23 家，广州（高新区）国家文化和科技融合示范基地（集聚类）、南方报业集团、广州励丰、广州欧科等单体类国家级文化和科技融合示范基地。据广东省科技厅数据统计，目前在广州高新区基地内，最具代表性的 20 家文化科技融合企业总营业收入已超 245 亿元。广州励丰文化旗下自主品牌 Lemuse 的"全景多声道中控服务系统"亮相于北京冬奥会期间的国家体育中心和五棵松体育馆。广州欧科"文化遗产数字资源智能化构建与应用"技术体系已在中国国家博物馆、广东省博物馆、"南海Ⅰ号"考古发掘项目、广东省历史建筑数字化管理平台项目中落地应用，促进了数字博物馆、文化创意等数字化新兴业态的快速发展。羊城创意产业园、北京路国家级文化产业示范园区、广州星力动漫游戏产业园、国际媒体港、TIT 文创产业园等 5 家园区产值超百亿元。其中，羊城创意产业园汇聚了数字音乐、动漫游戏等文化新业态门类企业超 190 家，2023 年产值达 300 亿元。

文化新业态蓬勃发展。AI、VR 技术广泛应用，微信广州团队视频号电商 GMV 突破 5000 亿元，小程序广告收入占微信总营收的 35%。广州趣丸科技联合香港科技大学研发多模态 AIGC 技术，推动 AI 三维生成技术产业化。锐丰文化实现全国产化 8K 直播技术突破，四开花园批量生产 VR 元宇宙内容。"文化+科技"项目，琶洲实验室发布"黄埔星"大模型，推动 AI 在文化创意领域的应用；凡拓数创融合裸眼 3D、AR/VR 等技术，"Z-BOX 智慧旅游沉浸式体验"入选国家级试点，联通沃音乐与凡拓数创合作探索元宇宙场景。

（三）广州文化科技融合发展存在的不足

广州文化科技融合发展面临一些挑战，比如文化科技龙头企业规模和实

---

① 《广州跃居全国演唱会"第一城"》，《南方日报》百家号，2024 年 8 月 8 日，https：//baijiahao. baidu. com/s？id=1806873810868730576&wfr=spider&for=pc。

力有待提升、文化科技企业创造力与国内其他城市的文化科技企业相比仍显不足，在文化科技运用领域缺乏爆款产品、数字文化产业发展政策扶持力度、精准性方面存在不足等。

一是龙头文化科技企业数量仍不足，规模和实力仍有较大差距。广州文化科技企业龙头企业发展规模不大，整体营收规模与全国龙头文化科技企业相比仍有一定差距，2024 年广州仅网易一家企业营业收入超过千亿元，北京字节跳动营收超 1 万亿元、快手营收 1269 亿元，深圳腾讯营收 6603 亿元，网易发展规模和整体实力与全国龙头文化科技企业字节跳动、腾讯仍有较大差距（见表 2）。

表 2　2024 年国内代表性文化科技企业发展情况

企业名称	所在城市	2024 年营收	2024 年净利润	2024 年主要发展成果
字节跳动	北京	11300 亿元	预计 2500 亿元	推出 AI 平台"豆包"，用户超 7500 万人，视觉模型成本较行业低 85%；TikTok 全球下载量达 50 亿次，广告收入同比增长超 60%
腾讯	深圳	6603 亿元	1800 亿元，增长 25%	国际游戏收入占比提升至 28%；AI 与生态协同：混元大模型接入 700+ 业务场景，视频号 DAU 超 5 亿，广告加载率提升至 5%（行业平均 3%）；全年回购金额达 1130 亿港元，股息率提升至 3.7%
快手	北京	1269 亿元	113.7 亿元，增长 308%	用户超 4 亿人；推出"可灵 AI"应用，用户超 500 万人，生成 5100 万个视频；直播电商带动 4320 万人就业
网易	广州	1053 亿元	297 亿元，增长 1%	游戏收入 836 亿元，《漫威争锋》《燕云十六声》全球用户超 1500 万人
携程	上海	533 亿元	172 亿元	入境旅游预订量超 100% 增长，免签国家订单量增长 150%。AI 应用深化，国际在线旅游代理（OTA）平台的收入占比达 14%
爱奇艺	北京	292 亿元	7.64 亿元，下降 60%	拓展中东、拉美市场，探索新兴市场增长机会

续表

企业名称	所在城市	2024年营收	2024年净利润	2024年主要发展成果
哔哩哔哩	上海	268.32亿元	-0.39亿元	《三国:谋定天下》成为最快破10亿元流水游戏,带动全年游戏收入增长40%;广告业务创新高,全年收入81.89亿元
小红书	上海	47亿美元(约合340亿元人民币)	10亿美元(约合72亿元人民币),增长超200%	日搜索量达6亿次(接近百度一半),广告收入占比70%,合作品牌增长30%;在全球有超3亿用户,月活跃量达2.2亿人;估值达200亿美元
阿里文娱	杭州	217.52亿元	亏损	优酷广告收入增加及内容投资效率提升;港剧复兴计划:与TVB合作推出《新闻女王》,成为现象级热剧,巩固优酷"港剧场"优势
三七互娱	广州	170亿元	25亿元	累计分红超47亿元;*Puzzles & Survival*累计流水破百亿,AI技术覆盖研运全流程
华强方特	深圳	70亿元	7亿元,增长21.27%	《熊出没》系列电影总票房突破77亿元,新开宁波等"熊出没欢乐港湾"项目,游客接待量全球第二(8569万人次);推出中华传统文化主题公园(如资阳项目),融合"儒释道"文化与沉浸式技术
可可豆动画	成都	约20亿元	利润率预计提升40%	《哪吒之魔童闹海》爆火,成为现象级动画电影;公司通过广电总局审批,成为西南地区首家同时拥有"广播电视节目制作"和"电影发行"双资质的企业,打通从制作到发行的全产业链

资料来源:根据各企业财报网络公开资料整理。

二是广州文化科技企业创造力与国内其他城市的文化科技企业相比仍显不足,在文化科技运用领域缺乏爆款产品。2024年以来,广州目前还没有具有全国影响力的人工智能文化产品。北京、上海、深圳、杭州的文化企业纷纷推出AI文化科技爆款产品,在全国极具影响力,比如北京字节跳动推出 AI 平台"豆包"、快手推出"可灵 AI"应用，上海博物馆推出首位博物馆数字人 AI 导览员"小可"，深圳腾讯推出 AI 应用腾讯元宝并植入微信，杭州"六小龙"推出 DeepSeek 和国内首款 3A 游戏《黑神话：悟空》等。

三是数字文化产业发展政策扶持、政策精准性有待进一步加强。广州出台了文化产业发展相关政策，但目前文化科技专项政策还不够完善，特别是在鼓励和支持企业创新方面，扶持措施的精准性、落地效果有待进一步提升。

二 主要城市文化科技融合发展情况与经验借鉴

（一）主要城市文化科技融合发展情况

1. 北京

2024 年，北京数字文化产业发展迅速，以数字内容、互联网服务为主导的新业态企业收入 1.59 万亿元，同比增长 11.1%，占总收入的 70.7%，占全国文化新业态企业营收的比重达 27.5%。[①] 重点建设国家级文化和科技融合示范基地，5 家单位获评第五批国家文化和科技融合示范基地，组织认定首批 12 家北京市级文化和科技融合示范基地。数字创意技术、元宇宙、5G 数控及云计算、人工智能技术广泛运用，北京推进 105 款生成式人工智能大模型备案上线，约占全国总数的 40%。全国首家全沉浸式数字化展厅法海寺艺术馆运用 3D 全息投影等先进技术逼真呈现近 600 年法海寺壁画的细节，2023 年 1 月对公众开放。

2. 上海

上海文化产业创新发展取得全面进展，上海在数字文化产业的各细分领域中都保持全国领先地位，如网络游戏产业销售收入占全国 1/3，电竞赛事

---

① 《2024 年北京文化及相关产业收入超 2.3 万亿元》，北京市人民政府网站，2025 年 2 月 7日，https://www.beijing.gov.cn/ywdt/gzdt/202502/t20250207_4004958.html。

收入占国内市场近半数。① 上海已集聚腾讯、网易、米哈游、鹰角、莉莉丝等知名游戏企业，覆盖游戏研发、发行、运营等高附加值的核心环节。上海迪士尼等乐园运用 AI 技术实现了智能化运营管理，通过对游客入园时间、游玩项目选择、消费行为等多维度数据的分析，乐园能够预测游客流量高峰和低谷，合理安排工作人员和游乐设施的开放时间。在票务管理方面，采用智能票务系统，游客可以通过手机快速购票、检票入园，大大提高了入园效率。AI 帮助乐园优化了园内餐饮和商品销售布局，提升了游客的消费体验和乐园的运营效益。2024 年 7 月，上海博物馆重磅大展《金字塔之巅：古埃及文明大展》出现了国内首位博物馆数字人 AI 导览员"小可"，它具备多语言功能，能够通过自然语言问答，快速、准确地理解参观者的需求，依据观众兴趣偏好和参观节奏调整讲解内容与重点，为其提供一对一的个性化展品讲解与导览服务。以上海自然博物馆为例，引入该系统后，游客参观时长从平均 2 小时延长至 3~4 小时，直接带动了咖啡厅、文创店等消费场景的活跃度，进一步为博物馆带来了收入增长。东方明珠塔智能体"数智塔塔"上线，具备智能导览、中英双语、AI 拍照打卡等三大典型能力。上海的 VR/AR 文化体验项目从零星的展览逐渐覆盖历史、艺术、科幻"院线式"网络，并尝试构建"科技+文化+消费"产业闭环。

3. 杭州

2024 年，杭州文化产业实现增加值 3448 亿元、同比增长 6.5%，增速分别高于全市 GDP 及服务业 1.8 个和 1.5 个百分点。截至 2024 年，全市拥有规上文化企业 1828 家，较 2023 年增加 258 家，同比增长 16.4%，实现营业收入 10830 亿元，同比增长 6.7%。2024 年全市规上数字文化企业实现营收 8855 亿元，同比增长约 10%。② 同时，基于"文化+科技"的深

① 《上海数字文化产业表现亮眼〈上海文化发展系列蓝皮书（2024）〉发布》，上海市人民政府网站，2024 年 7 月 12 日，https://www.shanghai.gov.cn/nw4411/20240712/960c7f827f8a48408c95a2305127e089.html。

② 《增加值 3448 亿元！杭州文化产业向"新"突破》，《杭州日报》百家号，2025 年 3 月 4日，https://baijiahao.baidu.com/s?id=1825642699303352799&wfr=spider&for=pc。

度融合，2024 年杭州动漫游戏产业厚积薄发，成绩亮眼。以深度求索
（DeepSeek）、宇树科技（春晚机器人）等人工智能企业为代表的杭州"六
小龙"出圈，引起了海内外的高度关注，其中 2024 年底深度求索公司以极
低的算力（仅为同行的 1/11）和 GPU 芯片数量（2000 个）训练出的
DeepSeek-R1 大模型性能超过 OpenAI，在全球被广泛应用。杭州"六小龙"
之一游戏科学国内首款 3A 游戏《黑神话：悟空》火爆出圈，2024 年斩获
有"游戏界奥斯卡"之称的 TGA（The Game Awards）"年度最佳动作游戏"
"玩家之声"两项大奖，风靡全球。第二十届中国国际动漫节成功举办，杭
产动画入选国家广电总局推优和重点项目数量均居全国同类城市第一，电竞
赛事活动多点开花。杭州的直播电商交易额占全国总量的 1/3。华策影视、
宋城演艺、华数传媒等 4 家在杭文化企业入选"全国文化企业 30 强"，玄
机科技入选首批"全国成长性文化企业 30 强"，入选总数位列全国第三、
副省级城市第一。2023 年，杭州人工智能企业达 1500 家，机器人工业产值
突破 150 亿元，坐拥 10 家国家级"小巨人"企业。2025 年 2 月，《经济学
人》对 DeepSeek 的报道中将杭州比作"中国硅谷"。[①] 2022 年杭州人才总量
突破 48 万人，其中互联网、数字经济领域人才净流入率连续 6 年全国第一，
成为名副其实的"人才引力场。

4. 深圳

2023 年深圳文化新业态特征较为明显的 16 个行业小类实现营业收入
5063.46 亿元，占全省接近 65%，互联网其他信息服务业增长强劲，规模占
比 41.9%。营业收入超百亿元的文化新业态特征企业有 9 家。深圳境内外上
市企业 44 家，专精特新企业 253 家。[②] 作为全国数字文化产业高地，深圳
拥有以腾讯、华强方特等企业为核心的产业集群，腾讯、华为等企业已布局
AIGC（生成式人工智能）、虚拟现实等技术，在数字文博、影视特效等领域

---

① 《从杭州科创"六小龙"看如何打造城市创新生态系统》，光明网，2025 年 3 月 19 日，
https：//m. gmw. cn/toutiao/2025-03/19/content_37913772. htm。

② 《深圳规上文化企业营收首破万亿》，深圳政府在线网站，2024 年 5 月 22 日，https：//
www. sz. gov. cn/cn/xxgk/zfxxgj/zwdt/content/post_11305187. htm。

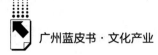

形成应用案例,在数字游戏、影视动漫、文化装备制造等领域处于领先
地位。

5. 成都

根据成都市统计局数据,2024 年上半年,成都市规模以上文化及相关
产业实现营业收入 1526.92 亿元,其中,文化新业态特征较为明显的 14 个
行业小类实现营业收入 754.48 亿元,比上年同期增长 13.9%,增速快于全
部规模以上文化企业 6.2 个百分点。2024 年成都制定全国首个城市级科幻
产业发展规划,组建全国首只城市级科幻未来产业基金,发行全国首单版权
资产支持票据(ABN)。

表3 主要城市重点优势领域及代表性企业发展情况

城市	重点优势领域及代表性 文化科技企业	文化新业态发展情况	标志性发展成绩
北京	互联网、影视、动漫;字节 跳动、爱奇艺、完美世界、 光线传媒	2024 年文化新业态行业收入 1.59 万亿元,同比增长 11.1%, 占总收入的 70.7%	105 款生成式人工智能大模 型备案上线,约占全国总 数 40%
上海	游戏、电竞、数字出版;米 哈游、哔哩哔哩、盛趣游 戏、阅文集团	2023 年上海文化新业态特征行 业实现营业收入 5839 亿元,同 比增长 19.5%	发布《元宇宙三年行动计 划》,推动数字人、虚拟演出 等技术落地
深圳	数字技术、硬件制造;腾 讯、华强方特、创维数字	超过 25% 的规模以上文化企 业具备国家高新技术企业资 质,境内外上市企业 44 家,专 精特新企业 253 家。2023 年 深圳文化新业态特征较为明 显的 16 个行业小类实现营业 收入 5063.46 亿元,互联网信 息服务业增长强劲,规模占比 41.9%	腾讯、华为等企业主导数字 内容生态链;文博会升级为 "数字文化+科技"展示平台
广州	游戏、直播、数字音乐;网 易、YY 直播、酷狗音乐、 三七互娱	2024 年,广州市文化新业态行 业实现营业收入 2780.88 亿元, 同比增长 6.9%;游戏产业总营 收约占全国 1/3	网易、三七互娱等企业主导, 电竞活动密集

城市	重点优势领域及代表性文化科技企业	文化新业态发展情况	标志性发展成绩
杭州	电商、动漫、数字音乐;阿里巴巴、网易雷火、中南卡通	2024年全市规上数字文化企业实现营收8855亿元,同比增长约10%	以深度求索(DeepSeek)、宇树科技(春晚机器人)等人工智能企业为代表的杭州"六小龙"出圈,游科互动《黑神话:悟空》全球销量破千万份,技术对标好莱坞AAA级
成都	游戏、影视、数字文创;腾讯天美工作室、咪咕音乐、可可豆动画(《哪吒》制作方)	2024年上半年,成都市文化新业态特征较为明显的14个行业小类实现营业收入754.48亿元,比上年同期增长13.9%	截至2025年6月30日,可可豆动画《哪吒之魔童闹海》全球票房达到159亿元,位列全球影史票房榜第五,带动本土100多家企业协同制作

资料来源:根据网络公开资料整理。

(二)经验借鉴

一是注重完善发展战略规划,发挥政府引导作用,促进文化科技融合,推动数字文化产业发展。北京、上海、深圳、杭州、成都等城市明晰发展目标。北京提出建设全国文化中心,全面推动文化科技融合,打造数字创意主阵地。上海提出到2035年建设成为全球数字文化发展高地,《关于人工智能"模塑申城"的实施方案》提出推进行业优质企业场景开放,试点开展百台以上机器人规模应用。广州提出建设数字经济引领型城市,建成国际一流智慧型城市。深圳发布《深圳数字经济产业促进条例》,提出到2025年数字文化等新型业态占文化产业的比重超过60%。杭州明确提出打造全国数字文化产业创新发展示范地。成都提出打造中国最适宜数字文创发展城市。全国各大主要城市锐意创新,大力推动文化科技发展,鼓励文化产业新业态发展。

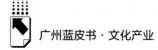

二是推动产学研一体化，深入落实国家文化数字化战略，推动文化科技融合发展，催生数字文化新业态。比如杭州已形成"实验室—孵化器—产业园"的完整创新链，拥有浙江大学等多所顶尖高校，为杭州的科技创新提供了强大的智力支持；深圳依托深圳文化产权交易所，深化全国文化大数据交易中心试点建设，累计成交额突破 30 亿元，建成深港跨境数据验证平台，入选工信部2024 年新型数字服务优秀案例，被国家发展和改革委员会作为综合改革试点创新举措和典型经验向全国推广，圆满完成 IPv6 技术创新和融合应用试点建设，深圳被中央网信办评为优秀试点城市，两个项目获评全国优秀试点项目。

三是完善文化科技融合的配套政策体系。2024 年 12 月，北京市出台《关于培育新型文化业态　大力发展文化新质生产力的若干措施》。深圳出台《培育数字创意产业集群行动计划（2024—2025 年）》《数字创意产业集群扶持计划操作规程》。杭州提出"三个 15%"的科技投入政策，即市财政科技投入年均增长达到 15%以上、市本级每年新增财力的 15%以上用于科技投入、现有产业政策资金的 15%集中投向培育发展新质生产力。杭州市数据交易所首创"数据发票"制度，企业可用数据资产抵扣税款，2023年该所交易额突破 80 亿元，为中小微企业降低数据获取成本超 30%。

三　AI 浪潮背景下广州文化科技高质量发展的建议

2025 年 3 月，国务院《政府工作报告》提出激发数字经济创新活力，持续推进"人工智能+"行动，打造具有国际竞争力的数字产业集群。广州应健全文化产业体系和市场体系，加快发展新型文化业态。

（一）加快发展国际科技创新中心重要承载地，完善政策体系，推动产学研一体化

2024 年 10 月，国务院批复《广州市国土空间总体规划（2021—2035年）》，为广州赋予国际科技创新中心重要承载地的核心功能定位，强化科技创新策源功能，产出一批战略性、基础性、前瞻性原创成果，支撑粤港澳

大湾区建设成为具有国际竞争力的科技成果转化基地，培育一批世界一流科技企业。广州聚集了广东省 80% 的高校、97% 的国家级重点学科、69% 的国家重点实验室以及 58% 的独立研究机构，要进一步解放思想、勇于创新，向北京、上海、深圳、杭州等先进城市学习，更加注重增强基础研究能力和加强关键核心技术攻关，加大科技投入力度，增强"创新动能"，培育文创新质生产力，大力推动"文化+科技"融合。学习借鉴北京市《关于培育新型文化业态　大力发展文化新质生产力的若干措施》、上海市《关于人工智能"模塑申城"的实施方案》等政策措施，完善文化科技创新体系。

（二）不断探索改革创新路径，以"互联网+"思维撬动各领域改革，全力打造国际一流营商环境

学习借鉴杭州"最多跑一次"改革、"商事登记一网通"、"移动办事之城"等经验，努力在构建增值式政务服务体系上实现更大突破，真心实意地为企业提供服务保障。进一步加大改革创新力度，不断优化产业发展环境，提高土地、税收、财政资金、人才等方面政策精准性，落实好广州针对文化科技融合的用地保障、资金支持、奖励补助等政策以及人才引进的住房、教育、医疗等政策，为文化新业态企业的技术研发项目提供补贴，特别是对人工智能、元宇宙、区块链等前沿技术的研发给予重点支持。

（三）加大扶持力度，培育一批重点文化科技，打造千亿级文化新业态集群

对标国际国内先进城市，培育一批本土龙头文化科技企业。进一步发挥广州微信、网易等龙头企业的带动作用，着力培育和引进一批重点文化科技企业。打造文化装备制造业、数字音乐、超高清视频产业、游戏电竞产业、创意设计、文化会展等千亿级新业态集群。将文化产业园区打造成为孵化新质生产力、聚集优秀文创企业的重要载体。建议设立文化新业态发展专项基金，重点支持技术创新、内容创作和中小企业研发投入，降低其创新成本。积极发展多层次文化企业融资市场，推动文化科技企业上市。推动高质量产

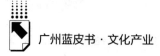

融合作，支持文化产业基金发展，吸纳成熟的民营资本，发挥"资本+产业"的资源联动作用。

（四）鼓励企业创新发展新型文化业态，培育一批"人工智能+文化"爆款产品

落实数字中国建设部署，支持和鼓励企业将人工智能、RTC、VR/AR等科技成果不断应用于广州文化领域，支持数字文旅、数字艺术品、沉浸互动内容等，稳步推进 DeepSeek 等人工智能大模型在书画艺术生成、文创设计、文旅公共服务与治理等场景的应用，聚焦在虚拟主播、文旅元宇宙、智慧图书馆、智慧博物馆、智慧美术馆、旅游景点等领域的应用，提升文化、旅游消费的智能化和便利化水平。数字文创示范场景和项目建设，拓展"人工智能+文旅""出版+AI数字文创"等新方向。大力发展在线文娱，支持企业打造数字精品内容创作和新兴数字资源传播平台，创新发展线上演播、沉浸式体验、数字演艺、数字艺术等新兴业态。

（五）协同粤港澳大湾区发展，打造全球文化科技融合发展高地

探索与港澳共建数字经济创新发展试验区，发挥香港国际金融中心优势，鼓励广州文化科技企业赴港上市，发展数字出版、动漫等新兴产业，打造具有国际影响力的数字文化产业集群。发挥广州国家对外文化贸易基地作用，进一步扩大广州游戏动漫、数字音乐、影视创意、珠宝首饰、灯光音响等文化服务和产品出口。做好文化会展服务，努力将广州文交会打造成为国内一流的数字文化产业展示交流平台，将数字文化产业展览作为主要定位，打造具有国际影响力的综合性文化交易平台。

（六）全方位优化人才政策，培育一批高端文化科技人才

完善吸引高层次文化科技人才的政策措施，积极面向全球吸引文化产业高端人才，筑巢引凤。进一步完善"菁英计划"等留学工程，持续优化人才保障服务，做到"人才留得住"。加强对高端科技人才的服务保障，为高

端科技人才提供较优越的薪酬福利，配套保障子女教育、住房和交通出行等，进一步完善《广州市产业领军人才奖励制度》等。针对国际科技人才设立语言文化培训班，促进国际人才尽快融入社会。不断完善高层次科技人才的认定、评价和考核体系，优化育才平台，完善成果共建共享机制。发挥粤港澳三地以中山大学为核心的高校联盟作用，合理配置产学研资源，为储备高端科技人才前瞻布局。

参考文献

黄奇帆、朱岩、邵平：《数字经济：内涵与路径》，中信出版社，2022。
李凤亮主编《文化科技创新发展报告（2024）》，社会科学文献出版社，2024。
李扬主编《中国数字经济高质量发展报告（2023）》，社会科学文献出版社，2024。
赵岩主编《数字经济发展报告（2021~2022）》，社会科学文献出版社，2022。

B.6
广州游戏产业专利发展现状及对策研究

李 悦 孟维伟 曾祥州*

摘 要: 广州游戏产业作为数字经济时代的关键新兴产业,产值已突破千亿大关。本文深入分析了广州游戏产业的专利现状,研究发现:专利申请量呈快速增长态势,申请主体主要集中在游戏大厂和直播平台,覆盖领域广泛多元,申请主体和发明人集聚于天河区,专利转化运用成效显著。同时,广州游戏产业也面临诸多挑战,如专利创新资源稀释、企业专利数量与市场影响力不匹配、前瞻性技术专利创造不足等问题。基于以上分析,本文提出针对性专利布局战略、加强产学研协同挖掘专利创新潜力、培育关键核心技术的高价值专利、完善司法和行政协同知识产权保护体系以及优化专利创新资源配置等对策建议,以助力广州游戏产业实现高质量发展。

关键词: 广州游戏产业 专利创新 专利布局

为落实《广州市关于推进数字文化创意产业高质量发展的实施意见》等重点工作部署,本文依托专利信息情报,对广州游戏产业的专利现状进行详尽分析,以促进广州游戏产业专利信息分析与产业决策的紧密结合,加强专利创新与产业创新能力的有效对接,强化专利布局对提升广州游戏产业竞争力的支撑作用。

---

* 李悦,广州知识产权保护中心高级知识产权师,研究方向为知识产权情报分析及运用;孟维伟,广州知识产权保护中心高级工程师,研究方向为科技政策、区域创新;曾祥州,广州知识产权保护中心中级统计师、知识产权师,研究方向为知识产权情报、统计分析。

一 广州游戏产业现状分析

（一）广州游戏产业营收全国第一

广州是我国乃至全球游戏产业发展的重镇。2024 年广州游戏产业总营收 1406.67 亿元①，占全国游戏产业营收比重达 43.2%，同比增长 10.5%，总营收和增长率均位居全国第一。其中，广州企业海外营收 190.58 亿元，《鸣潮》《重返未来：1999》等产品海外收入占总收入比重超 70%。小程序游戏赛道方面优势凸显，全年营收突破 150 亿元，广州 28 家企业上榜 2024 年中国小游戏百强企业，上榜数量位居全国第一。

（二）广州出台政策支持游戏产业发展

广州市及各区的知识产权工作专项资金及政策对广州游戏产业发展具有重要的推动作用。一是激励创新与提升竞争力。设立中国专利奖、广东省专利奖等，激励游戏企业加大研发投入，提升技术创新能力，开发具有自主知识产权的游戏产品；通过高价值专利产业化扶持，鼓励游戏企业将高价值专利转化为实际产品或服务，推动游戏技术的商业化应用，提升企业的市场竞争力。二是降低运营成本与风险。通过专利质押融资贴息等政策，游戏企业可以更便捷地获得资金支持，降低融资成本，缓解资金压力，专注于研发和运营；通过专利保险补贴等政策，帮助企业降低知识产权风险，增强抗风险能力，为游戏产业的稳定发展提供保障；通过评估费用补贴，降低企业评估知识产权的成本，帮助游戏企业在知识产权交易、质押等活动中更准确地定价。三是优化产业环境。通过专利维权资助，支持游戏企业在知识产权维权过程中获得法律援助和经济支持，减少侵权行为对游戏企业的影响，维护企

---

① 《2024 年广州游戏产业全球总营收约 1406.67 亿元》，《广州日报》百家号，2025 年 2 月 25 日，https：//baijiahao.baidu.com/s？id=1825032308111906615&wfr=spider&for=pc。

业的合法权益。通过粤港澳大湾区高价值专利培育布局大赛，为游戏产业的
技术创新提供重要平台。

二 广州游戏专利现状分析

（一）专利数量快速增长后步入成熟期

2006～2024 年，广州游戏产业的专利申请量与授权量呈现出显著的
阶段性特征及动态变化趋势，整体上反映了该产业从初步探索起步到迅
猛扩张发展，再到逐步调整与走向成熟的发展历程。

2024 年，广州游戏产业的专利申请量达 893 件[①]，同比增长 6.8%；授
权量达 659 件，同比增长 18.1%。2006～2024 年，广州游戏产业全球专利申
请总量 6964 件，授权总量为 3532 件。2011～2018 年，广州游戏产业专利
申请量和授权量年均增长率分别达 54.6% 和 89.9%，技术创新投入及知

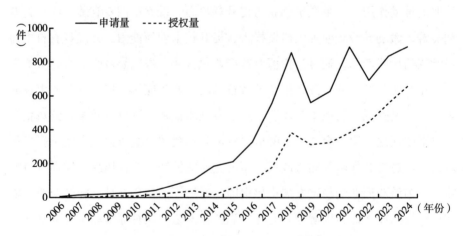

图 1　2006～2024 年广州游戏产业专利申请和授权情况

资料来源：根据 HimmPat 专利数据库检索结果整理。

---

① 本文专利申请量和授权量统计均截至 2025 年 3 月 25 日。

识产权保护意识显著提升。2019～2024 年,申请量和授权量年均增长率分别回落至 4.1% 和 10.5%,游戏产业在经历前期高速发展后,逐步迈入调整与成熟期,增长态势趋于稳健,开始注重在现有基础上的优化与深化发展。

(二)广州四区专利高度密集

广州游戏产业的专利申请呈现出显著的区域集中化特征,天河、番禺、海珠和黄埔四区为专利密集区域,是广州游戏产业创新的核心区域。其中,天河区的专利申请量居首,达到 3306 件,其发明专利数量为 2906 件,占比达 88%。这反映出天河区在游戏产业的技术创新与研发实力方面具有显著优势。番禺区的专利申请量位居第二,达 1562 件。其发明专利数量为 885 件,占比为 57%,实用新型专利数量为 667 件,该区域的游戏产业以游戏机、游戏周边设备等硬件制造及相关技术改进为特色。海珠区的专利申请量为 760 件,其中发明专利数量为 722 件,占比达 95%。这说明海珠区的游戏企业更注重发明创造,其技术含量相对较高,显示出该区域在游戏产业技术创新方面的高质量发展态势。黄埔区的专利申请量为 546 件,其中发明专利数量为 516 件,占比达 95%(见表 1),这印证了黄埔区在游戏产业技术创新方面的高质量投入与产出,其在技术创新领域具有较强的竞争力。

表 1　广州各区游戏产业专利申请量排名

单位:件,%

行政区	专利申请量	发明	实用新型	外观设计	发明专利占比
天河	3306	2906	297	103	88
番禺	1562	885	667	10	57
海珠	760	722	34	4	95
黄埔	546	516	30	0	95
南沙	274	239	34	1	87
越秀	207	179	28	0	86

行政区	专利申请量	发明	实用新型	外观设计	发明专利占比
增城	78	67	11	0	86
白云	72	55	17	0	76
荔湾	44	30	14	0	68
花都	42	26	12	4	62
从化	5	5	0	0	100

资料来源：根据 HimmPat 专利数据库检索结果整理。

（三）海外专利重点布局美国市场

广州游戏产业在海外专利布局方面表现出一定的国际化趋势，但整体规模相对有限，且不同地区的授权情况存在显著差异。美国是广州游戏产业海外专利申请的主要目的地，申请量为 74 件，授权量为 49 件，反映出广州游戏产业重点布局美国市场。欧洲专利局（EPO）和印度分别以 12 件和 18 件的申请量位居其后，但授权量相对较低，分别为 4 件和5 件，表明广州游戏产业在这些地区的技术认可度和市场拓展仍面临一定挑战。韩国、日本、新加坡等亚洲国家的申请量均为 2 件，但尚未获得授权，反映出广州游戏产业在这些传统游戏强国的专利布局尚处于起步阶段，技术突破和市场渗透仍需进一步加强。此外，澳大利亚、巴西、荷兰、加拿大等国家也有少量专利申请，但授权量大多为零或较低，这可能与专利审查周期、技术适配性及市场竞争有关。

（四）专利申请主体由游戏大厂和游戏直播平台主导

广州游戏产业的专利申请和授权主要集中在大型游戏公司和游戏直播平台，反映了游戏产业内部技术创新和知识产权保护的集中趋势，以及这些企业和平台在推动行业发展中的关键作用。大型游戏公司如博冠信息（网易子公司）、三七互娱、趣丸网络等，在专利申请和授权方面占据领先地位。这些公司不仅拥有强大的研发团队和充足的资金支持，而且在技术创新和知识产权保护方面具有明确的战略规划。例如，网易作为中国游戏产业的领军企业之一，其子公司博冠信息在专利申请量上遥遥领先，达 623 件，授权量达 255 件。三七互娱申请量达 255 件，授权量达 81 件。这反映了大型游戏公司在游戏研发方面的深厚积累和对知识产权保护的高度重视。

除了游戏开发公司，游戏直播平台如酷狗、华多网络和虎牙科技也在专利保护方面表现突出。酷狗的专利申请量为 284 件、授权量为 226 件，华多网络的专利申请量为 189 件、授权量为 168 件，虎牙科技的专利申请量为 118 件、授权量为 73 件，显示出这些企业在直播技术、互动功能等方面的创新能力较强。游戏直播平台通过专利保护其在直播技术、用户体验优化等方面的创新成果，这不仅增强了平台的竞争力，也为整个游戏直播行业的发展提供了技术支撑。

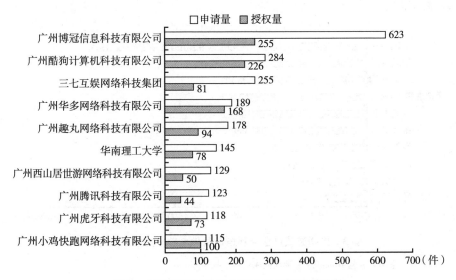

图 2 广州游戏产业排名前十的专利申请主体

资料来源：根据 HimmPat 专利数据库检索结果整理。

（五）专利覆盖领域广泛多元

广州游戏产业专利申请量排名前十的技术领域有人机交互（811 件）、

游戏直播（486件）、游戏场景显示（402件）、虚拟现实（VR）（397件）、游戏手柄（369件）、游戏安全（359件）、数据管理（243件）、图像处理（211件）、游戏引擎（156件）以及游戏模式（130件）。这不仅反映了广州游戏产业在技术创新方面的活跃态势，而且凸显了专利覆盖领域的广泛性和多元性（见图3）。从增强用户体验的人机交互到保障游戏环境安全的游戏安全，从提供沉浸式体验的虚拟现实到优化游戏操作的游戏手柄，广州游戏产业的专利布局几乎覆盖了游戏开发的各个关键环节。此外，游戏直播和游戏场景显示较高的专利申请量也表明了游戏产业对于提升互动性和视觉体验的重视。数据管理和图像处理的专利申请则反映了游戏产业对于数据处理能力和图形质量提升的需求。整体来看，广州游戏产业的专利申请情况揭示了其在技术创新和知识产权保护方面的全面布局，以及对覆盖广泛多元技术领域的重视。

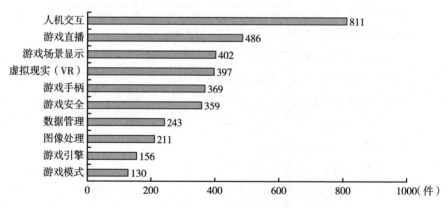

图3 广州游戏产业专利申请量排名前十的技术领域

资料来源：根据 HimmPat 专利数据库检索结果整理。

（六）专利申请主体和发明人集聚天河

从区域分布看，天河区游戏企业数量达1247家，专利申请主体数量为514家，发明人数量达3768人，表明天河区在广州游戏产业占据核心地位，具备较强的创新能力和企业集聚效应。番禺区和海珠区分别以406家和428家企业位列第二和第三，显示出一定的产业规模和创新潜力。专利申请主体和发明人数量在不同区域存在较大差异，这可能与各区的经济发展水平、产业政策支持以及创新环境有关。例如，黄埔区尽管游戏企业数量相对较少，但发明人数量达1194人，显示出较高的人均创新产出。其他区的发明人数量相对较低，可能需要进一步加强创新资源投入和人才培养（见表2）。广州各区游戏产业专利申请情况呈现出明显的不均衡性，这为未来制定差异化区域发展策略提供了依据。

表2　广州各行政区游戏企业、申请主体及发明人数量

单位：家，人

行政区	游戏企业数量	申请主体数量	发明人数量
天河	1247	514	3768
番禺	406	363	1715
海珠	428	124	1003
黄埔	231	253	1194
南沙	369	93	485
越秀	321	121	855
增城	219	48	203
白云	398	77	183
荔湾	91	37	90
花都	46	41	99
从化	19	6	26

注：申请主体是指向专利局提出就某一发明或设计取得专利请求的当事人，包括具有专利权利能力的公民或法人；发明人是指对发明创造的实质性特点做出创造性贡献的人，发明人仅为自然人。
资料来源：根据 HimmPat 专利数据库检索结果整理。

（七）专利运用成效显著

专利作为游戏产业核心技术的重要载体，其运用情况直接关系到企业的竞争力和产业的可持续发展。专利运用主要包括专利转让、许可和质押三种方式，这些方式不仅能够促进技术的流通与创新，还能为企业发展提供资金

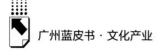

支持。

广州游戏产业的专利转让活动较为活跃,共完成专利转让864件,涉及转让次数达1052次。其中,华多网络以134件专利转让位居榜首,其转让的专利主要涉及直播中的人机互动技术。从受让人来看,广州企业占比60%,这表明广州本地企业在游戏产业专利技术的承接和应用方面具有较强的需求和能力,同时也反映出广州游戏产业内部的技术交流与合作较为频繁。专利转让作为一种直接的专利权转移方式,不仅为转让方带来了经济收益,也为受让方提供了技术资源,促进了技术的快速扩散和产业升级。

广州游戏产业专利许可涉及118件专利,累计许可次数达142次。从许可类型来看,普通许可占主导地位、共111件,独占许可3件,排他许可3件,开放许可1件。普通许可的高占比说明大多数许可方在保留自身专利所有权的同时,愿意将技术广泛授权给多家企业使用,以获取更多的许可收益并扩大技术的市场影响力。中山大学作为广州唯一通过专利许可方式进行专利运用的高校,其发明专利"基于用户访问数据的用户画像形成方法"(专利号ZL201610935388.3)许可次数达11次,被许可人包括多家广州和深圳的企业。这不仅体现了高校科研成果的转化能力较强,也展示了该技术具有广泛应用前景。企业作为许可人许可专利112件,占比95%,表明部分广州游戏企业已经具备较高的成熟度,能够通过专利许可实现技术的商业化运营,并在市场竞争中占据优势地位。

广州游戏专利质押涉及40件专利,累计质押次数达57次。从专利类型来看,发明专利28件,实用新型专利12件。质押的专利权人主要为广州科技中小企业。从技术领域来看,质押专利涵盖游戏动作识别、虚拟现实和图像处理等前沿技术领域。这表明广州游戏产业的"无形资产"正在逐步转化为"真金白银",专利质押融资为科技中小企业提供了重要的资金支持,帮助它们解决了技术研发和市场拓展过程中的资金瓶颈问题,同时也反映了广州金融与科技的深度融合,为游戏产业的创新发展提供了有力保障。

广州游戏产业专利运用活跃度较高，表明广州游戏产业内部的技术流通较为顺畅，企业能够通过获取和应用新技术来提升自身竞争力，提升市场份额。技术的快速扩散和应用有助于推动整个游戏产业的协同发展。

三 广州游戏产业专利发展存在的主要问题

（一）企业专利数量与市场影响力不匹配

广州部分游戏企业在专利布局方面存在显著不足，特别是在专利数量与市场影响力的匹配方面存在问题。以库洛科技为例，其开发的游戏《鸣潮》在2024年取得了全球营收6.3亿元的优异成绩，境外营收占比达77%，主要境外市场有日本、美国、韩国及中国台湾，充分彰显了其在全球游戏市场的强大竞争力与广泛影响力。然而，该公司目前仅拥有3件中国专利，其中发明专利2件、外观专利1件，且专利布局局限于境内市场，专利类型较为单一。这种情况不仅使该公司在境外市场面临知识产权风险，难以在被竞争对手抄袭或侵权时有效维权，也反映出该公司在知识产权保护意识和战略布局上的不足。专利数量与市场表现的巨大反差，削弱了其在市场竞争中的法律保障能力，难以有效支撑其在境外市场上的持续发展与核心竞争力的巩固。进一步分析其专利技术覆盖范围，库洛科技的发明专利仅涉及基于游戏开发数据调整的游戏更新方法和基于大数据的用户自定义游戏开发方法，外观专利则涉及键盘，而对游戏引擎创新、图像处理技术优化等关键领域缺乏专利保护，这可能导致竞争对手模仿或抄袭其核心技术，从而进一步削弱其市场竞争力。

（二）广州专利申请活跃度与深圳、杭州比较仍有差距

广州游戏产业在专利申请方面展现出良好的发展势头，申请量为6964件，授权量为3532件，尽管这一数据在全国范围内具有一定的竞争力，但与深圳和杭州比较，广州游戏产业专利申请活跃度尚有较大的提升空间。

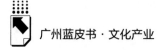

深圳作为中国游戏产业的重要中心之一，其专利申请量达 15513 件，授权量为 8102 件，均居于首位。这不仅体现了深圳在游戏产业创新能力方面的领先地位，同时也反映出其在知识产权保护意识方面的先进性。杭州同样展现出强劲的创新能力，其专利申请量为 11978 件，授权量为 4684 件，均高于广州，反映了杭州在游戏产业创新和专利保护方面的强大实力。

表3 国内重点城市游戏产业专利分布情况

单位：件

	广州	北京	上海	深圳	杭州
申请量	6964	4637	2994	15513	11978
授权量	3532	1703	1168	8102	4684

资料来源：根据 HimmPat 专利数据库检索结果整理。

（三）前瞻性技术专利创造不足

广州游戏产业专利数量虽呈现快速增长趋势，但前瞻性技术领域的专利创造仍显不足。当前专利申请多集中于成熟的游戏开发、直播交互及运营管理等传统优势领域，而人工智能生成内容、云游戏实时渲染、元宇宙沉浸式交互、脑机接口等代表未来技术方向的布局较为薄弱。尤其缺乏游戏引擎底层架构、分布式算力调度、情感化 AI 交互等关键技术专利，核心算法类发明专利占比偏低。这反映出广州游戏产业创新仍以应用层改进为主，基础研发投入与头部企业存在差距，可能影响未来在全球游戏技术竞争中的话语权。

（四）专利侵权认定复杂，维权成本高

广州游戏产业在专利保护过程中面临侵权认定困难与维权成本高昂的双重挑战。从技术层面来看，游戏专利侵权认定存在特殊困难。游戏产品作为复合型技术载体，其核心技术通常涉及游戏引擎、人机交互及系统架构、图像处理及游戏场景显示等多个技术维度。由于游戏源代码具有高度模块化特

征，侵权方往往通过代码混淆、技术规避等手段实施侵权行为，导致"实质性相似"原则在司法实践中难以适用。例如，某广州企业开发的独特战斗数值平衡算法被竞争对手篡改参数后使用，但因技术比对标准不明确，最终未能形成有效侵权认定。在司法实践层面，游戏专利维权面临程序性障碍。一方面，技术事实查明机制尚不完善，尽管广州知识产权法院已建立技术调查官制度，但游戏领域专业技术人才的稀缺导致技术咨询意见的权威性受限。另一方面，维权周期漫长问题尤为突出，从证据保全到一审判决平均需要 18~24 个月①，而小游戏产品的市场生命周期通常仅为 6~12 个月，导致"赢了官司、丢了市场"的现象频发。

专利维权成本进一步抑制了企业的维权意愿。游戏企业发起专利诉讼的平均直接成本（包括鉴定费、律师费等）达 50 万~80 万元，且需承担败诉风险。更关键的是，诉讼期间侵权游戏仍可正常运营，造成难以估量的市场份额损失。这种"举证难、周期长、成本高"的维权困境，导致大部分中小型游戏企业选择放弃维权。

（五）广州游戏专利创新资源稀释

广州游戏产业在企业数量上占据优势，但专利创新资源存在明显稀释现象。数据显示，广州游戏企业数量达 3775 家②，但专利申请主体仅 1677 家，大量企业未申请专利。这反映出企业保护知识产权意识不足，尤其是中小企业未将专利申请纳入发展战略。同时，创新资源分配不均，大厂和头部企业占据多数资源，中小微企业资源有限，难以投入专利布局。

在技术跨度方面，广州以 79 组位列第二，但与深圳的 102 组存在明显差距，且与北京、上海的领先优势并不显著。尽管广州拥有全国最多的申请主体数量（1677 家），但技术创新关键指标未能形成相应优势。广州发明人数量（9621 人）仅为深圳的 44.7%，平均每家申请主体的发明人数量

---

① 《中华人民共和国民事诉讼法》，国家法律法规数据库，2023 年 9 月 1 日，https：//flk.npc.gov.cn/detail2.html? ZmY4MDgxODE4YTIxZGMxMzAxOGI0MjUzMDNiNzA4NmQ%3D。
② 企业数量根据企查查检索结果整理。

（5.74人）低于深圳（14.14人）（见表4），这表明广州游戏产业存在专利创新资源稀释现象，中小企业数量多拉低了整体创新效率。

此外，广州游戏企业结构失衡，呈现出"金字塔"底座过宽而顶端过窄的特征。相比深圳拥有腾讯等全球性游戏巨头，广州标杆企业技术创新引领作用不强，中小企业同质化竞争严重，难以形成良性的产业生态。这种结构失衡和创新资源稀释现象，限制了广州游戏产业的进一步发展和竞争力提升。尽管广州游戏产业企业数量占据优势，但在技术创新和人才资源方面存在明显不足，专利创新资源稀释问题亟待解决。

表4 国内重点城市游戏产业专利创新能力情况

	广州	北京	上海	深圳	杭州
技术跨度（组）	79	72	70	102	65
申请主体数量（家）	1677	1502	586	1522	244
发明人数量（人）	9621	6583	2859	21518	710

注：技术跨度是指专利所涉及的技术领域范围的广度，通过国际专利分类号来表征。
资料来源：根据 HimmPat 专利数据库检索结果整理。

四 对策建议

（一）针对产品目标投放市场制定知识产权战略

为使企业知识产权保护与自身发展及市场需求相匹配，建议广州从以下四个方面入手。一是制定与企业规模匹配的专利战略。企业需将知识产权保护纳入核心发展战略，结合市场定位与技术优势，制定短期与长期的专利布局目标。例如，针对《鸣潮》等主力产品，应优先覆盖核心技术（如游戏引擎、图像处理算法等），并逐步扩展至衍生技术领域。二是建立专利与市场联动的评估机制。定期分析专利数量与市场表现的关系，通过第三方机构评估技术保护缺口，确保专利布局能有效支撑海外业务拓展。三是补充多元化专利类型。在现有专利基础上，申请游戏手柄等实用新型专利，同时对用户界面等申请外观专利保护，形成立体保护体系。四是加强企业知识产权管理能力建设。组建专业团队负责专利挖掘、申请与维护，引入具备游戏行业经验的专利代理人，提升技术交底书撰写质量。

（二）深度挖掘产学研协同专利创新潜力

为进一步提升广州游戏产业的专利创新能力，应充分发挥产学研协同效应，深度挖掘和利用高校及研究机构的科研潜力。鼓励行业头部企业如网易、三七互娱等与中山大学、华南理工大学等高校建立游戏技术联合实验室，集中力量攻关游戏引擎、情感化 AI 交互、云游戏等关键技术领域。这种合作模式可以采用"企业出题—高校攻关—成果共享"的运营机制，企业根据市场需求提出研发课题，高校科研团队进行技术攻关，最终成果由双方共享。针对产学研合作产生的专利技术，建议探索实施"校企双轨制"，高校保留专利技术的学术研究权利，企业获得该技术的独家商业授权，研发团队则享有成果转化收益的分成。这种制度设计既保障了高校科研人员的研究自由和学术追求，又确保了企业能够快速将科研成果转化为市场竞争力，同时研发人员也能从成果转化中获得相应的经济回报，从而充分调动各方的积极性。对于研究成果中的应用型专利，企业应享有独占实施权，以便能够快速推进产业化应用。同时，政府相关部门也应出台相应的政策措施，为产学研合作提供制度保障和政策支持，如提供财政资金支持、税收优惠、知识产权保护等，以促进产学研深度融合，推动广州游戏产业专利创新能力迈上新台阶。通过产学研协同创新，为广州游戏产业注入源源不断的创新活力，提升其核心竞争力，助力产业实现高质量发展。

（三）加强产业关键核心技术高价值专利培育

为提升广州游戏产业核心竞争力，需着力加强关键核心技术的高价值专利培育，构建以专利为支撑的技术创新体系。首先，应聚焦游戏引擎开发、实时渲染技术、人工智能生成内容等前沿领域，引导企业联合高校及科研机构开展核心技术攻关，形成自主可控的专利组合。其次，建立健全专利质量评价机制，重点培育具备市场前景和技术壁垒的发明专利，避免低质量专利的重复申请。再次，鼓励企业实施专利导航工程，通过分析全球游戏技术专利布局趋势，明确技术研发方向和专利保护策略，确保核心技术在主要海外市场的专利覆盖。此外，可依托广州开发区、天河科技园等创新载体，搭建游戏产业专利运营平台，促进高价值专利的转化运用和交叉许可。最后，加强知识产权人才培养，通过举办专利挖掘与布局培训、引进专业知识产权服务机构等方式，提升企业专利创造、运用和保护能力，为广州游戏产业高质量发展提供坚实的技术保障。

（四）完善司法和行政协同知识产权保护体系

为解决游戏产业面临的专利侵权认定复杂和维权成本高的难题，广州可设立专项审理机制，构建快速响应体系，并组建知识产权保护联盟。一是设立游戏产业知识产权案件专项审理机制。在广州知识产权法院下成立游戏产业知识产权合议庭，依靠专业法官团队、专家辅助制度和专项审理规程提高案件处理效率。二是构建游戏侵权行政快速响应体系。由广州市文化广电旅游局牵头，联合广州市市场监督管理局（知识产权局）建立"双轨式"侵权处置通道：设立简易程序，对游戏界面抄袭、素材盗用等直观侵权行为，实行"线上投诉—48小时初步判定—平台下架"快速处理流程；设立专案程序，对涉及游戏核心玩法专利、引擎技术等复杂侵权，启动跨部门联合调查机制，引入第三方技术鉴定机构；设立黑名单联动惩戒，将重复侵权主体纳入广州市信用信息平台，在游戏版号审批、产业扶持资金申请等方面实施联合惩戒。

（五）优化专利创新资源配置

建立区域创新资源动态监测系统，通过定量追踪专利技术流向与人才分布，识别资源过度扩散的风险节点。实施差异化专利战略引导，对具有核心技术创新能力的头部企业，通过强化专利集群效应，维持其创新资源的集中度与竞争力。通过监测专利引用网络，识别并限制非核心企业对关键技术的过度模仿，防止创新资源外溢导致的同质化竞争。对中小微企业采用"梯度培育"模式，根据其技术能力与发展阶段，分层分类提供专利创新支持，形成"孵化—成长—成熟"的梯度发展路径，形成"金字塔式"创新结构。

数字化篇 〉

B.7
广州推动数字文化创意产业
高质量发展研究

李明充　陈欣*

摘　要： 2024 年 8 月，以中国古典小说《西游记》为背景的数字文化创意产品《黑神话：悟空》火遍全球，为全球玩家提供了了解中华文化的新途径，引领文化产品出海新思路，同时带动了旅游、服饰、玩具、图书、文创产品及计算机硬件等行业的发展。党的二十届三中全会明确提出要完善促进数字产业化和产业数字化政策体系，探索文化和科技融合的有效机制，加快发展新型文化业态。这为广州推进数字文化创意产业发展指明了前进方向、提供了根本遵循。近年来，广州数字文化创意产业快速发展，经济支柱地位进一步巩固。但与先进城市相比，广州数字文化创意产业规模相对较小、引擎功能有待提升、转型整体不快，主要原因是文化创意资源数字化开

---

* 李明充，广州市社会科学院广州市文化产业研究中心执行主任，广州文化上市公司产业联盟秘书长，研究方向为文化产业经济；陈欣，博士，华南理工大学副教授，研究方向为大数据产业、文化产业数字化。

发利用不充分、文化创意产业数字化发展程度不高。推动数字文化创意产业加快发展，打造全国数字文化新业态引领地，可以更好培育广州文化新质生产力，全面提升广州文化产业高质量发展水平，增强城市文化综合实力，燃起"二次创业、勇立潮头"的奋斗激情，奋力开创广州现代化建设新局面。

关键词： 数字文化创意产业　数字化　高质量发展　广州

一　广州数字文化创意产业发展现状分析

（一）产业规模不断扩大，增速快于文化产业整体增速

近年来，广州出台各项政策，每年安排专项资金全力支持数字文化创意产业发展。2024年，广州规模以上文化及相关产业实现营业收入6040.80亿元，按可比口径计算，同比增长4.0%[1]，经笔者估算，文化产业实现增加值2000亿元，同比增长11.11%，占全市地区生产总值的比重达6.58%。2024年，广州文化新业态特征较为明显的16个行业小类实现营业收入2780.88亿元，同比增长6.9%，高于全市规模以上文化及相关产业增速2.9个百分点，拉动全市文化企业营业收入增长3.1个百分点，以30.6%的法人单位实现46.0%的营业收入。[2] 数字文化创意产业对文化产业发展的贡献越来越大，已经成为推动文化产业高质量发展的关键力量。

（二）行业门类齐全，动漫游戏、数字音乐等领先全国

在产业政策引导、技术创新和市场需求的推动下，广州数字文化创意产业逐步形成了结构完整、门类齐全的体系，涵盖数字动漫、创意设计、数字

---

① 《2024年广州文化产业保持平稳向好发展》，广州市统计局网站，2025年2月13日，http://tjj. gz. gov. cn/stats_newtjyw/sjfb/content/post_10114199. html。

② 《2024年广州文化产业保持平稳向好发展》，广州市统计局网站，2025年2月13日，http://tjj. gz. gov. cn/stats_newtjyw/sjfb/content/post_10114199. html。

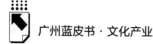

音乐、游戏和电竞、4K/8K 超高清、数字文化装备等若干领域。游戏产业位居全球城市第一方阵，2024 年，广州游戏产业继续发挥引领作用，全球总营收约为 1406.67 亿元，同比增长 10.5%，增速显著高于全国平均水平（7.5%），占全国游戏产业总营收的 1/3①，游戏产业成为广州文化产业的重要组成部分。数字音乐产业链条完备、引领新潮流，音乐版权、音乐录制生产、音乐分发等全产业要素齐备，形成了集数字版权服务、数字音乐 IP 孵化、演艺经济、音乐文化传播于一体的数字音乐全产业链，总产值约占全国的 1/4。② 数字动漫领域年产动画片超 200 部，播出时间长达 26 万分钟，产量和播出量均居全国首位，2023 年实现营收 250 亿元左右，占全国的 1/5③，"中国动漫之都"的地位进一步巩固。2023 年，广州创意设计产业蓬勃发展，法人单位数占全部规模以上文化产业法人单位数的比重达 21.7%，实现营收 1213.86 亿元，拉动全市规模以上文化产业营业收入增长 8.0 个百分点④，已成功培育 11 家国家级、90 家省级、135 家市级工业设计中心，获得联合国工业发展组织授予的全球"定制之都"案例城市殊荣。电竞产业蓄势待发，广州 TTG 战队两名队员代表中国队出征，在杭州亚运会电竞项目王者荣耀（亚运版本）决赛中，获得亚运历史上首枚电竞项目金牌。4K/8K 超高清影视制作能力全国领先，超高清节目储备超过 19000 小时，保持全国第一，拥有多项全国首创的核心技术，花果山超高清视频产业特色小镇获批中国（广州）超高清视频创新示范产业园区，带动相关产业规模超530 亿元⑤，成为我国超高清视频产业集群核心发展区域。

① 《广州去年游戏产业总营收约 1406.67 亿元》，《羊城晚报》2025 年 2 月 26 日。
② 杜新山主编《广州文化产业发展报告（2023）》，社会科学文献出版社，2023。
③ 《广州 2023 年动漫游戏集群营收约 1300 亿元》，中国新闻网，2024 年 5 月 24 日，https://www.chinanews.com.cn/cj/2024/05-24/10222809.shtml。
④ 《文化娱乐休闲、创意设计、新闻信息服务领跑 2023 年广州文化产业》，广州市统计局网站，2024 年 2 月 8 日，http://tjj.gz.gov.cn/stats_newtjyw/sjfb/content/post_9495824.html。
⑤ 《超高清全产业链加速发展升级，广州擦亮"世界显示之都"名片》，《广州日报》百家号，2024 年 8 月 26 日，https://baijiahao.baidu.com/s？id=1808464951631555305&wfr=spider&for=pc。

（三）产业创新创业活跃，企业"量质"双提升

经营主体是经济活动的主要参与者、就业机会的主要提供者，其发展状况是城市经济发展活力的晴雨表。广州在政策、资金、产业集聚和生态系统等方面为数字文化创意产业的创新创业提供了全方位的支持，吸引了大批优秀数字文化创意企业。2024 年，广州规模以上文化及相关产业法人单位有 3760 家，同比增长 12.34%[①]，根据笔者测算，广州文化及相关企业数量超过 15 万家，其中数字文化创意企业达到 5.6 万家[②]。

数字文化创意企业不仅在数量上有所增长，而且在规模扩张、资源配置、模式创新以及技术研发等方面不断提升，展现出超强的活力和较大的潜力。截至 2023 年底，广州上市数字文化创意企业达到 37 家，占全市上市文化企业总数的比重达 76%。[③] 网易、酷狗音乐、三七互娱、欢聚集团、汇量科技等多家企业入选中国互联网企业百强，14 家游戏企业入选广东游戏企业金钻榜 20 强。2023 年，网易总营收达 1053 亿元，其中游戏及相关增值服务全年营收达 836 亿元[④]，位居全国第二、全球第七。酷狗音乐通过流量、技术和资源三大方面的投入，为新生代原创音乐人提供了从词曲内容创作到专属内容 IP 打造的完整孵化链条，已汇聚优质音乐人超 60 万人，音乐人遍布全球。同时，酷狗音乐将 AI 技术与用户生成内容（UGC）模式相结合，推出全新多语种 AI 唱歌功能、AI 写歌功能，用户量已经突破 550 万人，用户用 AI 制作的作品数量近 1000 万首。[⑤] 虎牙直播于 2018 年在纽约证券交易所成功上市，成为中国首个上市游戏直播平台，2024 年第一季度移

[①]《2024 年广州文化产业保持平稳向好发展》，广州市统计局网站，2025 年 2 月 13 日，http://tjj.gz.gov.cn/stats_newtjyw/sjfb/content/post_10114199.html。

[②] 以"数字音乐""网络游戏""数字动漫"等数字文化创意产业各行业为关键词，根据企查查检索结果整理并进行去重处理。

[③] 根据上市公司相关数据，截至 2023 年底，全市有上市文化企业 49 家。

[④]《网易发布 2024 年财报：营收 1053 亿元》，《证券时报》百家号，2025 年 2 月 20 日，https://baijiahao.baidu.com/s? id=1824565668085907436&wfr=spider&for=pc。

[⑤]《酷狗音乐：探索文化创意产业高质量发展之路》，中国发展网，2025 年 4 月 10 日，http://www.chinadevelopment.com.cn/news/cj/2025/04/1939552.shtml。

动端月活跃用户数达到 8260 万人。① 荔枝集团以 UGC 模式积累了大量的用户和内容创作者,形成了生机勃勃的 UGC 音频社区,月活跃用户数达 5620 万人,月均总互动次数高达 32 亿次,成为"中国在线音频行业第一股"。优创合影是广东省规模最大的 4K/8K 超高清内容生产制作中心之一,具备每年2000 小时的超高清节目制作能力。漫友文化是中国最早从事动漫运营的企业之一,发掘和培养了上千位漫画家,出品了国内最多的原创漫画作品。广州最具代表性的数字文化创意企业如表 1 所示。

表 1 广州最具代表性的数字文化创意企业

序号	企业名称	行业领域	行业地位
1	广州网易计算机系统有限公司	网络游戏	游戏业务营收规模位居全国乃至全球前列
2	广州极尚网络技术有限公司	网络游戏	全球知名的游戏开发商,A 股两大游戏龙头企业之一
3	广州中旭未来科技有限公司	网络游戏	中国领先的数字互动娱乐企业,旗下拥有知名品牌"贪玩游戏",在游戏发行和运营领域具有重要影响力
4	四三九九网络股份有限公司	网络游戏	中国领先的网页游戏和移动游戏开发商与运营商
5	广州趣丸网络科技有限公司	电竞	国内领先的电竞社交平台,累计注册用户已超过 2 亿人
6	广州虎牙信息科技有限公司	游戏直播	中国领先的游戏直播平台,市场占有率位居全国第一
7	广州华多网络科技有限公司	网络直播	中国领先的语音社交和视频直播企业
8	广州酷狗计算机科技有限公司	数字音乐	在线音乐赛道营收规模、用户规模位居全国第一
9	广州荔支网络技术有限公司	数字音乐	中国在线音频行业领先者
10	广东咏声动漫股份有限公司	数字动漫	中国领先的数字动画影视内容创作生产企业,以原创 IP"猪猪侠"等闻名

---

① 《解读虎牙 2024 年 Q1 财报:业务转型以提高收入规模与盈利能力,加强多方合作创造更多机遇》,经济观察网,2024 年 5 月 13 日,http://www.eeo.com.cn/2024/0513/660934.shtml。

序号	企业名称	行业领域	行业地位
11	奥飞娱乐股份有限公司	数字动漫	2023 中国文旅企业 500 强
12	广州天闻角川动漫有限公司	数字动漫	中国知名的漫画和轻小说代理发行公司
13	广州漫友文化科技发展有限公司	数字动漫	多次入选广州文化企业 30 强,出品了国内最多的原创漫画作品
14	广东优创合影文化传播股份有限公司	4K/8K 超高清内容	广东省规模最大的 4K/8K 超高清内容生产制作中心之一
15	四开花园网络科技(广州)有限公司	4K/8K 超高清内容	拥有国内最大的 4K 片库,具有批量持续更新能力
16	广州汇量网络科技股份有限公司	数字营销	2024 中国企业出海服务机构 50 强企业,2023 年中国互联网综合实力百强企业
17	广州欧科信息技术股份有限公司	数字文博	参与制定国家智慧博物馆行业标准,在智慧文博领域占据领先地位
18	广州锐丰文化传播有限公司	数字文化装备	国内领先的城市文体旅综合运营商,其主办的广州国际灯光节被誉为世界三大灯光节之一
19	广州市浩洋电子股份有限公司	数字文化装备	国内首家在 A 股上市的舞台灯光设备企业,国家文化出口重点企业,影视舞台灯行业制造业单项冠军示范企业
20	广州励丰文化科技股份有限公司	数字文化装备	中国文化科技创意产业领先企业,在文化旅游、数字创意和公共文化领域拥有显著影响力
21	广东保伦电子股份有限公司	数字文化装备	声光电视讯行业标杆企业,主编多项团体标准,入榜广东企业 500 强
22	广州酷旅旅行社有限公司	智慧旅游	2023 中国移动出行百强企业,2019 年度中国独角兽企业
23	广州携旅集团科技有限公司	智慧旅游	国家高新技术企业,胡润全球猎豹企业
24	广州卓远虚拟现实科技股份有限公司	虚拟现实技术	国内高端智能化设备细分行业龙头企业,获得多项荣誉,包括专精特新"小巨人"企业等

资料来源:根据网络公开资料整理。

（四）企业空间分布高度集中，集聚效应日益显现

广州数字文化创意企业的空间集聚态势显著，形成多个产业集聚区，主要集聚在天河、越秀、海珠、黄埔等区域，呈现中心城市集聚、外围分散和区域分布不均衡的特点。科韵路以其完善的数字基础设施和集中的数字文化创意资源，吸引了游戏、数字广告和网络视频等领域的大量企业，形成了集内容创作、技术支持和产业服务于一体的数字文化创意生态。琶洲区域依托国际媒体港、粤传媒大厦、三七互娱全球总部大厦、趣丸科技全球总部大厦等产业载体，吸引了阿里灵犀互娱、广东超竞、君趣网络、乐玩互动、宾果网络等一大批数字文化创意企业，形成了龙头企业"大树参天"、腰部企业"绿树成荫"、中小微企业"百花齐放"的"热带雨林"式数字文化创意产业生态。天河智慧城作为广州科技创新轴的关键节点，以网易为龙头，集聚了数字音乐、网络直播、游戏动漫等多个领域的企业，形成资源共享、产业联动效应。万博片区的 YY 直播、虎牙直播等龙头企业带动了游戏、数字文化装备、网络直播等行业的集聚，吸引了大量年轻人才，促进了广州数字文化创意产业的向南扩展。北京路片区集聚动漫、传媒交易、创意设计、4K超高清影视、非遗数字化等行业，形成岭南文化数字化"双创"典型发展区，有效推动了传统文化的活化利用。

（五）科技融合度不断提升，技术创新能力显著增强

广州重视推动文化与科技的融合发展，强化文化创意创新链技术育成能力，坚持以科技创新驱动文化产业发展，打通"科学技术化、技术产品化、产品产业化、产业资本化"路径，通过人工智能、区块链、数字孪生等技术的突破，大大提升了文化体验的多样性和互动性。截至 2024 年底，全市有 4 家国家文化和科技融合示范基地，占全省总数的一半，经科技部和中宣部联合考核，以广州高新区为载体的广州国家文化和科技融合示范基地成为全国同类基地中 4 个获评"优秀"的基地之一。在全市高新技术企业中，文化领域企业达到 3000 多家。

广州数字文化创意企业坚持深耕主业、守正创新，市场竞争力持续稳定增强。网易游戏加快 AI 技术应用，基于伏羲 AI 大模型，开发了首个大规模应用 AI 玩法的主流游戏——《逆水寒》，并在游戏中首创虚拟报业系统"大宋头条"，探索了以 AI 提升游戏体验的场景化落地。奥飞娱乐利用 AI 缩短制作周期，通过"IP+AI"产业化落地应用提高了生产效率。酷狗音乐在技术创新上持续深耕，截至 2022 年 4 月，酷狗音乐国内专利申请总数达到 2494 件，国内专利授权总数达到 1697 件[1]，覆盖音频识别、音频提取等音频处理技术，也涉及音乐直播、音乐硬件等领域。新起典文旅综合运用多角度实时裸眼 3D、VR/AR/MR、智能中控系统等数字技术打造了"Z-BOX 智慧旅游沉浸式体验新空间"，构建了沉浸式体验消费新场景，于 2024 年 2 月入选全国首批智慧旅游沉浸式体验新空间培育试点名单。

（六）数字文化装备实力雄厚，为文化产业数字化奠定坚实基础

数字文化装备是科技创新的重要领域，也是推动文化产业数字化的重要基础。近年来，广州数字文化装备产业蓬勃发展，培育出一大批知名品牌，拥有 1 家国家级、3 家省级制造业单项冠军企业，5 家国家级专精特新"小巨人"企业，以及 62 家省级专精特新企业，在全国乃至全球市场中占据重要地位。2023 年，全市数字文化装备产业营收约为 1019 亿元。[2]其中，灯光音响产业通过奥运会、亚运会、大运会等大型活动声名远扬、享誉全球，年产值超过百亿元。[3] 番禺区灯光音响产业集群入选工信部 2023 年度全国中小企业特色产业集群名单。广州国际灯光节被誉为世界三大灯光节之一，在国内外享有盛誉，截至 2024 年 11 月累计吸引超过 6500

① 《酷狗音乐：持续推动专利转化 为广大用户提供高质量音乐享受》，中国经济网，2022 年 4 月 26 日，http://finance.people.com.cn/n1/2022/0426/c1004-32409264.html。
② 《广州打造千亿元级文化产业集群》，新浪财经网站，2024 年 12 月 15 日，https://finance.sina.com.cn/jjxw/2024-12-15/doc-incznvfz7285322.shtml。
③ 《三大千亿级，广州文化产业够"硬气"｜聚焦大湾区文投大会》，广州党建网站，2024 年 11 月 20 日，https://www.gzdj.gov.cn/ddgz1/110294.jhtml。

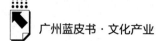

万名观众参与①，创下国际灯光节参观人数纪录。截至 2023 年 8 月，广州
VR 游艺设备已占全球市场份额的 20%、国内 VR 硬件销售市场份额的 80%、
国际 VR 硬件销售市场份额的 50%②，广州成为国内乃至国际 VR 制造和研
发的重要基地。③ 超高清制造方面，已逐步实现从显示面板、前端拍摄、内
容制作、内容播出到终端产品、行业应用的全产业链的加速升级，2023 年
全市超高清产业产值达 2196 亿元，面板月产能超 500 万平方米，位居全国
第一④，"世界显示之都"品牌更加响亮。

（七）优质数字文化创意产品激活新消费，推动文化"走出去"

当前，消费者对于数字文化创意产品的需求日益增长，不仅体现在对内
容的多样化和个性化追求上，也体现在对体验的沉浸式和互动性要求上。调
查显示，超过 60% 的消费者表示更倾向于选择具有互动性和沉浸感的数字
文化创意产品。⑤ 广州通过加快数字文化创意产品与文旅消费的融合，在网
络游戏、网络动漫、网络直播、网络影视、线上阅读、虚拟现实体验项目和
文创产品等方面已初步形成完善的生产链、价值链和创新链，创新了文旅消
费模式，拓展了文旅消费的时空边界。2024 年，《蛋仔派对》登上央视网络
春晚、河南春晚、蛋仔春晚 3 个春晚舞台，仅在除夕夜当天，《蛋仔派对》
活跃用户突破 4000 万人，保持领先地位。漫友文化旗下知识漫画产品《如
果历史是一群喵》保持全国销量冠军。数字文化消费的便捷性和可及性大
大提高了消费者的购买意愿，满足了人民群众日益增长的精神文化需求。广
州知名数字文化创意产品见表 2。

---

① 《人工智能呈现，沉浸式游玩体验 广州国际灯光节触动产业链"共振"》，广东省科学技术厅
网站，2024 年 11 月 8 日，http://gdstc.gd.gov.cn/kjzx_n/gdkj_n/content/post_4520092.html。
② 《广州以文创推动制造业立市 VR 设备已占全球市场 20%》，"中国新闻网"百家号，2023
年 8 月 23 日，https://baijiahao.baidu.com/s? id=1775028769517440057&wfr=spider&for=pc。
③ 杜新山主编《广州文化产业发展报告（2022）》，社会科学文献出版社，2022。
④ 《超高清全产业链加速发展升级，广州擦亮"世界显示之都"名片》，《广州日报》百家号，2024
年 8 月 26 日，https://baijiahao.baidu.com/s? id=1808464951631555305&wfr=spider&for=pc。
⑤ 笔者调研结果。

表2　广州知名数字文化创意产品

序号	行业领域	代表性企业/单位	代表性产品
1	网络游戏	广州网易计算机系统有限公司	《大话西游》《梦幻西游》《阴阳师》
2	网络游戏	广州极尚网络技术有限公司	《斗罗大陆》《永恒纪元》《斗罗大陆：魂师对决》《大天使之剑》
3	网络游戏	四三九九网络股份有限公司	《贝比岛》《神将世界》《怪物世界》《决斗国度》
4	网络游戏	广州灵犀互动娱乐有限公司	《三国志·战略版》《三国志幻想大陆》《风之大陆》《旅行青蛙：中国之旅》
5	网络游戏	广州乐牛软件科技有限公司	《猎魔传说》《明月传说》《西游降妖》《神火大陆》
6	网络游戏	广州库洛科技有限公司	《鸣潮》《战场双马尾》《战双帕弥什》
7	数字动漫	广州漫友文化科技发展有限公司	《如果历史是一群喵》《漫画读国学》《乌龙院》《爆笑校园》
8	数字动漫	广州天闻角川动漫有限公司	《镇魂街》《刀剑神域》《全职高手》
9	数字动漫	广东咏声动漫股份有限公司	《猪猪侠》《百变校巴》
10	数字动漫	奥飞娱乐股份有限公司	《喜羊羊与灰太狼》《巴啦啦小魔仙》
11	数字动漫	广州易动文化传播有限公司	《雄狮少年》《美食大冒险》
12	文化教育	广州兴趣岛信息科技有限公司	兴趣岛App、兴趣岛兴趣学堂
13	文化教育	广州简知信息科技有限公司	简知App、简知书院、简知微课、简小知App
14	智慧旅游	广州广之旅国际旅行社股份有限公司	"潮味寻踪·非遗探索之旅"潮汕三天游线路、"易起行"与"行走网"智慧旅游平台
15	智慧旅游	广州新起典文旅科技有限公司	Z-BOX智慧旅游沉浸式体验新空间、广州北京路智慧旅游项目、南越王博物院智慧化创新应用项目
16	智慧旅游	广州酷旅旅行社有限公司	要出发周边游、酷芽亲子App
17	创意设计	广州市汇美时尚集团股份有限公司	茵曼、初语、生活在左
18	创意设计	广州钛动科技股份有限公司	Tec-Creative 2.0、SaaS管理工具

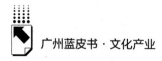

续表

序号	行业领域	代表性企业/单位	代表性产品
19	数字音乐	联通沃音乐文化有限公司	5G 视频彩铃、AI 音乐开放平台、VoLTE 视频彩铃、沃家智能硬件产品
20	数字音乐	广州酷狗计算机科技有限公司	酷狗音乐、酷狗直播、5sing、酷狗唱唱、酷狗蓝牙耳机
21	数字文旅	广东网演文旅数字科技有限公司	网演元宇宙、网演中国数字文旅平台、智慧数字虚拟美术馆云平台
22	游戏直播	广州虎牙信息科技有限公司	虎牙直播
23	网络直播	广州华多网络科技有限公司	YY 直播
24	网络影视	珠江电影集团有限公司	《白蛇传·情》《谯国夫人》
25	网络影视	广州有好戏网络科技有限公司	"Sir 电影""灰袍真探""硬核卡子"等自媒体账号
26	云展览	广州市三川田文化科技股份有限公司	川云活动平台
27	云展览	广东省博物馆	粤博官网平台 3D 数字漫游
28	云演艺	广州大剧院	5G 智慧剧院
29	舞台剧	黄埔文化（广州）发展集团有限公司	《黄埔！黄埔！》
30	云旅游	广州塔旅游文化发展股份有限公司	云游广州塔
31	云旅游	广州长隆集团有限公司	云游长隆野生动物世界
32	云体验	广州卓远虚拟现实科技有限公司	幻影星空动感影院、港珠澳大桥 VR 项目
33	云阅读	广州轻阅网络科技有限公司	SF 互动传媒网
34	云阅读	广州文石信息科技有限公司	文石 BOOK 电子阅读器

资料来源：根据网络公开资料整理。

　　广州依托天河区国家文化出口基地、番禺区国家文化出口基地和国家对外文化贸易基地（广州），通过开展"广州故事海外传播使者行动"、打造对外文化交流合作城市品牌，推动动漫、游戏、直播、网络文学、数字音乐、游艺设备及微短剧等多种业态加快出海。2023 年，全市游戏企业出口额约为 215 亿元，7 家游戏企业入选"2023~2024 年度国家文化出口重点企业"，游戏出海营收规模占全省的比重达 41%。①《叫我大掌柜》《古籍修复师》等游戏融入广彩、广绣、醒狮等岭南文化元素，以可视、可感、可玩的形式呈现给全球用户，有效促进了中华优秀传统文化在海外的传播。网易在海外市场成功推出《阴阳师》《大话西游》等国风游戏，并与国际知名品牌如漫威、华纳兄弟以及暴雪娱乐合作开发新游戏，加速中华优秀传统文化在海外的创新传播。咏声动漫的原创动漫作品《猪猪侠》《百变校巴》已成功发行至超过 50 个国家和地区，并在全球超过 150 个电视及新媒体平台播出②，通过动漫讲述中国故事，提升国漫 IP 的全球竞争力。

二 广州数字文化创意产业存在的问题

（一）实力有待增强，有影响力的龙头企业偏少

广州数字文化创意产业虽然取得了一定的发展成效，但与先进城市相比，产业规模仍然较小，市场竞争力和国际影响力均有待提升。龙头企业数量不足，带动作用不大，文化品牌影响力有待提升。从"中国文化企业 30 强"历届名单来看，广州共有 13 家次（含重复入选，下同）企业入选，与北京（126 家次）、杭州（47 家次）、南京（41 家次）、上海（39 家次）等城市相比差距较大。

（二）缺乏关键核心技术，前沿技术应用有待加强

尽管广州一些数字文化创意企业已在研发上有所投入，但与北京、上

---

① 《广东省游戏产业协会：2024 年广东游戏产业发展报告》，搜狐网，2025 年 1 月 10 日，https：//business. sohu. com/a/847384150_121649707。

② 《咏声动漫亮相相香港国际影视展，粤企多元 IP 领跑国漫出海》，"中国日报网"百家号，2024 年 3 月 12 日，https：//baijiahao. baidu. com/s? id＝1793314468056547982&wfr＝spider&for＝pc。

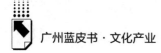

海、深圳等城市相比，广州数字文化创意产业研发投入占营业收入的比例相对较低，这使企业在技术创新方面的能力有限，难以开展大规模、高难度的研发项目，不利于数字文化创意产业的长远发展。特别是关键核心技术欠缺，文化创意产业数字化基础不牢固，文化创作、生产、传播和消费等环节的技术依然较为薄弱，与文化创意产业数字化的需求不匹配。在高端软件产品、智能装备等方面的自主研发和产业化能力不足，如沉浸式体验设施、智能游览设备、可穿戴设备等的技术水平有待提升，难以满足市场对高品质数字文化装备的需求。在大模型开发所依赖的数据训练师人才、深度学习算法及算力效率等方面，相比先进城市仍然有较大差距。

（三）文化创意资源数字化开发不足，文化创意企业数字化转型困难

在文化创意资源的数字化转化和开发过程中，缺乏先进的数字化采集、标注、关联等技术，导致文化创意资源的资产化程度不高，难以充分发挥文化创意资源的价值。部分文化创意企业对数字化转型的重要性认识不够，存在"不敢转、不愿转、不会转"的问题。一些企业担心数字化转型会带来较高的成本和风险，对转型后的收益预期不明朗，从而犹豫不决；还有些企业习惯了传统的运营模式，对数字化转型缺乏积极性和主动性。部分文化创意企业对数字技术的应用还停留在表面，只是简单地将线下业务搬到线上，未能深入挖掘数字技术在文化创意产品和服务中的创新潜力，没有结合数字技术创新业务模式和消费体验，无法充分发挥数字技术对文化创意产业的赋能作用。

（四）政策支持体系不完善，企业融资渠道较为欠缺

政策支持不够聚焦，政策体系有待完善。例如，在专项扶持资金方面，目前上海、北京、杭州、成都、深圳等城市均设立了文化产业发展资金，且规模较大，广州政策支持力度差距较大。政策覆盖范围有限，目前的政策更多关注大型企业和重点项目，对于中小微企业的支持不足，这限制了产业整

体的创新活力和发展动力。政策执行力度不足，企业对政策的感知度和利用率较低。不同部门之间的政策协调性不强，导致政策效果分散，无法形成合力。数字文化创意企业融资机制单一，中小微企业"文化+金融"发展略显不足，缺乏多元化的融资渠道，如风险投资、私募基金等，限制了企业的发展和扩张。

三 国内外经验与启示

（一）发达国家数字文化创意产业发展经验

1. 重视规划引领，数字文化创意产业政策扶持力度大

数字文化创意产业展现出强大的韧性和发展潜力，成为推动经济增长、促进文化多样性和增强国家软实力的关键领域，美国、英国、日本等发达国家将数字文化创意产业提升到战略性产业高度，将其列入长期规划，进行持续支持。美国出台《21世纪信息技术计划》《下一代互联网研究法案》《美国全球数字经济大战略》等一系列政策法规，推动数字基础设施建设，鼓励企业、基金会以及个人等多样化主体投资数字文化创意产业，为数字文化创意产业的快速发展奠定了坚实的基础。英国通过《创意经济宣言》《数字经济战略》等相关政策和计划来支持数字文化创意产业的发展，开启了"数字英国"转型之路，为数字文化创意企业提供直接资助、贷款和税收减免等方面的支持，以帮助企业成长和创新。2021年，法国总统马克龙宣布"法国2030"投资计划，包括"加速文化创意产业发展国家战略"，通过资金支持和项目征集等方式加快法国文化创意产业的数字化转型。日本政府将创意产业列为国家战略性产业之一，颁布《促进创意产业创造、保护和有效使用的法律》，制定了多项支持政策，包括财政补贴、税收优惠、人才培养等，提出数字社会愿景，实施"社会5.0"战略，推动了泛在互联的超智能社会建设，提升了数字文化创意产业的创新能力。这些政策不仅促进了本国数字文化创意产业的发展，也为全球数字文化创意产业的发展提供了经验

和借鉴。

2. 重视数字版权保护，采取系列措施规范版权市场

随着数字技术的发展，全球数字文化创意产业面临版权保护和个人数据安全等方面的新挑战。发达国家非常重视数字文化创意产业的版权保护，采取了一系列措施来规范版权市场。美国建立了包括《版权法》《跨世纪数字版权法》《电子盗版禁止法》《版权与人工智能》等在内的版权法律制度体系，保护数字文化创意产业。美国还设立了版权办公室、版权税审查庭等，负责执行《版权法》，为国会、法院及行政部门提供建议，并协助司法部门进行版权保护方面的工作。英国政府认识到版权保护对于数字文化创意产业的发展至关重要，早在1988年就颁布了《版权、设计和专利法》，建立了较为健全的版权保护体系，与版权管理和数字文化创意产业相关的组织机构包括英国知识产权局，英国文化、传媒与体育部和英国创意产业委员会，与版权交易相关的组织机构主要包括英国版权集体管理组织、英国版权委员会和英国版权中心。日本及韩国定期修订和完善相关法律法规，通过立法手段明确了数字漫画的版权归属、授权机制、侵权认定及处罚措施[1]，促进版权保护机制与行业发展需求紧密衔接。这些措施确保了数字文化创意产品创作者的权益，为数字文化创意产业发展提供了坚实的基础。

3. 聚焦数字文化创意企业孵化，优化数字文化创意产业创业生态

数字文化创意企业孵化对于推动技术创新、满足市场需求、保护知识产权、促进区域合作和国际化发展以及推动产业升级和经济转型都具有重要意义，因此发达国家非常注重数字文化创意企业孵化。2018年，英国政府实施了"新型创意产业集群发展项目"，在布里斯托尔、利兹、伦敦等8座城市孵化9个新型创意产业集群，涵盖音乐、表演、动漫、游戏、软硬件开发、媒体、时尚等多个领域，旨在将世界级的研究人才与英国各地的公司和组织相结合，推动数字文化创新和技能发展。到2024年3月，该项目已获

① 《日本〈著作权法〉修订的概要、影响及其启示》，"知识产权那点事"微信公众号，2021年4月16日，https://mp.weixin.qq.com/s/2RmRAT6ZADuKrpPwLSkfDQ。

得 2.77 亿英镑的公共和私人投资，孵化了 466 家衍生企业、初创企业和成长型企业，培训了 5007 人，资助了 1055 个行业领先的研究与开发项目，与当地创意企业进行了 53213 次接触，创造了 5563 个就业机会。[①] 为了向文化创意企业、初创企业、自由职业者提供关于设立新企业、企业经营、市场行情等方面的政策咨询服务，德国政府于 2009 年 11 月成立文化创意产业事务中心，定期邀请政府官员、文化创意企业高管、专家学者参加论坛和研讨会，搭建文化创意企业经营者之间及文化创意企业经营者与学界、政府之间沟通交流的平台，以孵化更多的文化创意企业。

4. 鼓励"文化+AI"产业发展，促进产业实现跨领域融合发展

AI 技术的广泛应用推动文化产业向智能化、数字化转型，催生数字博物馆、在线教育、云演艺、沉浸式旅游等新兴业态，为文化产业注入强劲发展动力。发达国家高度重视 AI 技术在数字文化创意产业中的应用，并出台了一系列政策以促进两者的融合发展。美国政府在 AI 芯片、大数据、云服务等软硬件基础设施方面不断加大投入力度，计划每年在非国防 AI 技术创新上投入 320 亿美元研究经费，并制定鼓励创新的"AI 大挑战"计划，为 AI 在数字文化创意产业中的应用提供了坚实的技术支撑。日本经济产业省发布了《生成式 AI 在内容制作中的应用指南》，旨在推动游戏、动漫、广告等内容产业应用 AI，以提高生产力和竞争力；2022 年发布的《人工智能战略 2022》为 AI 在漫画内容分发、用户画像分析等领域的应用提供了战略支持。

（二）国内主要城市数字文化创意产业发展经验

1. 强化政策支持，以金融创新支持数字文化创意企业发展

数字文化创意产业以中小企业和初创企业为主，常面临融资难、融资成本高等问题，资金支持和金融支撑对于缓解融资难题至关重要。深圳制定《深圳市关于加快培育数字创意产业集群的若干措施》，对符合条件的数字

---

① 《英国政府投资 8000 万英镑　孵化新型集群　力推文创产业》，中国经济网，2018 年 11 月 16 日，http://www.ce.cn/culture/gd/201811/16/t20181116_30794894.shtml。

创意技术研发及应用、数字创意产品（服务）开发等项目，在政策、资金等方面予以优先支持。此外，深圳出台了《关于推进文化与金融深度融合发展的意见》，提出加快创建国家文化与金融合作示范区，加强文化与金融的统筹协调，创新文化金融体制机制，拓展文化与金融的合作渠道。同时，深圳鼓励金融企业联合腾讯、华为等科技企业，加强 AI 大模型等技术在金融领域的应用，推动大数据、云计算、区块链等在金融领域应用，为数字文化创意企业提供更高效的金融服务。北京先后印发《北京市推动"文化金融+"行动计划（2024—2025 年）》《北京市文化产业"投贷奖"政策实施细则》《北京市文化产业"房租通"政策实施细则》《北京市文化产业风险补偿政策实施细则》等文件，于 2016 年成立了全国首个文化企业信用促进会，集成多种金融服务资源，形成"信用评级、快捷担保、见保即贷、贴息贴保"的工作闭环，积极为文化产业提供金融支持。截至 2024 年 9 月，北京文化产业贷款余额近 1800 亿元，新发放文化产业贷款 941 亿元，同比增长 15.2%，有贷户数同比增长 22.6%。[①] 上海优化市级文创企业贷款贴息政策[②]，减轻企业融资负担；开展文创特色支行建设工作，构建"一区一特色支行"服务网络，融入区域文创产业推进体系，截至 2023 年末，13 家市级文创特色支行对文创企业的贷款余额近 340 亿元，放款企业超 2200 家，分别同比增长 42.1%、41.3%。[③] 成都开发了"文创通"，为企业提供"债权融资+股权投资+路演孵化+金融科技"的全方位金融服务，截至 2022 年 11 月累计支持文创企业超 340 家，贷款金额超 30 亿元。[④] 截至 2024 年 8

① 《中国人民银行北京市分行等部门出台〈北京市推动"文化金融+"行动计划（2024—2025年）〉》，北京市人民政府网站，2024 年 9 月 29 日，https：//www.beijing.gov.cn/fuwu/lqfw/ztzl/jrfw/shrl/202409/t20240929_3909380.html。
② 《金融服务赋能上海文创产业"繁花似锦"》，中共上海市委金融委员会办公室网站，2024 年 2 月 23 日，https：//jrj.sh.gov.cn/QT186/20240223/618e664c27464a15bdb12accf011c83b.html。
③ 《打通文创金融服务"最后一公里"！热播剧〈繁花〉背后，看上海文创金融力量》，上海市文化和旅游局网站，2024 年 2 月 26 日，https：//whlyj.sh.gov.cn/cysc/20240227/094cecebaadc49719b4bc71c5dc6a19a.html。
④ 《"文创通"累计为成都 342 家企业贷款超 34 亿元》，网易，2022 年 11 月 26 日，https：//www.163.com/dy/article/HN3BNOV705149D15.html。

月，杭州市进入实际运作阶段的文创产业投资引导基金共有 26 只，总规模为 62.77 亿元，在杭金融机构合作设立的信用贷款风险补偿基金累计为逾 2300 家次在杭文创企业提供了超过 140 亿元的信贷支持。[①]

2. 构建数字文化创意产业集群，形成产业集聚效应

产业集群化发展能够有效整合资源，促进企业的协同合作，提升产业整体竞争力。深圳实施"一核一廊多中心"的数字文化创意产业集群规划，重点打造龙岗数字文化创意产业走廊，该走廊全长 46 公里，总面积达 32 平方公里，串联了 29 家文化科技类园区，其中包括 20 家经龙岗区认定的文化产业园区，核心产业包括影视动漫、游戏电竞、数字视听、数字终端、数字展示及数字娱乐等，集聚了一批综合实力和竞争力强的骨干数字文化创意企业，举办了各类数字文化创意活动和品牌赛事，不断汇聚文化、科技产业资源，为数字文化创意产业的高质量发展提供了更广阔的市场空间，形成了完整的产业链生态，年营收达到 2000 亿元左右。成都构建了"双核多极两带"的数字文化创意产业空间发展格局，打造高新区和天府新区两个核心区，带动锦江区、青羊区等多个区域的发展，形成集内容创作、科技研发和市场推广于一体的生态链，促进了数字文化创意产业的集聚和协同发展。上海提出了"三千工程"目标，通过构建内容生产、创意传播和场景应用产业链，培育 10 个以上数字文化创意标杆园区，打造"文化+数字"创意生态集群。

3. 强化版权保护与市场规范，形成数字文化创意产业健康生态

强化版权保护与市场规范是推动数字文化创意产业高质量发展的关键，有效的版权保护体系既能保障创作者和企业的合法权益，又能激发创新活力，促进产业健康有序发展。北京建立了版权保护与交易平台，为创作者提供版权归属确认、交易管理等服务，确保创作者的合法权益得到保障，还通过举办版权保护主题沙龙等活动，提升社会各界对版权保护的重视程度。此外，北京市知识产权局推出了"版权链"数字版权服务新模式，利用区块

[①]《〈黑神话：悟空〉爆了！全球关注的这只猴子，就诞生在杭州!》，《杭州日报》百家号，2024 年 8 月 22 日，https://baijiahao.baidu.com/s? id=1808078530743413336&wfr=spider&for=pc。

链技术实现版权确权、管理、交易和保护的全流程数字化，提升了版权保护的效率和透明度。2022 年，上海数据交易所设立数字资产板块，发布全国首款主打人民城市实践概念的"申生不息"系列数字艺术品，在数字版权保护和数字资产交易方面做出创新实践。深圳设立了知识产权法院，专门处理版权和知识产权纠纷，加大了司法保护力度。成都联合四川新传媒集团组建"四川游戏创新发展中心"，入驻成都高新区瞪羚谷数字文创产业基地，打造游戏出版与版权综合服务平台，为企业提供技术研发支持、创作生产引导、出版预审监管、版号申请及主体培育等一站式服务。

4. 积极布局国际市场，提升数字文化创意产业的全球影响力

数字文化创意产业具有天然的全球化属性，通过"数字出海"能够开拓新的市场空间，增强文化软实力，提升国际话语权。上海积极发挥徐汇区国家文化出口基地、仓城影视文化产业园区国家文化出口基地和国家对外文化贸易基地（上海）的示范引领作用，出台《关于加快发展本市对外文化贸易的实施意见》等系列政策，为数字文化创意企业提供国际交流与合作平台，吸引众多国内外数字文化创意企业和投资者进驻，注重打造具有海派特色和国际影响力的数字文化 IP，如《原神》《万国觉醒》等，特别是《原神》自 2020 年发布以来，移动端全球下载量超过 2.18 亿次，总收入突破 640 亿元，其中海外营收贡献达到 45%[①]，展现了中华文化的独特之处，成功在全球范围内传播了中华文化。杭州利用高新区（滨江）数字贸易优势，打造了全国首个以数字文化出口为特色的集聚区，已引入 30 余家数字文化相关创新型企业，形成了集数字技术研发、数字内容创作、数字文化出口于一体的完整生态链，处于全国领先地位。杭州出品的《黑神话：悟空》于 2024 年 8 月 20 日在全球同步上线，截至 2025 年 1 月销量已经突破 2800 万份，销售额更是高达 90 亿元，成为国产买断制游戏历史上的销量冠军[②]，

① 《〈原神〉移动端全球收入突破 640 亿！平均氪 300》，米哈游资讯网站，2024 年 10 月 22 日，https：//www.miyoushe.com/ys/article/58761211。

② 《销售额破 90 亿！〈黑神话：悟空〉销量 2800 万》，新浪财经网站，2025 年 1 月 12 日，https：//finance.sina.com.cn/roll/2025-01-12/doc-ineesqyc3486212.shtml。

促进了中华文化的传播。

5. 以数字技术激活消费，拓展数字文化消费新空间

通过数字技术的应用，文化产业可以打破时间和空间的限制，创造更加多元化、个性化的文化产品和服务，从而满足消费者日益增长的需求。近年来，上海重点推广"一江一河""建筑可阅读""演艺大世界"等文化旅游项目，在外滩、豫园、新天地、东方明珠等年轻人集聚的文商旅综合体打造了不同能级的数字文化地标，创新电影院、剧院、博物馆、艺术馆、剧本杀馆等线下文化空间，吸引消费者前往体验和消费。利用虚拟现实、增强现实、AI 等技术手段，将更多数字文化产品及服务体验"无痕"植入，打造沉浸式戏剧《不眠之夜》、VR 全感剧场《风起洛阳》，为消费者带来全新的沉浸式体验。杭州积极探索元宇宙等新技术在文化领域的应用，打造线上线下高流量、在线在场相融合的沉浸式数字文化消费新场景。例如，杭州开创了"直播竞拍+免费鉴宝"全新商业模式，打破了地域限制，构建了全新消费场景，吸引了更多用户参与文玩艺术品交易；咪咕数字传媒通过创新全场景沉浸式阅读体验，打造了线上线下一体化的"云书店"；网易云音乐运用AI 和云计算技术，基于用户的音乐偏好和需求，生成多样化和个性化的歌单，从而改变了用户的音乐搜索、发现及分享方式。

四 推动广州数字文化创意产业高质量发展的对策建议

数字文化创意产业是培育文化新质生产力、推动文化产业高质量发展的重要动力，广州市社会各界要高度重视、凝聚共识，认识到推动数字文化创意产业高质量发展关系文化强市建设的成效，是推动经济社会高质量发展和优化营商环境的重要组成部分。广州拥有丰富的文化资源和良好的产业基础，高端人才和创新团队集聚，数字文化创意需求旺盛，为数字文化创意产业的发展提供了丰富的素材和应用场景，要坚持高端定位，加强顶层设计，借鉴国内外数字文化创意产业发展经验，积极做好宣传、网信、文化、财政、工信、科技、人社、商务、统计等部门之间的沟通协调工作，构建立

体、多元、协调的产业发展新格局，从技术创新、精品打造、数字化转型、强链补链、跨界融合、开放合作等角度出台具有实操性的政策措施，扎实推进数字文化创意产业高质量发展，打造全国数字文化创意引领地，为广州锚定"排头兵、领头羊、火车头"标高追求、推动"二次创业"再出发提供有力的文化引领。

（一）建设技术创新高地，加快数字文化创意科技成果转化

加强数字文化创意关键技术和共性技术研发，实施重点科技专项，加强关键核心技术攻关，依托人工智能与数字经济广东省实验室（广州）、广东人工智能与先进计算研究院、广东省新一代通信与网络创新研究院、粤港澳大湾区国家技术创新中心、粤港澳大湾区协同创新研究院、清华大学珠三角研究院等科研机构，加快重点领域关键核心技术攻关。完善"揭榜挂帅""赛马制"等支持机制，实行关键共性技术"清单制"，对接国家重大科技项目，推动产学研用多主体联合开展技术攻关，实现从"零"到"一"的关键技术突破、从"一"到"百"的科技成果转化、从"百"到"万"的应用场景拓展。

（二）提升优质内容供给能力，打造数字文化创意精品力作

充分利用数字文化创意技术、方法和模式，打造展示时代风采、弘扬时代精神的数字文艺精品，深化数字文化创意产品的内涵，丰富产品表现形式。实施数字内容产品质量提升工程、数字出版融合发展工程和数字影视精品工程，着力提升优质数字内容产品的供给能力。鼓励创作网络文学精品，不断创新网络文学 IP 开发模式。突出岭南文化基因，强化对具有辨识度和地域特色的原创数字文化创意产品的开发。加快推出满足青年需求的优质文化产品，打造一批体现中华文化精髓、传播当代中国价值观念、符合国际文化潮流的精品。培育创作者群体，推动创作主体集聚，支持发展专业用户生成内容（PUGC）、职业生成内容（OGC）、多频道网络等生产新模式。建设优质数字文创 IP 项目库，培育一批原创品牌项目、团队和企业，丰富优质

IP 资源。推动数字动漫、游戏电竞、数字音乐、创意设计、数字影视等领域打造一批全国知名文化品牌,提高广州区域品牌的国际影响力和辐射力。

(三)强化文化资源数字化转化和开发,推动文化产业"智改数转"

对文化资源进行数字化转化和开发,让优秀文化资源借助数字技术"活起来",将文化资源所蕴含的价值与数字技术的新形式新要素相结合,实现创造性转化和创新性发展。开展岭南文化资源数字采集,运用大数据、云计算等技术,加快"三雕一彩一绣"、广府文化等文化资源的数字化转化。支持广东戏曲、音乐等传统艺术线上发展,推动文艺、文博、非遗等传统文化行业线上线下融合发展,促进文化资源数字化转化和开发,推动优秀传统文化实现创造性转化和创新性发展。支持文物、非物质文化遗产通过新媒体传播推广,鼓励线下文化资源、文娱模式数字化,创新表现形式,丰富文化内涵。引导和鼓励企业对研发、设计、生产、制造、销售等环节进行数字化改造。加快数字技术与传统文化产业的融合,推动重点文化企业设计研发、物流仓储、营销管理等全环节数字化转型。加快文化制造领域"机器换人"步伐,打造文化制造数字孪生工厂,支持建设高精度、可交互的虚拟映射空间,对文化制造全环节进行建模仿真、沙盘推演,实现各环节协同和生产流程再造。

(四)完善产业链条,构建高质量发展"四梁八柱"

坚持"产业链思维",着眼强链、补链、延链、保链,锻长板、补短板,有效融通供需链,全面提升价值链,保障供应链安全,加速形成产业链上下游、大中小企业紧密协作的优良产业生态,构建推动数字文化创意产业高质量发展的"四梁八柱"。加大产业链招商力度,聚焦数字文化创意产业重点领域,针对产业链缺失、薄弱环节,精准研判目标企业发展情况,着重引进一批数字文化创意产业链龙头项目与补链项目,推动形成完整的数字文化创意产业链。注重"链主"企业招商,充分发挥网易、酷狗音乐、奥飞娱乐等一批在国际市场颇具竞争力的龙头企业对行业的带动引领作用,开展

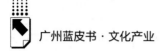
数字文化创意产业链宣传推介和项目洽谈，有效吸引数字文化创意产业链上下游企业，做强做优产业链。

（五）推动产业融合发展，突出数字文化创意产业新贡献

鼓励数字文化创意产业与制造、商务、教育、旅游、体育、农业等领域的融合，不断探索数字文化创意产业跨要素、跨行业、跨平台融合发展新路径，打造全国数字文化创意产业高质量融合示范区。推进数字文创与旅游融合发展，把握文化旅游沉浸化、数字化、智慧化等新发展趋势，探索开发未来景区、未来酒店、未来民宿、未来文博场馆、未来社区等"未来系列"产品，培育壮大在线旅游、智慧景区、数字文博等新业态、新模式。推动创意设计和商业融合发展，鼓励商场、餐饮、酒店等企业强化创意设计，推进天河路商圈、北京路商圈等智慧商圈建设，鼓励合理配备数字文创体验空间，大力发展沉浸式演艺、沉浸式展览、沉浸式娱乐等，为市民和游客提供具有文化特色的体验式消费项目。加快推动电子竞技、体育影视、体育动漫、体育传媒、体育广告等业态发展，利用数字人、数字孪生等技术，培育发展体育元宇宙，积极探索虚拟赛事、虚拟体育竞演等新业态。打造 TOD 数字文创城市综合体、"TOD+5G"城市社区等数字文创空间载体，推动数字文创贯穿城市生态、生活、生产等领域，赋能城市经济社会发展。探索数字文化创意产业赋能乡村振兴新路径，鼓励各区立足特色资源和产业优势，扎实推进数字乡村建设，因地制宜发展数字文创特色产业，培育打造一批全国文化产业赋能乡村振兴试点。

（六）培育数字文创消费新模式，激发文旅消费新活力

积极培育数字文创消费新模式，打造消费新场景，拓展消费新空间，激发消费新活力，打造具有吸引力的数字文创消费新空间。依托数字动漫、游戏电竞、数字音乐、创意设计等区域优势产业资源，积极引导数字文化创意龙头企业拓展电子商务应用。加快构建数字文创消费新型产业生态，打造一批融合文化科技、城市景观、公共空间、节庆仪式、生活美育等的复合型美

好生活场景、智能生产场景，建设一批多元化沉浸式主题娱乐场馆，推出一批互动性强的沉浸式体验活动，增加全民友好、全龄友好、全时友好的数字文创消费场景有效供给。

（七）推动开放合作，提升数字文化创意产业对外贸易水平

建立完善粤港澳大湾区数字文创交流合作常态化体制机制，围绕数字动漫、游戏电竞、数字影视等重点领域，支持举办面向粤港澳大湾区的数字文创活动，从要素、平台、项目、人才等方面加快推动粤港澳大湾区数字文化创意产业交流合作。依托国家对外文化贸易基地（广州），发挥天河区、番禺区国家文化出口基地的示范效应，完善数字文化创意产业对外贸易政策支持体系和综合配套，吸引更多外向型数字文创企业入驻。聚焦数字动漫、游戏电竞、数字音乐、数字文化装备等重点领域，建立国家文化出口重点企业和重点项目培育制度，争创更多国家文化出口重点企业和重点项目，提升数字文化创意产业对外贸易水平。

B.8
以数字技术拓展广州文化产业新空间的经验与对策建议*

邓 路 张 妮 刘帷韬**

摘 要： 在数字化浪潮下，数字技术为文化产业发展开创了新业态、新模式。本文从多维度探讨了以数字技术拓展广州文化产业新空间的重要性，并对广州文化产业数字技术发展现状与不足进行深入分析。此外，结合杭州、北京、上海的发展经验，对以数字技术拓展广州文化产业新空间提出了对策建议：夯实文化产业数字化基础，规范文化产业法律标准；以数字技术引领产业升级，聚力打造文化IP；强化科技创新引领，推动文化产业提质升级；加大文化资源管理力度，促进资源共建共享；优化数字内容供给，培育文化消费新形态。

关键词： 数字技术 文化产业新空间 广州

一 以数字技术拓展广州文化产业新空间的重要性

（一）数字技术赋能文化产业新空间拓展

当今时代，数字技术日益融入经济、社会、文化发展的全过程，文化产

---

* 本文为广东省哲学社会科学规划2022年度学科共建项目"构建统一大市场背景下城市营商环境格局演变、影响因素及机制检验：基于时空双维度的实证研究"（GD22XYJ29），广州市哲学社会科学规划2023年度课题"广州深化营商环境创新试点城市建设研究——基于'互联网+政务服务'平台的互动治理视角"（2023GZYB84），广州市人文社会科学重点研究基地"超大城市现代化产业体系与广州实践研究基地"的研究成果。

** 邓路，博士，广东财经大学副教授，研究方向为国际贸易，对外投资；张妮，广东财经大学硕士研究生，研究方向为国际贸易；刘帷韬，博士，广州市社会科学院科研处副处长、副研究员，研究方向为国际贸易、营商环境、城市发展战略等。

业正经历转型与重塑，文化产业与数字技术的双向互动、协同创新以及融合发展赋予文化产业新的发展模式和增长空间，推动数字文化经济发展。习近平总书记指出，"要顺应数字产业化和产业数字化发展趋势，加快发展新型文化业态，改造提升传统文化业态，提高质量效益和核心竞争力"。①党的二十大报告就"繁荣发展文化事业和文化产业"做出重要部署，提出"实施国家文化数字化战略，健全现代公共文化服务体系"。2025 年 1 月，国务院办公厅印发《关于进一步培育新增长点繁荣文化和旅游消费的若干措施》，强调要利用数字技术打造新型消费场景，为文化产业的创新发展指明了方向。《中共中央关于进一步全面深化改革、推进中国式现代化的决定》对"探索文化和科技融合的有效机制，加快发展新型文化业态""完善促进数字产业化和产业数字化政策体系"等做出一系列重要部署。此外，中央经济工作会议提出，必须统筹培育新动能和更新旧动能的关系，以科技创新发展新质生产力，建设现代化产业体系，积极运用数字技术培育产业消费增长点，推动经济高质量发展。

拓展文化产业新空间本质上是将文化产业要素结构进行调整，而数字技术是推动文化产业要素结构深刻变革的关键，数字技术的革新能够催生大量新型文化企业，同时加速文化领域数字化转型进程，我国当代文化产业变革的一大典型特征即生产要素在新型技术环境和文化产业改革的共同作用下深刻变动。数字技术发展能够推动文化产业链条和生产模式深度重组，对文化产业发展有积极影响。应用数字技术能大大提升文化产业生成、整合、处理和存储各种文化资源的能力，提高文化产业的整体运行效率，使文化资源突破传统文化产业的边界，创造新的产业格局和经济生态，改变文化产业的市场地位。

（二）推进文化产业与数字技术融合发展对于广州的重要性

1. 加强数字文化产品建设，释放文化强省数字化示范效应

广东省深刻贯彻党中央、国务院关于推进国家文化数字化以及省委、

---

① 《【理响中国】数字经济与中华优秀传统文化的"双向奔赴"》，求是网，2024 年 5 月 13 日，http://www.qstheory.cn/2024-05/13/c_1130143810.htm。

省政府关于建设文化强省的战略部署，深入推进数字技术与文化产业深度融合，认真落实《广东省培育数字创意战略性新兴产业集群行动计划（2021—2025年）》各项任务。《数字广州建设2024年工作要点》提出推动广州文旅融合平台对接国家公共文化云平台，培育壮大数字文化产业。广州应在助力广东数字文化产业建设、打造文化强省中体现担当，一方面要不断丰富高品质文化产品供给，向世界讲好中国故事、广东故事，扎实推进文化强省建设；另一方面要充分发挥数字技术的作用，为文化产业发展提供新业态、新模式和新场景，进一步拓展文化产业新空间，让老城市焕发新活力。

2. 催生文化消费新需求，促进文化产业结构优化升级

在全球经济数字化转型的大背景下，将数字技术融入文化产业，能够催生文化消费新需求，为文化消费带来更优质的供给。数字技术提升了文化产业链、供应链的现代化水平，促进了文化产业结构优化升级，提高了文化产品和服务的质量，引领和创造了新的文化消费需求，提升了消费层级，促使人们更积极主动参与其中，为文化消费注入新的活力。

3. 激发文化产业创新创造活力，促进文化产业高质量发展

以AI、区块链、5G等为代表的新一代数字技术不仅能推动广州文化产业经济效益显著提升，还能促进文化产业的创新发展，为产业实现多维度新突破提供有力支撑，加快广州文化产业高质量发展步伐。2024年上半年，全市规模以上文体娱乐业企业营业收入达到156.09亿元，同比增长5.7%。[①] 其中，以动漫游戏、数字内容、视频直播、虚拟现实、超高清内容制作等为代表的新业态为广州文化产业发展带来创新动力。2024年上半年，全市规模以上文化企业实现营收2767亿元，同比增长4.3%。动漫游戏、新媒体娱乐、娱乐智能设备制造等16个文化新业态特征较为明显的行业小类发展态势强劲，规模以上企业数量增至1097家，同比增加116家，

---

① 《广州打好文化产业扎实发展"组合拳"助力城市文化综合实力出新出彩》，广东省文化和旅游厅网站，2024年9月3日，https://www.mct.gov.cn/preview/whzx/qgwhxxlb/gd/2024 09/t20240903_955020.htm。

展现出行业强大的吸引力与活力,营收方面同比增长8.9%①,对广州经济发展起到了有力的推动作用,成为拉动广州经济增长的重要引擎。

二 广州文化产业数字技术发展现状与不足

(一)广州文化产业数字技术发展现状

1. "1+N"文化产业政策体系逐渐完善,为数字技术发展提供政策引领

人工智能、大数据、虚拟现实与增强现实等先进数字技术的迭代更新,促进数字技术与文化产业的深度融合不断加速,重塑着数字文化产业格局。广州通过发布一系列政策措施引领数字技术为文化产业赋能,开创全新的产业空间。在政策保障方面,以《广州市人民政府办公厅关于加快文化产业创新发展的实施意见》为引领,连续出台《关于促进广州市文化与科技融合的实施意见》《广州市数字经济促进条例》等政策文件,初步形成"1+N"文化产业政策体系,明确重点发展动漫、游戏电竞、数字音乐等产业,推动数字技术与文化产业深度融合,为相关企业提供政策引导。在资金保障方面,出台《广州市文化和旅游产业发展专项资金管理办法》,扩大奖励扶持范围,聚焦数字文化等重点领域,推动传统文化产业转型升级。

2. 数字技术引领作用显著增强,文化产业实现新突破

随着国家文化数字化战略的深入推进,广州市文化产业发展动能强劲。广州市统计局数据显示,2024年,广州市数字内容服务营业收入同比增长18.4%。② 2024年前三季度,广州市文化及相关产业释放出强劲的增长信号,规模以上文化及相关产业法人单位攀升至3723家,营收达到4321.65

---

① 《广州正聚力打造三个千亿级文化产业集群》,广州日报大洋网,2024年9月23日,https://news.dayoo.com/gzrbrmt/202409/23/170628_54722323.htm。

② 《2024年广州市经济运行简况》,广州市统计局网站,2025年2月5日,https://www.gd.gov.cn/zwgk/sjfb/dssj/content/post_4663397.html。

亿元，同比增长 2.6%，持续为经济增长注入新动能。同时，文化新业态带动经济发展成效显著，正逐步重塑行业生态与发展格局，互联网搜索和广告服务分别拉动文化新业态营业收入增长 7.6 个和 2.6 个百分点；新闻信息服务借助数字传播技术实现营业收入 706.99 亿元，同比大幅增长 27.6%，成为引领文化产业增长的重要力量，拉动全市文化产业收入增长 3.6 个百分点；创意设计服务借助数字设计、虚拟现实等技术，营业收入同比增长 2.9%；文化投资运营利用数字化市场分析、项目管理等手段，营业收入同比增长 1.9%。[①]

3.数字技术赋能文化产业链日益完善，多领域协同推进文化建设

在影视制作方面，数字特效、虚拟拍摄等技术得到广泛应用，提升了影视作品的质量和视觉效果。在数字文旅方面，广州充分运用数字光影技术，深度打造沉浸式文旅项目，大批游客纷至沓来；永庆坊、北京路等非遗街区积极探索创新，将数字技术巧妙融入传统文化，推出裸眼 3D 大屏，以震撼的视觉效果生动展现非遗魅力，为游客带来耳目一新的游玩体验，成为城市文旅新名片。在动漫游戏方面，数字绘画、AI 制作等前沿技术被广泛使用，大大丰富了动漫游戏的内容呈现形式，为创作者带来无限创作可能，也为观众呈现更具视觉冲击的优质作品。

4.文化平台逐步优化，为数字技术发展赋能

广州文化产业交易会规模不断扩大，2024 年以"数字赋能新文旅，产业汇聚大湾区"为主题，线下展示面积超 5 万平方米，吸引超过 1000 家头部文化单位参展。举办数字文化创意展、文旅装备展以及广州电影产业博览交易会三大活动，裸眼 3D、全息投影、未来景区等多元技术和场景悉数亮相，集中展示了数字技术在文化产业中的创新应用成果。[②] 园区集聚效应加速释放，截至 2024 年 5 月，广州有国家级文化产业园区（基地）25 家、省

---

① 《新业态赋能广州文化产业发展》，广州市统计局网站，2024 年 11 月 13 日，http：//tjj.gz.gov.cn/stats_newtjyw/sjfb/content/post_9973490.html。

② 《数字赋能新文旅，产业汇聚大湾区》，文化和旅游部网站，2024 年 9 月 27 日，https：//www.mct.gov.cn：10443/wlbphone/wlbydd/xxfb/qglb/gd/202409/t20240927_955487.html。

级文化产业园区（基地）23家，其中羊城创意产业园、北京路国家级文化产业示范园区、广州星力动漫游戏产业园、国际媒体港、TIT文创产业园5家园区产值超百亿元，特别是羊城创意产业园汇聚了数字音乐、动漫游戏等文化新业态门类企业超190家。[①]

（二）广州文化产业数字技术发展存在的不足

1. 数字化基础较为薄弱，数字资源利用不足

一是数字化基础较为薄弱。文化产业数字技术应用尚处于起步阶段，人力物力投入不足，大量重要的文化资源尚未进行数字化建档，文化遗产相关信息尚未得到科学采集和有效保存。二是数字资源利用不足。存在区域发展失衡和资源投入有限的问题，导致文化产业数字化发展水平不高、形式单一。

2. 尚未形成全国性的文化数字IP，数字版权意识淡薄

在数字技术快速发展的当下，广州如何借助数字技术打造更多现象级文化产品，让传统文化IP焕发新的活力，以满足多层次文化消费需求，已成为亟待破解的难题。广州虽然拥有陈家祠、粤剧、广州剪纸等众多特色文化资源，但与"数字故宫""云游敦煌"等全国性的文化数字IP相比，广州尚未形成具有显著传播力和强大品牌效应的文化数字IP。此外，在文化产业数字化进程中，数字版权问题不容忽视，对数字版权重视程度不足可能影响社会资本的投入意愿，限制文化产业数字化发展。

3. 文化产业数字化供需结构亟待优化

尽管数字技术在文化产业中的应用已取得显著成效，但广州的文化创作、生产、传播和消费等环节的核心数字技术依然较为薄弱，难以充分满足数字化转型需求，文化产业数字化供需结构亟待优化，尤其是3D建模、动作捕捉、虚拟现实、增强现实等先进数字技术的应用深度和广度不足，专业

[①] 《数字赋能 广州文化产业有何新机遇?》，《南方都市报》百家号，2024年5月29日，https://baijiahao.baidu.com/s? id=18003391583446223 27&wfr=spider&for=pc。

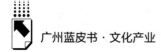

技术人才短缺，导致文化产品的生产周期长、成本高，难以满足市场需求。此外，随着居民生活水平的提高和数字技术的普及，群众对文化产品的需求正发生深刻变革，然而广州文化产品和服务的数字化水平有待提升，尚不能满足群众日益升级的数字文化消费需求。

4. 文化企业缺乏创新动力，数字技术应用范围存在局限

在文化产业数字化转型过程中，部分企业存在"不敢转、不愿转、不会转"的问题，导致消费场景不足，数字文化产品类型以及呈现形式单一，产业链和价值链较短。同时，传统企业不愿承担资金风险，导致数字技术在文化产业中的应用受限，企业仍倾向于用传统路径开发文化产品。数据显示，与北京、上海、深圳等城市相比，广州文化创意产业规模有待扩大，文化产品创意度亟待提升。①

三 以数字技术拓展文化产业新空间的经验借鉴

（一）杭州市大力发展数字文旅产业

杭州作为"数字经济之城"，其数字文旅产业起步较早，为全国各地的游客提供了便捷、丰富、科技感十足的数字文旅产品与服务。杭州积极把握数字经济发展趋势，大力开发沉浸式文商旅体验项目，以数字技术带动文旅产业发展和城市消费增长。据统计，2023年杭州全市数字文旅五大产业营收总额约为8600亿元，呈现强劲的增长势头和显著的辐射带动效应。② 2024年，全市规模以上文化及相关产业实现营业收入10830亿元，同比增长6.7%。③ 全市数字经济核心产业增加值为6305亿元，同比增长7.1%，

① 《加快推进广州文化创意产业高质量发展》，《南方日报》百家号，2024年6月6日，https://baijiahao.baidu.com/s? id=1801166392880628803&wfr=spider&for=pc。

② 《杭州数字文旅产业发展势头强劲》，文化和旅游部网站，2024年11月6日，https://www.mct.gov.cn：10443/preview/whzx/qgwhxxlb/zj/202411/t20241106_956065.html。

③ 《2024年全市规上文化及相关产业营业收入增长6.7%》，杭州市人民政府网站，2025年2月28日，https://www.hangzhou.gov.cn/art/2025/2/28/art_1229063407_4334712.html。

占全市地区生产总值的比重达 28.8%；全市数字经济核心产业实现营业收入 20401 亿元，同比增长 4.9%。①

1. 创新产业发展模式，积极拥抱数字技术

数字技术应用于杭州各大景点景区、文商旅融合空间，数字文化产品在旅游体验中成为加分项。例如，南宋德寿宫遗址博物馆西区设有 8 个数字化体验点，通过互动透明柜、动态投屏长卷、AR 互动屏等传递宋韵文化的魅力；《湘湖·雅韵》《今夕共西溪》《如梦上塘》等文艺节目通过数字化表演讲述着杭州故事。2024 年，《黑神话：悟空》主题展、黑猫奇闻社体验空间相继亮相杭州文三数字生活街区，沉浸式的游览体验激发了消费活力，推动街区流量同比增长 30%，营业额同比增长 50%。②

2. 新技术、新业态双向赋能，致力于打造"数字文旅第一城"

杭州数字文旅产品覆盖"吃住行游购娱"等多个方面，2024 年 10 月，杭州推出 AI 旅游搭子"杭小忆"，以"碰一碰+AI"的形式为游客提供酒店预订等服务，还能一键查询景区客流情况，方便游客深度游览。此外，杭州通过数字技术联合火车站、酒店、景区等推出"轻松游"行李服务，并依托城市大脑实现"一键预约""在线查询"等服务功能，解决了不少游客的出行问题，备受游客好评。③

3. 注重数字文化企业培育和集聚，促进文化资源传播与共享

中国（浙江）自由贸易试验区滨江区块依托全国唯一的数字文化贸易功能区——浙江数字文化国际合作区，围绕动漫文创、网络文学、数字音乐、影视传媒、互动娱乐等数字文化产业完善空间布局，促进数字文化交流与传播。余杭区以良渚文化大走廊建设为契机，打造梦栖小镇 2.0 升级版等产业平台，吸引数字文化企业集聚。西湖区艺创小镇依托中国美术学院、浙

---

① 《2024 年全市数字经济核心产业增加值增长 7.1%》，杭州市人民政府网站，2025 年 2 月 21 日，https://www.hangzhou.gov.cn/art/2025/2/21/art_1229063407_4333442.html。

② 《文三街区打造城市文旅新范式》，杭州市人民政府网站，2024 年 12 月 6 日，https://www.hangzhou.gov.cn/art/2024/12/6/art_812262_59106259.html。

③ 《杭州递出"数字文旅第一城"城市新名片》，"杭州网"头条号，2024 年 11 月 4 日，https://www.toutiao.com/article/7433787191739925018/? upstream_biz=doubao&source=m_redirect。

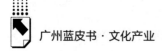

江音乐学院等高校的人才优势与创新氛围，吸引众多数字文化企业入驻，为数字技术应用奠定文化基础；杭州市西湖区人民政府出台《关于加快推进艺创小镇产业发展的政策意见》《关于加快推进中国（之江）视听创新创业基地发展的政策意见》等文件，从企业落户发展、高端人才集聚等方面扶持企业成长，为艺创小镇 200 余家数字文化企业提供政策扶持资金超 3200 万元；每年举办中国视听创新大会等创新创业活动 200 余场，助推文化创意与前沿科技互融互促、共生发展。①

（二）北京市深入推动文化与科技融合

北京在文化与科技融合方面一直走在全国前列。北京市积极鼓励将大数据、云计算、物联网、区块链、5G、虚拟现实、增强现实等数字技术应用到文化消费场景，利用数字技术赋能文化产业高质量发展，为文化消费拓展新空间。

1. 创新文化消费新形式

2023 年，通州建立首个元宇宙沉浸式体验空间，让游客身临其境，沉浸式体验"通州八景"。2024 年，"大空间体验"在北京掀起热潮，中国科学技术馆推出元宇宙沉浸式探索展"何以文明""奇遇三星堆"，利用 VR 技术，在虚拟世界重现良渚、陶寺、二里头、三星堆和殷墟五大中华文明遗址的辉煌历史。北京市文物局等主办的"数字中轴·文化过大年"活动采用线上线下相结合的传播矩阵，展现中轴线的文化价值，让更多人直观感受到中华传统文化的魅力。在北京王府井举办的海洋主题 VR 沉浸展览"深海奇遇"运用 LBE 大空间软件技术，实现多人实时互动和精准空间定位。

2. 强化文化产业数字技术创新平台建设

北京市朝阳区大力推进文化产业高质量发展，积极建设数字文化创新

---

① 《以文创人才打造文创产业高地》，浙江组织工作网，2024 年 9 月 10 日，https：//www.zjzzgz. gov. cn/art/2024/9/10/art_1405247_58892345. html。

产业集聚区。国家文化产业创新实验区示范引领和辐射作用持续增强，紧抓科技发展新机遇，抢占 AIGC 新赛道，推动人工智能、大数据、云计算、区块链等新技术深度应用，为文化新质生产力发展提供强大助力。另外，北京市首个 AIGC 视听产业创新中心自启动建设以来，集聚包括阿里文娱、鼎盛佳和、墨境天合等头部影视企业在内的各类生态合作伙伴 30余家，推动日日新 SenseNova 5.0 大模型、UniDiffuser 多模态大模型、"天幕"大模型等在视听领域广泛应用，"文化+科技"为朝阳区产业迭代提供动力。①

3. 提高数字技术创新能力，增强技术成果转化效能

从数字文化产业发展的底层和共性技术看，北京不断实现创新突破。2021 年，北京上线了首个超导量子计算云平台，并推出了全球最大的超大规模智能模型"悟道 2.0"，该模型具备大规模、高精度和高效率的特点。此外，北京还打造了自主可控的区块链开源底层平台"长安链"，其核心模块全部自研，交易处理速度位于全球领先水平。在下一代互联网核心技术研发方面，北京组织开展 6G 未来技术攻关，率先启动 6G 太赫兹低噪放混频芯片、太赫兹功放芯片等相关研究。同时，北京积极构建国际化开源社区，建设了百度飞桨等开源平台，并发布了百度昆仑 AI 芯片和寒武纪思元 AI芯片。

（三）上海市积极推动文化产业数字化转型

上海已成为全国数字文化新业态最为集中、竞争力最强、规模最大的地区。上海社会科学院 2024 年数据显示，在数字文化产业的各细分领域中，上海展现出强劲的引领态势，以网络游戏产业为例，该产业销售收入占全国的 1/3，电竞赛事收入更是占到国内电竞市场的一半，无论是头部电竞赛事承办数量还是赛事商业化运作成熟度均在国内处于领先水平。数字文化新业

---

① 《北京朝阳着力打造数字文化产业发展高地》，北京朝阳文明网，2025 年 1 月 8 日，http://bj.wenming.cn/chy/wmbb/202501/t20250108_6857590.shtml。

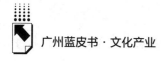

态的发展对文化产业影响广泛，带动了文化场馆、出版与印刷、演艺娱乐等的转型，成为上海文化产业发展的新引擎。

1. 政策支持与营商服务双向发力，加强数字内容创作与传播

上海市政府扶持一批专注于数字内容创作的中小微企业和创业团队，为其提供资金支持、场地保障、技术培训等服务。支持游戏企业加大在技术研发、内容创作等方面的投入力度，推动游戏产业与人工智能、区块链、5G等前沿技术的融合，开发出更多具有创新性的高品质游戏产品，如米哈游推出的《原神》以精美的画面、丰富的剧情和创新的玩法，在全球范围内获得大量用户，提升了上海游戏产业的影响力。

2. 科技与文化深度融合，文化产业多维度发展

随着科技的不断进步，数字化、智能化产品在文创领域大放异彩，助力打造文化消费新空间。例如，上海首家数字影像艺术馆借助 AR、VR 等技术为观众带来独特的艺术体验；青浦区积极开辟文旅经济发展新赛道，以"光影筑梦，青浦新篇"为主题，在第五届长三角文博会上融合"文旅+科技"，让参观者深度感受数字技术成果。

3. 以科技赋能文化 IP，推动文化数字化持续发展

近年来，上海凭借科技赋能文化 IP 的创新实践，成功打造了多个数字文化新热点。"深空未来"是亚洲第一个利用 8K 投影、3D 成像技术并结合激光追踪系统打造的沉浸式体验项目，让观众仿佛坐上了"时空穿梭机"，深受观众欢迎。"消失的法老——胡夫金字塔沉浸式探索体验展"通过虚拟现实技术，让观众仿佛置身古埃及金字塔。此外，《三体·引力之外》体验剧场也在徐汇滨江的商场中构建了一个科幻世界，吸引了大量观众。数字文化项目不仅在城隍庙九曲桥畔、东方明珠广播电视塔等上海标志性地点落地，还通过数字技术将元宇宙等概念融入日常生活，让曾经遥不可及的虚拟世界变得触手可及。如今，这些在沪孵化成熟的数字文化项目正积极拓展全国市场，展现出上海在数字文化领域的强大创新力和影响力。

四　以数字技术拓展广州文化产业新空间的对策建议

（一）夯实文化产业数字化基础，规范文化产业法律标准

一是由文化部门牵头，有计划、系统地对广州市珍贵文物以及国家级、省级非物质文化遗产代表性项目进行数字化建档，搭建数字化资源库，将不可再生的文化遗产转化为永久保存、永续利用的数字资源。二是联合高校、科研院所、科技企业共同开展数字关键技术研发，强化数字技术支撑，培养一支服务文化产业发展的数字化专业技术队伍，提高自主创新能力。三是完善文化产业数字版权法律法规，制定数字化采集的标准与规范，提高数字化工作的科学化、规范化与标准化水平，将文化产业的核心内容与价值信息完整、客观、真实地转化为数字形态。四是以数字技术夯实文化消费基础，加快建设数字文化产业创新中心，支持文化企业加大数字技术研发应用力度，推动文化产品和服务升级。发挥龙头企业的带头作用，通过组织合作生产、搭建开放性资源共享平台等方式，推动产业链上下游企业协同发展。

（二）以数字技术引领产业升级，聚力打造文化 IP

一是加快发展新业态新应用。支持动漫游戏、数字音乐、网络视听等文化产业实现数字化转型升级，打造原创文化 IP，融合 5G、AI、VR、AR、元宇宙等技术，推动文化产业培育创新型、示范类项目，促进新业态蓬勃发展。二是加强文化产品内容建设，以数字技术引领产业多元升级。培育一批具有鲜明岭南文化特色的原创 IP，依托动漫游戏、网络音乐、数字艺术、创意设计等产业，打造"玩在广州""食在广州"等特色文化品牌。创新"文化+"发展模式，深入挖掘广州千年城脉、文脉、商脉蕴含的文化元素，丰富非遗游、康养游、研学游、低空游等文化产品，拓展文化领域数字技术应用新赛道。利用各种体育赛事盘活广州文化资源，丰富城市品牌，聚力打造具有广泛传播力和强大品牌效应的文化 IP。三是加强数字化营销推广与

合作交流。一方面，搭建全方位的数字化营销矩阵，利用小红书、抖音、微博等社交媒体平台，扩大广州文化IP的传播范围；另一方面，积极开展对外合作交流，加强与国内外其他文化名城的数字化合作，进一步优化本土文化IP的打造方法与技术。

（三）强化科技创新引领，推动文化产业提质升级

一是推动文化产业关键核心技术攻关。一方面，组织实施重点领域研发计划，紧密围绕"文化+科技""新一代人工智能"等重大专项，持续推进数字文化领域技术攻关，并积极开展数字文化领域科技设施布局和建设。另一方面，加大对文化产业的鼓励与扶持力度。制定相关发展方案，设立专项资金，激励企业攻克关键技术，同时培养和引进数字文化人才，为企业提供人才保障。二是丰富数字技术在文化领域的呈现形式，满足消费者多层次文化需求。广州应推进文化产业数字化转型，引导和支持虚拟现实、5G、大数据、区块链、人工智能等数字技术在文化领域的广泛应用；企业应突破传统运营模式，提高数字技术创新能力，丰富文化创意产品类型。三是推进文化产业与数字技术深度融合示范区建设。集中资源培育一批文化产业跨界融合标志性项目，既要展现中华优秀传统文化的魅力，也要凸显科技创新精神，发挥示范引领作用，带领全市文化产业跨界融合向高水平内生融合转变。

（四）加大文化资源管理力度，促进资源共建共享

一是建立综合性文化大数据中心。全面整合文旅资源、动漫素材、音乐版权、影视资料、创意设计元素等文化产业数据，通过搭建统一的数据接口，消除"数据孤岛"，为各文化细分领域提供数据支撑。同时，加强对全市数字文化资源采集的引导、规范与协调，推进数字文化资源合理配置，实现资源共建共享。二是以市场化方式释放文化溢出效应。以市场化方式促进产业集聚，持续释放文化溢出效应，引领行业协同创新，加快数字化转型步伐。三是加强数字服务管理平台建设。建立健全数字文化内容审核机制，提高对文化消费过程的监管与治理能力，优化文化消费环境，更好地保护消费者合法权益。

（五）优化数字内容供给，培育文化消费新形态

广州应推进文化产业供给侧结构性改革，同时赋能需求侧升级，打通供给与需求的堵点。一是加快文化与科技创新融合的步伐，突破一批共性关键技术，创新数字文化产业、产品、业态及发展模式。例如，可利用大数据技术分析游客喜好，精准设计和生产具有广州特色的虚拟文化产品；文化演艺辅助产业可利用数字设计软件进行道具和场景的设计与预览，提升演出的整体效果。二是建设文化关键核心技术发源地，推动数字人、XR 大空间、全息投影、裸眼 3D 等前沿技术在广州传统手工艺、影视戏剧、文化教育等领域的创新应用，打造沉浸式体验、虚拟现实空间体验等新型文化消费场景，将数字技术与文化资源深度融合，以数字技术赋能内容表达，以新场景提升新体验。

参考文献

《数字技术助推文化产业全链条升级》，《南方日报》2023 年 6 月 10 日。

安永景、张丽娟：《数字文化产业助力广州提升城市文化软实力研究》，《南方论刊》2024 年第 7 期。

傅立海：《数字技术对文化产业内容生产的挑战及其应对策略》，《湖南大学学报》（社会科学版）2022 年第 6 期。

高长春、李秋月：《数字文化产业发展研究》，《江苏商论》2025 年第 1 期。

郝黎莹：《数字技术赋能优秀传统文化创造性转化策略研究》，《中国民族博览》2024 年第 13 期。

邵明华、高洋：《数字技术何以赋能中国式现代化文化形态：基于文化产业视角》，《深圳大学学报》（人文社会科学版）2024 年第 4 期。

姚正海、李思纯：《数字技术驱动下文化产业商业模式创新研究》，《中国传媒科技》2023 年第 1 期。

易华、魏勇军：《数字文化产业赋能文化消费的机理与路径研究》，《价格理论与实践》2023 年第 2 期。

B.9
广州数字文化产业"走出去"现状、问题及策略[*]

钟晓君　杨　慧　刘帷韬[**]

摘　要： 数字文化产业"走出去"是数字经济时代的新型贸易模式，大大拓展了可贸易文化产品和服务的边界。本文在深入分析广州数字文化"走出去"的背景与意义的基础上，指出广州数字文化产业"走出去"仍然存在顶层设计有待进一步优化、市场主体竞争力有待进一步增强、数字文化产品有待进一步创新、产业及市场有待进一步发展、数字文化消费潜力有待进一步挖掘等问题。针对上述问题，本文从完善政策体系、培育龙头企业、拓展海外市场等方面提出对策建议，以促进广州数字文化产业提升国际竞争力，推动广州数字文化产业高质量发展。

关键词： 数字文化产业　"走出去"　广州

---

* 本文为广东省教育科学规划项目"'一核一带一区'职业技术教育与经济协调发展研究"（2021GXJK096），广东省哲学社会科学规划2022年度学科共建项目"构建统一大市场背景下城市营商环境格局演变、影响因素及机制检验：基于时空双维度的实证研究"（GD22XYJ29），广州市哲学社会科学规划2023年度课题"广州深化营商环境创新试点城市建设研究——基于'互联网+政务服务'平台的互动治理视角"（2023GZYB84），2023年度广州市宣传思想文化优秀创新团队"广州金融高质量发展研究团队"项目，广州市人文社会科学重点研究基地"超大城市现代化产业体系与广州实践研究基地"的研究成果。
** 钟晓君，博士，广东技术师范大学副教授，广东省习近平新时代中国特色社会主义思想研究中心特约研究员，研究方向为国际贸易、数字经济；杨慧，广东技术师范大学硕士研究生，研究方向为国际贸易、数字经济；刘帷韬，博士，广州市社会科学院科研处副处长、副研究员，研究方向为国际贸易、营商环境、城市发展战略等。

数字文化产业是文化与信息技术相互融合的产业，标志着文化产业发展的主要趋势，文化产业数字化的重要性越发凸显。党的二十大报告明确提出要"加快发展数字经济，促进数字经济和实体经济深度融合，打造具有国际竞争力的数字产业集群"。习近平总书记指出："要顺应数字产业化和产业数字化发展趋势，加快发展新型文化业态，改造提升传统文化业态，提高质量效益和核心竞争力。"[1] 这为推动文化产业的数字化转型提供了明确的指导方向。

广州具备丰富的创意资源和较强的技术实力，数字技术的发展大大改变了文化贸易的内容与方式。2023 年，《数字中国建设整体布局规划》提出，要推进文化数字化发展，深入实施国家文化数字化战略。广州积极响应，通过加强数字文化基础设施建设、推动内容生产数字化，提高市场主体的竞争力，挖掘消费潜力，推动产业链的全面数字化转型。如今，越来越多的企业将人工智能、大数据、3D 技术和虚拟现实等应用于文化领域，催生了电子书籍、网络游戏、数字画作、线上展览以及"元宇宙中的人物 IP"等可贸易的数字文化产品，拓展了文化产品的边界。[2] 本文通过对广州典型数字文化企业和园区的实地调研与访谈，总结广州数字文化产业"走出去"的成效与面临的挑战，并结合国家战略要求，提出了相关对策建议，以助力广州加快数字文化产业"走出去"，推动文化强市建设。

一 广州数字文化产业"走出去"的背景与意义

（一）全球文化领域数字化步伐正在加快

数字技术和互联网的普及推动了数字文化内容的快速传播，形成了一个跨国界的数字文化市场。在全球化与跨国合作中，国际市场对中国文化产品

---

① 《促进文化与科技深度融合　推动文化数字化建设迈上新台阶（专题深思）》，人民网，2022 年 11 月 22 日，http：//theory. people. com. cn/n1/2022/1122/c40531-32571449. html。

② 陈知然等：《数字赋能文化产业的发展趋势与策略选择》，《宏观经济管理》2022 年第 10 期。

的需求逐渐增长，全球文化消费市场不断扩大，尤其是对数字内容如视频、游戏等的需求增长。广州数字文化产业借此机会拓展国际市场，使数字文化产品更快融入市场，从而提高全球曝光度。另外，国际文化合作机制日益完善，为广州数字文化产业提供了参与全球交流和合作的平台，从而加快了国际化进程。广州数字文化产业通过数字文化贸易和数字文化产业对外直接投资进行国际合作和市场拓展，进入更多的国家和地区以获取更大的市场份额。在国际政策和贸易环境中，各国的知识产权保护措施以及国际贸易环境对广州数字文化产业"走出去"产生了重大影响。广州自身的创新能力和市场竞争力不断提升，数字文化产业进一步向全球扩展。

（二）我国数字文化产业进入发展新阶段

数字技术的发展和全球化的推进加速推动了文化产业的发展。随着互联网和数字技术的广泛应用，全球文化产业正经历数字化转型，在这个过程中，数字技术特别是互联网和移动平台改变了文化内容的生产、分发和消费方式。我国积极推动文化产业的国际化，鼓励文化产品和服务出口，为广州的数字文化产业提供了政策支持和发展机会。同时，国际市场对数字文化产品和服务的需求不断增长，数字文化已成为网民"云端生活"的重要组成部分。"云看展""云旅游"等新兴业态推动了文化产业在生产、运营、销售与消费等环节的深刻变革。[①] 数字技术在文化领域的广泛应用，不仅大大促进了内容形式的创新，也推动了文化大数据、媒体融合等领域的快速发展。通过参与国际展会、设立产业园区、开展合作项目等方式，助力广州的数字文化产品逐渐进入全球市场，并不断提升国际影响力，以满足国际市场的需求。

（三）广州数字文化产业"走出去"具有重要意义

广州是一个历史悠久、文化底蕴深厚的城市，也是中国古代丝绸之路的

[①] 张伟、吴晶琦：《数字文化产业新业态及发展趋势》，《深圳大学学报》（人文社会科学版）2022年第1期。

起点之一，拥有丰富的历史文化遗产和现代化的文化设施，数字文化产业"走出去"越来越成为广州的优势。通过推动数字文化产业"走出去"，广州可以加强与世界各国的文化互动，促进不同文化之间的交流与融合，提升广州的文化软实力，并能够进一步增强文化自信，向世界展示中华文化的独特魅力，提升全球认同度。加快广州数字文化产业"走出去"，是提高广州数字文化产业国际竞争力、促进广州数字文化产业高质量发展的重要途径。

数字文化产业"走出去"具有多层次含义，包括应用层、要素层和协议层（见图1）。其中，应用层包含数字文化产业"走出去"的方式和服务对象。要素层包括内容要素和技术平台要素，内容要素包括内容创作、数字音乐、数字游戏、数字媒体等；技术平台要素包括技术支持、平台运营、市场推广、用户体验及知识产权保护等。协议层包括政府层面的数字文化产业发展相关政策和企业层面的协议谈判、数字接口标准化等。

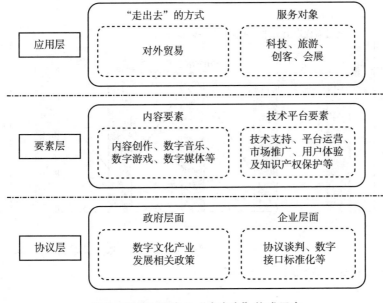

图1 数字文化产业"走出去"构成层次

资料来源：笔者自绘。

二 广州数字文化产业"走出去"现状

（一）广州数字文化产业出口贸易现状

1. 数字文化产业出口规模不断扩大

在全国文化产业"走出去"的大环境下，广州加快数字文化产业"走出去"步伐，并取得了显著成效。数据显示，2019~2023年广州规模以上文化产业收入从4110.21亿元增加至5582.34亿元。2020年，在外部环境影响下，广州规模以上文化产业收入下降至4026.42亿元，较上年减少83.79亿元，同比下降2.04%。2023年，在国家政策的大力扶持下，广州规模以上文化产业收入上升至5582.34亿元，与上年相比实现了快速增长（见图2）。总体上看，广州数字文化产业规模呈现增长态势。

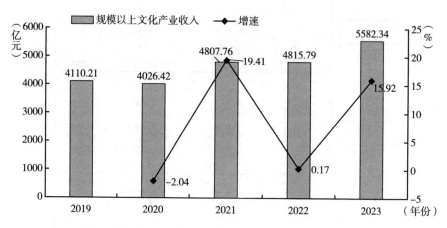

图2 2019~2023年广州规模以上文化产业收入及增速

资料来源：广州市统计局、相关年份《广州统计年鉴》。

2. 文化新业态引领出口的作用不断增强

以数字文化为代表的文化新业态已经成为推动广州文化产业发展的核

心动力。[①] 2024 年上半年，广州数字文化新业态形成了以数字出版、互联网游戏服务等为代表的 16 个行业小类（见表 1）。数字文化产业的商业模式已具备应用基础并快速得到大规模推广。

表 1　2024 年上半年广州数字文化新业态

单位：类

数字文化产业领域	行业小类
数字内容服务	广播电视集成播控
	数字出版
	动漫、游戏数字内容服务
	多媒体、游戏动漫和数字出版软件开发
	其他文化数字内容服务
互联网服务	互联网搜索服务
	互联网其他信息服务
	互联网游戏服务
	互联网广告服务
	互联网文化娱乐平台
增值电信服务	增值电信文化服务
智能文化设备制造	娱乐用智能无人飞行器制造
	可穿戴智能文化设备制造
	其他智能文化消费设备制造
文化与软件服务	其他文化艺术业
	版权和文化软件服务

资料来源：广州市统计局。

统计数据显示，2020~2023 年广州规模以上文化及相关产业法人单位数量持续增长，规模以上文化新业态企业也快速发展，市场秩序进一步规范，为数字文化产业"走出去"及经济发展提供了动力。2020~2023 年，广州规模以上文化及相关产业法人单位数量从 2818 家增至 3220 家，规模以上文

---

① 潘丽群、陈丹琦、陈秀静：《数字经济推动广州文化产业发展的效应研究》，载杜新山主编《广州文化产业发展报告（2023）》，社会科学文献出版社，2023。

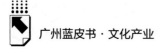

化新业态企业从598家增加至881家（见图3），广州文化新业态带动文化产业平稳增长。

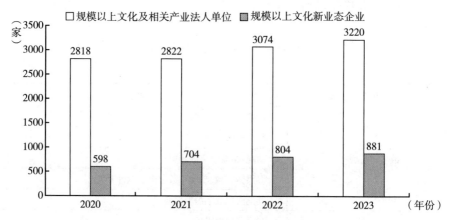

图3　2020~2023年广州规模以上文化及相关产业法人单位和文化新业态企业数量

资料来源：相关年份《广州统计年鉴》、广州市统计局。

3.数字文化产业出口政策体系不断优化

广州对外开放水平不断提升，数字文化产业在国际市场上的竞争力不断增强。一是在政策层面，出台了数字经济和文化产业融合发展的行动计划，完善数字贸易相关制度，并积极参与国际标准制定，支持龙头企业推动数字技术规范与产业标准的建立。二是在基础设施层面，加强关键信息基础设施的安全防护，严格监管数据的跨境流动，确保国家数据安全。着力夯实数字贸易发展的物质基础，推动人工智能、云计算等前沿技术的发展，在数字音乐、数字游戏、数字媒体等领域加大基础设施投资力度。三是在应用层面，支持数字贸易关键领域发展，促进数字文化与科技、旅游、创客、会展等产业共同发展，并在软件开发、云服务和数据信息服务中推动文化创意、传媒娱乐等领域提升数字化产品贸易水平。①

---

① 毛频：《2019~2021年数字贸易促进北京文化产业"走出去"研究》，载蒋庆哲、夏文斌主编《北京对外开放发展报告（2021）》，社会科学文献出版社，2021。

广州数字文化产品出口优惠政策逐渐落地，涵盖领域较广。一是海关部门出台了一系列支持政策，包括保税仓储、出口退税等。二是金融部门实施开立外汇账户、外币结算、外汇管理等方面的优惠政策。三是充分发挥综保区的区位优势和物流网络优势，为建设高水平开放引领区提供重要支持。

4.国家文化出口基地效应逐步释放

广州国家文化出口基地逐步建设，数字文化产品出口优势明显，引领和辐射效应不断增强。不同于传统市场的单一服务模式，广州国家文化出口基地整合不同的文化资源，通过国际化的推广渠道向全球市场展示，开拓国际市场。[①] 同时，利用大数据和人工智能技术提供个性化的服务，了解全球市场的需求信息、消费趋势和竞争情况，使自身的文化产品能够直接进入国际市场，进而提升出口效率及品牌的国际知名度和影响力。广州国家文化出口基地发展情况见表2。

表2 广州国家文化出口基地发展情况

认定时间	名称	发展情况
2018年6月	天河区国家文化出口基地	以游戏动漫、移动数字营销服务、虚拟现实技术研发和应用服务等数字文化产品为主要出口内容
2021年9月	番禺区国家文化出口基地	形成以"文化+设计""文化+艺术""文化+数字"为理念,以动漫游艺、互联网新业态等为主的文化业态,文化产品和服务辐射全球150多个国家和地区

资料来源:根据相关基地公开资料整理。

(二)广州数字文化产业对外开放现状

1.打出"组合拳",数字文化产业对外开放潜力大

随着全球经济的发展，数据传输和云服务需求不断增长。数据显示，2013~2022年我国互联网国际出口带宽呈现稳步增长态势（见图4），这表

---

① 秦晴:《粤港澳大湾区文化"走出去"实践路径研究》,载杨建主编《深圳文化发展报告（2022）》,社会科学文献出版社,2022。

明我国数字经济、跨境服务等领域蓬勃发展，重视开拓外部市场，从而促进技术基础设施的改善及国际交流与合作。

图 4　2013~2022 年我国互联网国际出口带宽

资料来源：相关年份《中国文化及相关产业统计年鉴》。

从广州来看，在"数字文化+科技"方面，推动文化与科技的深度融合，完善资源流通网络，强化制度创新和智能引导，着力优化治理模式①，鼓励相关企业开拓海外市场。例如，广州网易云音乐科技有限公司主要提供音乐流媒体服务，在美国、日本及韩国分别设立分公司，专注于国际市场的内容分发和合作；广州酷狗计算机科技有限公司通过对海外市场趋势的分析，借助虚拟偶像等内容形式，使原创音乐产品触达更多海外受众；三七互娱网络科技集团股份有限公司打造了古风模拟经营游戏《叫我大掌柜》，结合广府文化以及粤剧、醒狮、广彩、广绣等非遗元素，让全球用户开启了一场文化探寻之旅。

在"数字文化+创客"方面，通过境外投资与合作"走出去"。例如，奥飞娱乐股份有限公司通过"IP+AI"的产业化应用，借助 AI 技术缩短制作周期，提升生产效率，从而为用户提供沉浸式的虚实融合体验，同时在日

①　吴承忠、牛舒晨：《数字文化产业生态系统的结构特征、治理逻辑及路径》，《深圳大学学报》（人文社会科学版）2024 年第 3 期。

本及欧美市场展开投资，推动文化产业的创新和发展；广州快手科技有限公司致力于提供创新的数字内容和社交娱乐服务，支持用户和内容创作者在全球范围内进行创作和传播，进一步拓展海外市场。

在"数字文化+会展"方面，通过参展"走出去"。广州持续拓展文化产品出海路径，积极利用多种传播渠道搭建多元化的交流平台。例如，2024广州文化产业交易会聚焦数字文化时代下的新兴业态和场景，设立了"数字文博""数字文旅""元宇宙"等多个板块，打造了一个集艺术展示、科技互动、产业交流于一体的综合沉浸式空间。其中，数字文化创意展以XR大空间、全息投影、裸眼3D、体感互动、未来景区等多样的数字场景为特色，集中展示了前沿科技在文化艺术领域中的创新应用成果。[①] 广州通过参与国际展会、文化交流活动进一步提升自身在全球数字文化领域的影响力。

2. 政策保障与科技赋能双向发力，海外市场蓬勃发展

随着一系列"走出去"政策的出台以及文化体制机制改革不断深入，广州积极推动数字文化产业发展，一大批优秀的数字文化企业在国际市场上占据了一席之地，文化出口涉及的领域不断拓展。

在政策保障方面，2021年5月，文化和旅游部印发《"十四五"文化产业发展规划》，提出发挥文化赋能作用，培育数字文化新业态，建设国际数字文化贸易平台，努力实现创新发展。[②] 2021年7月，广州市人民政府办公厅发布《广州市促进文化和旅游产业高质量发展若干措施》，提出推动文化和旅游产业的融合发展，利用数字技术提升文化产品的国际影响力，并鼓励文化企业积极开拓海外市场，加速构建数字文化创意产业特色体系，积极推动数字文化新兴业态的发展。[③] 2022年8月，《广州市关于推进数字文化创

---

① 《2024广州文交会9月亮相，展现数字文化时代下的新业态》，"南方网"百家号，2024年9月12日，https://baijiahao.baidu.com/s? id=1810010415320335076&wfr=spider&for=pc。

② 《"十四五"文化产业发展规划》，文化和旅游部网站，2021年6月7日，https://zwgk.mct.gov.cn/zfxxgkml/zcfg/zcjd/202106//t20210607_925031.html。

③ 《广州市人民政府办公厅关于印发广州市促进文化和旅游产业高质量发展若干措施的通知》，广州市人民政府网站，2021年7月1日，https://www.gz.gov.cn/gfxwj/szfgfxwj/gzsrmzfbgt/content/mpost_7375775.html。

意产业高质量发展的实施意见》印发，提出到 2025 年打造具有国际影响力的数字文化创意产业集聚区，培育百亿元级企业和领军企业。①

在科技赋能方面，广东咏声动漫股份有限公司打造了包括"猪猪侠"在内的多个知名原创动漫 IP，向全球 60 多个国家和地区提供全天候点播服务，运用大数据、AI 等技术在内容生产、传播渠道和用户触达方面实现进一步突破。

三 广州数字文化产业"走出去"存在的问题

（一）顶层设计有待进一步优化

当前，广州在推动数字文化产业"走出去"方面缺乏有效的统筹协调机制，存在部门多、资源分散、力量尚未有效整合等问题，导致难以形成合力，影响了发展效果。此外，顶层设计对数字文化产业重视不足，相关政策和资金支持有限，不利于数字文化企业"走出去"。

（二）市场主体竞争力有待进一步增强

首先，广州数字文化龙头企业数量较少，带动效应不足。尽管广州在数字音乐、数字动漫、网络游戏和网络直播等领域具有较强的优势，但缺乏在行业内具备较大影响力并能产生集聚效应的龙头企业，尤其是像腾讯、阿里巴巴这样的创新型企业，导致引领作用较小。其次，广州数字文化企业"走出去"仍由政府主导，企业过度依赖政府支持，缺乏创新动力。

（三）数字文化产品有待进一步创新

一方面，原创精品较少，自主创新和本土品牌建设有待加强。调研发现，许多数字文化企业研判产业发展趋势的能力不足，发展理念较为陈旧，

---

① 《广州市关于推进数字文化创意产业高质量发展的实施意见》，广州市文化广电旅游局网站，2022 年 8 月 23 日，https://wglj.gz.gov.cn/xxgk/gzdt/tzgsgg/content/post_8522313.html。

创新能力较弱。数字文化产品缺乏文化底蕴，同质化现象层出不穷。原创性较强的研发成果相对匮乏，制约了行业的进一步发展。此外，还存在数字文化产品过度娱乐化和过度依赖市场营销等问题。

另一方面，本土文化 IP 的开发仍然不足。本土文化 IP 在国际平台上的影响力仍然较为有限，数字文化产业的核心创意在很大程度上依赖外部资源。与上海等先进城市相比，广州数字文化产业的发展仍存在较大差距，行业话语权和市场影响力有待进一步提升。

（四）产业及市场有待进一步发展

一是对国内国际市场的开拓程度有待加深，国外市场拓展力度不足。二是数字文化贸易结构亟待优化，高附加值数字文化产品出口较少。三是游戏产业"走出去"面临的挑战较大，在游戏版号的审批方面，广州的数量远低于北京、上海、杭州、南京等城市，制约了游戏产业的发展。

（五）数字文化消费潜力有待进一步挖掘

数据显示，数字文化产业发展较快的城市有北京、上海、深圳等，这些城市在数字文化消费领域具有显著优势。相比之下，广州数字文化消费水平有待提升。[1] 这与数字文化产品同质化现象严重有关，消费者的消费动力不足。此外，数字文化消费的宣传和推广力度不足，优秀数字文化产品尚未被广泛传播。

四 推动广州数字文化产业"走出去"的对策建议

（一）对内完善政策体系，对外推进高水平开放合作

一方面，为广州数字文化产业小微企业提供合理的引导，不断完善

---

[1] 《中国数字文化产业发展十大一线城市首次发布，北京排名居首》，"京报网"百家号，2022年6月19日，https：//baijiahao. baidu. com/s？id = 1736045516425008098&wfr = spider&for = pc。

"走出去"政策体系，为数字文化产业"走出去"指明方向。另一方面，不断完善收益共享机制和风险控制机制，通过搭建投资与融资平台，设立数字文化产业发展基金，加大对数字文化产业"走出去"企业及项目的扶持力度，从根本上解决企业融资难问题。

此外，支持在境外设立数字技术研发机构，积极参与"一带一路"倡议下的技术创新合作，重点推动人工智能与大数据领域的技术交流与协作。[1]借鉴数字文化产业发达地区的经验，促进资本流向科技创新领域，进一步加大推进数字文化企业高水平开放合作的力度。以数字技术创新为核心，推动科技、文化与旅游等产业的深度融合，积极探索数字文化产业的新业态、新模式和新服务形式，充分发挥广州作为超大规模市场的独特优势，推动数字文化产业进一步对外开放。

（二）加大力度培育龙头企业，带动其他企业发展

一方面，营造有利于数字文化产业集聚和发展的良好生态环境。对广州现有出口规模较大且影响力较强的龙头企业，支持其进行产业链上下游企业并购，推动多业态融合并延伸产业链。同时，在技术引进等方面给予优惠，提升数字文化产品和服务的质量和附加值，进而打造具备自主知识产权和国际竞争力的企业集团。

另一方面，加大力度培育龙头企业。针对具有地方特色和影响力的企业，遵循"政府引导、企业自愿"的原则，促进规模化发展，并积极建设出口导向的文化产业园区、基地及集群。[2]同时，依托人工智能和数字经济试验区的建设，围绕文化旅游、新闻出版、广播影视、动漫游戏和文博会展等重点行业加强政策引导，提供优惠政策，全力搭建"走出去"平台，加大广州数字文化产品及服务的国际宣传与推广力度。

---

① 席建成、王陆舰：《文化异质性影响制造业出口的机制及效应研究》，《科学学研究》2021年第7期。

② 姚星、颜杰、黄载曦：《四川文化"走出去"的战略选择及实现路径》，载向宝云主编《四川文化产业发展报告（2020）》，社会科学文献出版社，2020。

（三）加快数字文化产业创新，拓宽赛道走向海外市场

在创新创意层面，加快地方特色数字文化产业发展。在数字文化产业"走出去"的过程中，应结合各地发展特色推出多元化的活动。打造以AIGC 技术为特色的影视产业集群，瞄准前沿技术，推动建设 AI 数字文化资产服务平台，为影视企业提供版权保护、技术支持、资产交易等服务。进一步推动数字文化产业与其他产业的深度融合，力争打造粤港澳大湾区数字文化产业新高地，加强数字文化产业与旅游、高新技术等领域的协同发展，提升数字文化产业在国际市场中的竞争力。打造现代化的数字文化贸易平台，设立数字文化产品进出口、数字技术国际交流等功能区，为广州数字文化企业的全球化发展提供有力支持。

（四）各相关部门协调配合，共同促进数字文化产业"走出去"

一方面，政府应强化与相关部门的分工协作，共同推动广州数字文化产业"走出去"。充分利用相关部门的联系机制，加强对广州数字文化产品及贸易的统计和研究，建立数据库并定期发布相关数据，为数字文化企业提供信息共享平台。

另一方面，企业应利用各种交流平台，不断宣传数字文化产品，提升品牌影响力。充分运用保税区的特殊政策，降低广州数字文化产品的出口成本，将产品推向国际市场。

（五）分类指导异质性企业，拓展数字文化产业海外市场

明确数字文化产业"走出去"各阶段相关部门的职责，采用"一企一策"、分类指导的方式帮助不同类别的数字文化企业。同时，建立金融服务平台，帮助数字文化产业小微企业解决融资难题。积极引导民间资本加大对数字文化产业的投资力度，加强对数字文化产业"走出去"企业及项目的支持，从而推动广州数字文化产业不断拓展海外市场。

B.10
基于具身认知的广州博物馆数字化建设研究[*]

于小涵[**]

摘　要：　当前，数字技术在博物馆公共文化服务的数字化存储、虚拟游览、动态体验等方面广泛应用，但以技术驱动为核心的研究路径不足以充分解释文物数字化的成效。为构建涵盖数字内容生成与公众接收的研究闭环，有必要将公众的认知方式与信息接收纳入分析框架。本文从具身认知理论出发，通过大规模样本调研，分析了公众对博物馆数字化的感知、理解、记忆、偏好等认知结构，以理解公众的观展体验、知识构建与认知发展，并拓展在此基础之上的博物馆数字化进路。

关键词：　博物馆数字化　具身认知　认知结构

博物馆是我国文化产业门类中公共文化服务的重要组成部分，其文物资源的数字化转化是前沿技术探索和应用同步推进的产物，数字文物、可穿戴设备、虚拟游览为公众提供了全新的观展模式。例如，2014年广东省博物馆成为全国首批智慧博物馆试点单位，以数字化手段形成了数据互联共享、授权、管理、审批一体化的智慧博物馆平台[①]；南越王博物院构建了包括文

　　*　本文系2021年度教育部哲学社会科学研究重大课题攻关项目（项目编号：21JZD016）、广东省哲学社会科学规划2024年度项目（项目编号：GD24CTS07）阶段性研究成果。
　**　于小涵，博士，暨南大学马克思主义学院教授，研究方向为文化产业管理和文化认知。
　①　根据2024年广州市国民经济和社会发展统计公报，本文涉及的博物馆范围包括省属博物馆，其在空间、对象和文化功能上均深度参与了广州市公共文化服务与城市文化的构建。

物信息、图像、3D 模型及视频等多元数据在内的数字资源库与知识图谱。然而，这一文物数字化浪潮仍存在文化表征有限、公众沉浸式体验不足等问题。如何使数字文物资源的单向传输转化为与公众的双向互动，激发和融合公众的认知需求与情感共鸣，需要引入新的具有解释力的理论体系。本文从具身认知理论出发，分析公众对博物馆数字化的感知、理解、记忆、偏好等认知结构，以推进博物馆数字化技术赋能和认知体验相融合的理论与应用研究。

一 文献回顾

关于博物馆数字化及其公众认知的研究依赖于哲学、社会学等相关学科的交叉融合。自 20 世纪 80 年代"新博物馆学"（New Museology）兴起以来，学界开始关注博物馆的社会责任与文化多样性；而 20 世纪 90 年代发展的"参与式博物馆"（Participatory Museum）理念，则进一步强调公众在博物馆中的体验与共创过程。相关研究聚焦于公众的认知、体验、学习和行为等维度[①]，指出在社会文化语境下，展品和展览将影响访客的观念和认知[②]，为其学习过程和知识构建提供了有意义的契机[③]，在观展的认知学习与情感体验过程中，公众逐步形成对展览内容和展品的新理解[④]。

不同于传统博物馆的实体展品陈列，数字化藏品是数字技术对文化遗产的数字化呈现，包括数字图像、3D 模型、多媒体等形式。[⑤] 数字化藏品可以提升文化遗产的可持续性和保护性，通过前沿数字技术，为公众设计并提

① K. Mclean, "Learning to be Nimble: Museum Incubators for Exhibition Practice," *Exhibitionist*, 2015, (35) 1: 8-13.

② S. M. Pearce, "Museums of Anthropology or Museums as Anthropology?" *Anthropologica*, 1999: 25-33.

③ E. Hooper-Greenhill, "Studying Visitors," *A Companion to Museum Studies*, 2006: 362-376.

④ J. H. Falk, L. D. Dierking, *Learning from Museums*, Rowman & Littlefield, 2018.

⑤ K. Drotner, K. C. Schroder, *Museum Communication and Social Media*, New York: Routledge, 2018; J. Essex, K. Haxton, "Characterising Patterns of Engagement of Different Participants in a Public STEM-based Analysis Project," *International Journal of Science Education*, Part B, 2013, 8 (2): 178-191.

供更加丰富和个性化的体验①；提高公众对博物馆的认识，实现深度互动的效果②；通过互联网对数字化藏品进行广泛共享，为全球的公众提供无限的探索和学习机会③。在数字时代，博物馆与公众之间的沟通和互动（包括社交媒体的应用）构成了参观者对博物馆的认知和参与方式，公众主动使用社交媒体来共享博物馆体验和互动④，虚拟体验及其应用与设计操作成为主要关注点⑤。参观者在观展时产生的体验感可以在多个层面上概念化，并且这些层面的特点的抽象程度不断提高⑥。例如，体感技术的运用能够在某种意义上增强公众的感知、感受，VR（虚拟现实）技术所具有的高互动性使公众产生一种身临其境的感觉⑦，博物馆的小型三维游戏通过虚拟技术给玩家带来更好的体验⑧。

随着具身认知理论对多感官博物馆研究的解释力的拓展，开始有研究通过调研公众在博物馆的身体实践反馈来构建关于博物馆与公众之间关系的理论框架。⑨ 结合博物馆对 AR（增强现实）技术的应用，具身认知理论以针对体验人群提升阐释效果、组建专业团队改进实践模式，为数字时代的博物

① A. R. Olesen, "Co-designing Digital Museum Communication: An Exploration of Digital Museum Communication as It Emerges in Collaborative Design Interaction between Museum Staff and Digital Designers", Roskilde: Roskilde University, 2015.

② K. Takeuchi, M. Hayashi, M. J. Hirayama "Development of VR Museum and a Comparison with the Screen-based Virtual Museum," *International Workshop on Advanced Image Technology* (*IWAIT*), 2019. SPIE, 2019, 11049: 248–252.

③ E. Villaespesa, "Museum Collections and Online Users: Development of a Segmentation Model for the Metropolitan Museum of Art," *Visitor Studies*, 2019, 22 (2): 233–252.

④ K. Drotner, K. C. Schrøder, *Introduction Museum Communication and Social Media: The Connected Museum*, Routledge, 2014: 1–14.

⑤ 朱润：《多感官设计在数字博物馆中的应用》，硕士学位论文，北京印刷学院，2011。

⑥ S. Allen, "Designs for Learning: Studying Science Museum Exhibits that do More than Entertain," *Science Education*, 2004, 88 (S1): S17–S33.

⑦ G. Lepouras, D. Charitos, C. Vassilakis, et al., "Building a VR-Museum in a Museum," *Proc. of VRIC Virtual Reality International Conference*, 2001.

⑧ M. Shehade, T. Stylianou-Lambert, "Virtual Reality in Museums: Exploring the Experiences of Museum Professionals," *Applied Sciences*, 2020, 10 (11): 4031.

⑨ H. R. Leahy, *Museum Bodies: The Politics and Practices of Visiting and Viewing*, Routledge, 2016.

馆展示提供兼备具身性、真实感与想象力的新模式。① 也有观点指出，数字博物馆忽视了身体的介入，只有参观博物馆才能带来一系列数字技术无法复制的体验。② 近年来，一些具体的案例研究从经典技术接收模型的视角考察数字博物馆参观行为，与"自我认知"相关的变量对参观者的感知易用性产生正向影响，间接影响观众对数字藏品的使用意愿。③ 总体来看，研究结果显示，鼓励采用数字技术在博物馆的不同层面传播信息。④

可以看出，尽管现有研究已从不同角度切入探讨公众对数字博物馆的认知方式，但系统性、实证性的研究仍显不足，尤其是针对广州地区博物馆数字化实践的研究成果更为鲜有。本文拟引入第二代认知科学中的具身认知理论，突破将认知限定于大脑内部的信息处理模式，转而关注认知活动与数字化文物之间的动态互动关系，从而为理解公众在数字化语境下的认知机制提供新的思路。

二　广州博物馆数字化进程概述

截至 2024 年 5 月，广州备案博物馆有 73 家，藏品有 169.5 万件。⑤ 广东省博物馆、南越王博物院等馆院已经开展了从底层基础数据和设备设施到顶层管理模式的数字化重构，积极探索数字技术的常态化运用。本文将广州博物馆的数字化进程分为现场数字化模拟、在线网站与数字化藏品三种类型，并结合广州有代表性的博物馆展开描述性研究。

---

① 罗晓晴、李栋宁：《重回身体：数字时代博物馆增强现实展示研究》，《东南文化》2023 年第 5 期。

② R. Pękowska, "Embodied Cognition and the Limits of Digital Museum Experience," *Museum International*, 2022, 74 (1–2): 134–143.

③ Z. Wang, "Self-Cognition in the Construction of Digital Museums: A Study Based on the Collection of Famous Paintings in the Palace Museum," *Open Journal of Social Sciences*, 2018, 6 (11): 293–300.

④ S. D. Garagnani, R. Ugo, A. Lupi, et al., "Visual Perception and Cognition by the Means of Interactive Digital Replicas of Museum Artifacts: Leonardo da Vinci's Drawings as If They Were in Visitors' Hands," *Heritage*, 2022, 6 (1): 1–25.

⑤ 《广州市区域内备案博物馆有 73 家，2023 年入馆人数创新高》，"南方都市报"百家号，2024 年 5 月 18 日，https://baijiahao.baidu.com/s? id=1799404940342464974&wfr=spider&for=pc。

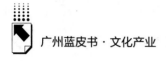

（一）现场数字化模拟的发展概况

现场数字化模拟是指将博物馆藏品以视频投影等方式进行展出的数字形式，强调在场性、交互性和体验感。

广东省非物质文化遗产馆（以下简称"广东非遗馆"）作为广州乃至全省首个独立设立的非遗展示场馆，于 2024 年 5 月正式开放，其承载着对广东非物质文化遗产的保护保存、传承传播、展示展演、研究开发等多重功能。作为一座新建场馆，广东非遗馆在数字技术的应用上呈现高度集成化与创新性。展厅里有多处运用全息投影技术打造的音乐光影幕以及结合裸眼3D 技术设计的戏剧橱窗装置。"南粤稽古"展厅的"AI 讲古人"融合了自然语言处理与 AI（人工智能）数字人合成等前沿技术，系广东省重点领域研发计划项目"粤港澳大湾区文化 IP 智能创作与呈现关键技术研究及应用"的重要成果之一。

广州地铁博物馆是全国首个以城市轨道交通为主题的综合性博物馆，其展览内容共分为十个"站点"，系统展示了广州地铁在建设、运营、科研等方面的成果，并融入地铁科普、地质知识及应急安全等公共教育内容。整体展陈设计以多媒体互动与沉浸式体验为特色。在"科技创新"展区，公众可通过体感互动装置深入了解广州地铁在照明系统升级、盾构施工技术、安全监测手段等六大技术领域的创新成果。在"地铁的 24 小时沙盘"展区，参观者通过操控触摸屏可以在任意时间段直观了解地铁系统内不同岗位人员协同工作情况。在"机电系统面对面"展区，参观者可以通过 6 个互动小游戏探索地铁高低压配电系统等关键环节的运作原理。还可以通过触摸屏调控轨道场景灯光，了解信号灯与转辙机等轨道交通核心设备的功能与配置。"模拟驾驶舱"是馆内最知名的体验项目之一，仿真列车驾驶空间结合 3D影像技术真实还原地铁场景，参观者通过模拟驾驶自动列车获得身临其境的感受。可以说，广州地铁博物馆的数字化和交互性构成了面向公众的、有效的科技教育与互动体验平台，是广州博物馆数字化建设的代表。

南越王博物院是广州第一座考古遗址博物馆。2018 年，广东省文物局批复原则同意《南越王宫博物馆遗址数字化展示提升项目方案》，该方案提出对南越国宫苑曲流石渠、南汉国二号宫殿基址等处进行数字化复原展示，在现场设置了由 OLED 屏、旋转平台和眼球追踪仪组成的设备系统，复原建筑模型在遗址空间内的准确定位。透明屏展示出遗址之上的立体建筑空间，实现虚拟图像与遗址实景的对应匹配。在遗址现场还有宽幕视频的场景演绎，这一投影以历史为背景，以南汉宫殿考古发现为线索，结合古建筑复原研究成果，采用高流明 DLP 激光投影仪，通过边缘融合软件技术，将投影墙面和南汉宫殿地面连成立体三维画面，对南汉国都城和宫殿进行虚拟漫游复原展示，让参观者在遗址现场沉浸式体验南汉王宫的恢宏气势。2024 年 2 月，南越王博物院"科技赋能王宫重现——南越王宫博物馆展示利用项目"入评"全国考古遗址保护展示十佳案例"。

（二）在线网站的发展概况

广东省博物馆作为国家一级博物馆、中央地方共建国家级重点博物馆，其官方网站整体设计清晰，功能布局合理，体现了现代数字化博物馆的建设水平。广东省博物馆网站设有资讯、展览、藏品、教育、服务、学术和全媒体共 7 个主要导航栏目。例如，"藏品"栏目中不仅有藏品总目检索，还提供 3D 文物浏览，增强了互动性；"教育"栏目则囊括粤博讲座、在线教育、志愿者等内容，体现了面向公众的知识服务功能。

网站突出特色之一是设置了"虚拟展览"在线互动板块，可以按照指定箭头在所构建的展览场景中前进浏览，鼠标点击上、下、左、右调动角度，鼠标滚轮放大、缩小呈现细节，鼠标点击界面的任何一处即可变换场景，大大提升了数字参观的可达性与趣味性。"在线教育"与"粤博讲座"等功能板块则满足了公众的远程学习需求，适应了当前多元化学习方式的发展。网站还整合了"全媒体"传播功能，设置了"微视频""直播回放""形象宣传片"等子栏目，同时链接其在微信、微博、抖音等社交媒体平台的官方账号，形成线上、线下相结合的传播矩阵，进一步扩大了博物馆的文化影响力与公众触达范围。

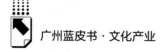

广州博物馆创建于 1929 年，是一座以收藏、研究、展示与传播广州历史文化为宗旨的地志性综合博物馆。其官方网站共设有 9 个主要导航栏目，每一栏目下均设有多个子栏目。在"互动"栏目中设有"虚拟馆""互动游戏""互动设施""问卷调查"4 个子栏目。其中，"虚拟馆"为公众提供了 360 度实景体验，可以在线浏览各展厅的空间布局，但图像清晰度较低，缺乏细节呈现和展品解说，影响了浏览者的沉浸感和信息获取体验。而"互动游戏""互动设施""问卷调查"子栏目中则未显示有效内容，功能空缺。"鉴赏"栏目下的"专题鉴赏"子栏目展示了部分展品的文字与图片信息，介绍了展品的历史背景与艺术价值，但部分展品的"视频"选项点开后界面显示空白，未实现多媒体内容的丰富呈现。"馆藏珍宝"的展示也较为简略，仅以横向滚动图片展示，未能全面展示文物资源的细节。总体来看，广州博物馆的官方网站已具备一定的信息框架与服务功能，但在内容更新、数字资源整合、互动设计及线上展陈的深度与精度方面仍有较大拓展空间。

（三）数字化藏品的发展概况

广东省博物馆的数字化藏品因其内容的丰富性和独特性而可以作为广州诸多博物馆数字化进程的代表。其官方网站的"藏品库"子栏目中收录了 3500 余件文物，高清图片下方标记了文物的名称、年代、类型信息。点击"3D 文物"子栏目，公众可在线浏览 400 余件馆藏文物的三维数字模型，可通过拖动鼠标观察文物的细节。广东省博物馆也在积极探索数字化藏品的开发路径。例如，以馆藏南宋陈容所绘《墨龙图》轴为原型，结合当代数字技术推出了基于 3D 模型的动态数字化藏品，并借助区块链技术保障其唯一性与真实性。

广州艺术博物院（广州美术馆）是国家重点美术馆和国家一级博物馆，截至 2022 年，馆藏总量逾 3.3 万件/套，涵盖古今中外多种艺术形式，尤以历代岭南书画作品最具特色。然而，与其庞大的馆藏规模相比，该馆的数字化藏品展示尚处于起步阶段。以其官方网站为例，首页"鉴赏"栏目所设

"珍品鉴赏""专题鉴赏""自然标本"3 个子栏目,其中"珍品鉴赏"中仅展示了 10 幅配有文字说明的作品,而"专题鉴赏""自然标本"暂未收录内容,数字资源的丰富性和详尽性仍有较大提升空间。

三 具身认知理论

具身认知(Embodied Cognition)是近年来综合心理学、哲学、神经科学以及人工智能等多个学科所形成的第二代认知科学的核心理论之一。与传统认知科学将大脑视为信息加工机器、将认知等同于符号处理不同,具身认知强调身体、环境和感知运动系统在认知过程中的核心作用,提出认知并非孤立地发生在大脑之中,而是嵌入个体身体、环境以及社会互动的动态系统中。

具身认知的思想可以追溯至 20 世纪初的哲学传统,法国哲学家梅洛庞蒂认为人类认识世界是基于身体体验,"embodied"一词在学术上被理解为具身化,人的身体是一种能够与外界互动并具备空间知觉和交互作用的行动体系,强调人的认识与身体体验的内在联系。到了 20 世纪 80 年代,随着对人工智能符号主义模型的反思,认知科学界涌现出一系列关注"身体性"的研究,如以瓦雷拉(Varela)、汤普森(Thompson)和罗施(Rosch)为代表的学者提出了具身认知建构论。[①] 具身主体依靠身体的感官输入来支持对概念的理解、形成和保留,而限制使用身体可能导致认知形式发生深刻改变或产生局限性。公众的认知是包括大脑在内的整个身体的认知。认知并不是一个在身体硬件之上运行并可以控制身体的心理程序软件。[②] 这一理论强调的是,身体是一切认知与体验活动的核心要素。认知出自具有特殊的知觉和运动能力的身体,身体与外部世界持续互动,和身体的生理神经结构与活动图式共同形成一个交织着记忆、情绪、语言和生命其他方面的机体,并以

① 〔智〕瓦雷拉、〔加〕汤普森、〔美〕罗施:《具身心智》,李恒威等译,浙江大学出版社,2010。
② 李恒威、盛晓明:《认知的具身化》,《科学学研究》2006 年第 2 期。

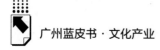

复杂的方式将其与技术的、自然的和社会的来源综合起来。因此，认知不应被视作大脑独立运行的程序软件，而是整合了大脑、神经系统与身体运动机制的统一过程。身体不仅承载着感知信息的输入与输出功能，还通过其运动模式参与认知结构的构建。

与传统认知观将思维视作大脑内部封闭处理系统不同，具身认知理论认为理解与感知的发生依赖于个体与其所处物理与社会环境之间的动态耦合。个体的知觉、动作、情绪与语言等能力共同构成了一个融合身体、生理机制与文化意义的综合系统。在这一系统中，认知活动是通过具体情境中的行为与经验不断生成的，身体在认知过程中不仅起到媒介作用，更构成了思维生成的基础框架。因此，在数字化博物馆语境下，公众的认知体验不仅取决于展品的内容，还深受其身体介入程度、交互方式以及环境设计的影响。这一观点为理解博物馆观展行为提供了理论依据。

从具身认知理论来看，公众对博物馆的认识并非仅依靠视觉获取信息，而是依赖身体与环境的整体参与，取决于公众身体和思维的介入以及与环境的契合度。在博物馆中，公众运用视觉、听觉、触觉等各种感官以及行动和互动对数字化藏品进行欣赏，不断在行动与感知中构建认知框架，经过理性的思考与判断将体验感受到的内容提炼至认知层面。这一过程由身体的感官、动作以及参观对象、周边环境共同构成。观展行为实际上是一个由感官输入、运动反馈和情境刺激共同激发的动态过程，是身体与展览共同作用下的认知生成。身体作为人认识世界的载体，行为作为人参与世界互动的方式，共同赋予展品新的含义，由此在身体和行为的基础上形成认知活动。

四 博物馆数字化公众认知的实证调研

（一）研究假设与样本分布

博物馆数字化的出现和发展丰富了传统博物馆的展出形式，为公众带来了更加多元化的参展与认知方式。这种认知对象的变化是如何影响公众的参观行为和信息获取并进一步作用于公众的认知机制，值得进一步展开探究。结合上文对具身认知理论框架和广州博物馆数字化建设进展的阐述，本文提出研究总假设：博物馆数字化技术的应用对公众认知存在正向影响。研究分假设包括博物馆数字化更加便利于传统博物馆；数字化藏品、数字化模拟、穿戴设备、博物馆在线网站、博物馆展览系统、博物馆数字化设施布局对公众认知有正向影响，其中，公众认知被细化为感知、理解、偏好、学习和记忆五种类型。此外，还有公众的需求要素、状态要素与认知效果的关系等分假设。

本调研通过线上线下进行问卷发放及回收，共回收问卷 644 份，剔除 135 份无效问卷，回收有效问卷 509 份，有效回收率为 79%。样本性别比例为男性 50.69%、女性 49.31%。样本年龄主要集中在 18~25 岁，占样本总体的 59.26%。样本的学历分布为硕士及以上占 7.47%、本科占 76.42%、大专占 9.43%、高中及以下占 6.68%。样本的职业分布为学生占 44.66%、政府/机关干部/公务员占 14.32%、事业单位人员占 17.07%、企业单位人员占 15.50%、商业/服务业人员占 3.53%、退休人员占 1.18%、其他人员占 3.73%。

（二）公众对博物馆数字化藏品的总体认知

受访者普遍认同，与传统博物馆相比，博物馆数字化带来更多的便利性，主要认为数字化有助于更全面地了解博物馆藏品（81.53%）、提前知晓博物馆的展出情况（73.28%）、提升了对博物馆藏品的理解（74.07%）等（见图 1），反映出数字技术在信息获取和参观效率方面的优势已被公众广泛感知。

（三）数字化模拟公众认知效果

调研结果显示，数字化模拟形式在提升公众的感知、理解与记忆方面具有积极作用，相关指标的平均得分均超过 3.70 分（见表 1）。说明公众能够借助这些交互体验较为准确地把握展览内容，形成较深层的认知印象。然而

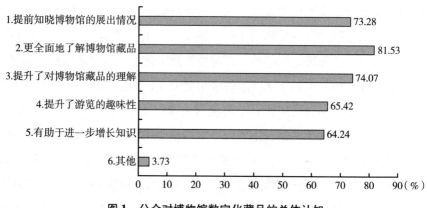

图 1　公众对博物馆数字化藏品的总体认知

在促进主动学习和激发审美体验方面，数字化模拟的表现则相对有限，其设计仍有优化空间。

表 1　数字化模拟公众认知效果

单位：人

选项	1 分	2 分	3 分	4 分	5 分	平均得分
感知	12	33	148	189	127	3.76
理解	11	31	141	201	125	3.78
偏好	13	41	154	181	120	3.70
学习	13	55	169	165	107	3.59
记忆	14	39	152	178	126	3.71
总计	63	199	764	914	605	3.71

（四）博物馆在线网站公众认知效果

从博物馆官方网站的认知调研来看，其主要在信息呈现和内容理解方面展现出一定优势，受访者在感知与理解两个维度的评分较高，平均得分分别为 3.54 分和 3.58 分（见表 2）。然而相较之下，在线网站在激发观众偏好、促进主动学习以及形成持久记忆等方面的表现不够突出，说明当前在线展示仍以信息传达为主，互动性不强。

表2　博物馆在线网站公众认知效果

单位：人

选项	1分	2分	3分	4分	5分	平均得分
感知	16	68	159	157	109	3.54
理解	16	53	170	158	112	3.58
偏好	21	60	179	143	106	3.50
学习	26	65	179	144	95	3.43
记忆	23	62	181	148	95	3.45
总计	102	308	868	750	517	3.50

（五）博物馆数字化整体公众认知效果

博物馆数字化整体公众认知效果平均得分为3.67分，说明相较于传统博物馆，博物馆数字化对公众认知具有正向影响。具体来看，认知效果也有一定差异。博物馆数字化对感知效果以及理解效果的作用最为显著，平均得分均为3.73分，其次是偏好效果以及记忆效果，而促进主动学习的作用相对较弱（见图2）。

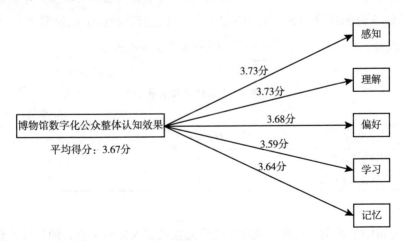

图2　博物馆数字化公众整体认知效果

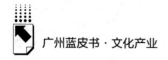

（六）需求要素对公众认知的影响

1. 游戏化认知效果

本调研采用游戏化参与和记忆量表，评估年轻公众在数字展览中的积极性和记忆保留度。量表采用1~5分评分系统，其中1表示"极低的积极性/记忆保留度"，5表示"极高的积极性/记忆保留度"。调研结果如表3所示。

表3　游戏化认知效果

单位：分

指标	数字展览	传统展览
积极性平均得分	4.7	3.1
记忆保留度平均得分	4.4	3.0

分析结果表明，数字展览中游戏化元素的引入提高了年轻公众的积极性和记忆保留度，与传统展览相比有显著差异（$p<0.01$）。

2. 个性化认知效果

为了验证数字化体验的个性化选择是否能够提升公众的认知效果，量表采用1~5分的评分系统，其中1表示"极低的积极性/记忆保留度"，5表示"极高的积极性/记忆保留度"。调研结果如表4所示。

表4　个性化认知效果

单位：分

指标	数字展览	传统展览
积极性平均得分	4.6	2.8
记忆保留度平均得分	4.5	3.0

分析结果表明，数字展览中个性化元素的引入提升了公众的积极性和记忆保留度，与传统展览相比有显著差异（$p<0.01$）。

（七）状态要素对公众认知的影响

1. 学习认知效果

为了探讨互动式数字展览是否能够满足更广泛的学习风格，并因此提高公众满意度，量表采用1~5分的评分系统，其中1代表"非常不满意"，5代表"非常满意"。调研结果如表5所示。

表5 学习认知效果

单位：分

展览类型	满意度评分	标准差
互动式数字展览	4.5	0.5
非互动式数字展览	3.5	0.6

分析结果表明，互动式数字展览与非互动式展览在满意度评分上存在显著差异（$p<0.01$）。互动式数字展览通过满足不同学习风格提高公众满意度。

2. 情感认知效果

本量表同样采用1~5分的评分系统来评估公众通过数字讲述与文化叙事建立的情感联系程度，其中1表示"非常弱的情感联系"，5表示"非常强的情感联系"。调研结果如表6所示。

表6 情感认知效果

单位：分

展览类型	情感联系评分	标准差
数字讲述展览	4.3	0.5
传统展览	3.0	0.6

分析结果表明，公众在数字讲述展览与传统展览之间的情感联系评分存在显著差异（$p<0.01$）。数字讲述展览能够加强公众与文化叙事之间的情感联系。

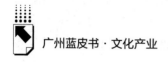

（八）博物馆数字化设施布局公众认知效果

公众对所参观的博物馆数字化设施布局的满意度分为："很满意"占比 19.25%，"满意"占比 38.31%，"一般"占比 37.33%，"不满意"占比 4.72%，"很不满意"占比 0.39%，其中"满意"和"很满意"的公众为主要占比，共计 57.56%。调研结果表明，公众对目前博物馆的数字化设施布局的消极评价较少。

针对问题"您是否认为博物馆数字化设施的良好布局能够有效提升认知效果?"的答案频次分布如表 7 所示。

表 7　设施布局认知效果

单位：次，%

选项	很不同意	不同意	一般	同意	很同意
频次	2	7	109	214	177
比例	0.39	1.38	21.41	42.04	34.77

（九）博物馆数字化进程中存在的问题

由图 3 可知，目前博物馆数字化现存最为显著的问题是体验感欠佳和数字化设施类型单调，第二显著的问题是数字化设施不足和数字技术水平较低。在补充回答中，公众表示对数字化设施的清洁与管理也是重要问题，并提出讲解内容缺乏趣味性，应设置真人直播讲解的建议。综上所述，博物馆数字化设施应进行多元拓展，提升数字技术水平，并提高讲解内容的深度以及趣味性。

（十）博物馆数字化的完善

如图 4 所示，大部分公众认为首先应该丰富数字化内容和补充 AR、VR 等高科技装置，其次应该增加可互动的数字化设施和将数字化内容科学化。在补充回答中，公众提出了应当完善数字化设施的管理及检修工作等建议。调

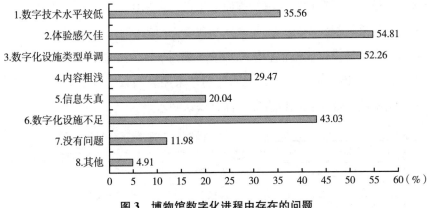

图3 博物馆数字化进程中存在的问题

研结果表明，数字化内容的丰富程度以及高科技装置是较受公众重视的完善方向。此外，博物馆数字化展示形式的趣味性和多元化也是公众关注的重点。

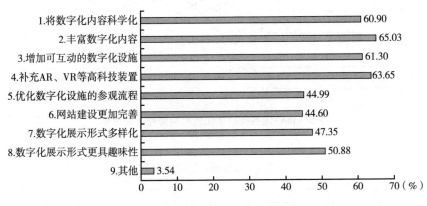

图4 对博物馆数字化的完善建议

（十一）假设验证

本文还分析了 AR、VR 等可穿戴设备执行虚拟现实观展以及导览耳机等数字化设备的辅助认知效果，数字化模拟、在线网站和数字化藏品的公众认知效果如图5所示。在多种数字化技术的认知效果比较中，穿戴设备（如 AR/VR 眼镜）对公众认知的促进作用最为显著。其次是数字化模拟的

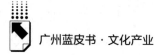

公众认知效果，其在理解与感知方面效果良好。相比之下，数字化藏品虽然便于线上传播，但在实际提升公众认知深度方面的作用尚不明显，有较大改进空间。本文的模型假设检验结果如表8所示，对文中提出的36条假设进行检验，其中26条假设成立，说明博物馆采用新兴数字技术对公众认知产生多方面影响，数字化可以有效提高公众认知水平。

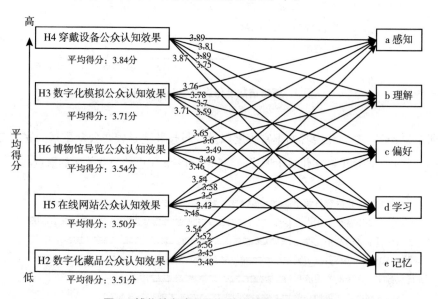

图5　博物馆各类数字化技术的公众认知效果

表8　模型假设检验结果

类别	序号	假设内容	结果
博物馆数字化便利性	H1	博物馆数字化更加便利于传统博物馆	成立
数字化藏品与公众认知的关系	H2a	数字化藏品对于公众的感知有正向影响	成立
	H2b	数字化藏品对于公众的理解有正向影响	成立
	H2c	数字化藏品对于公众的偏好有正向影响	成立
	H2d	数字化藏品对于公众的学习有正向影响	不成立
	H2e	数字化藏品对于公众的记忆有正向影响	不成立
数字化模拟与公众认知的关系	H3a	数字化模拟对于公众的感知有正向影响	成立
	H3b	数字化模拟对于公众的理解有正向影响	成立
	H3c	数字化模拟对于公众的偏好有正向影响	不成立
	H3d	数字化模拟对于公众的学习有正向影响	不成立
	H3e	数字化模拟对于公众的记忆有正向影响	成立

类别	序号	假设内容	结果
穿戴设备与公众认知的关系	H4a	穿戴设备对于公众的感知有正向影响	成立
	H4b	穿戴设备对于公众的理解有正向影响	不成立
	H4c	穿戴设备对于公众的偏好有正向影响	成立
	H4d	穿戴设备对于公众的学习有正向影响	不成立
	H4e	穿戴设备对于公众的记忆有正向影响	成立
博物馆在线网站与公众认知的关系	H5a	博物馆在线网站对于公众的感知有正向影响	成立
	H5b	博物馆在线网站对于公众的理解有正向影响	成立
	H5c	博物馆在线网站对于公众的偏好有正向影响	成立
	H5d	博物馆在线网站对于公众的学习有正向影响	成立
	H5e	博物馆在线网站对于公众的记忆有正向影响	成立
博物馆导览系统与公众认知的关系	H6a	博物馆导览系统对于公众的感知有正向影响	成立
	H6b	博物馆导览系统对于公众的理解有正向影响	成立
	H6c	博物馆导览系统对于公众的偏好有正向影响	不成立
	H6d	博物馆导览系统对于公众的学习有正向影响	不成立
	H6e	博物馆导览系统对于公众的记忆有正向影响	不成立
博物馆数字化整体与公众认知的关系	H7a	博物馆数字化整体对于公众的感知有正向影响	成立
	H7b	博物馆数字化整体对于公众的理解有正向影响	成立
	H7c	博物馆数字化整体对于公众的偏好有正向影响	成立
	H7d	博物馆数字化整体对于公众的学习有正向影响	不成立
	H7e	博物馆数字化整体对于公众的记忆有正向影响	成立
博物馆数字化设施布局与公众认知的关系	H8	博物馆数字化设施布局对于公众的感知有正向影响	成立
公众的需求要素与认知效果的关系	H9a	数字展览中游戏化元素的引入提高了公众(尤其是年轻公众)的积极性和记忆保留度	成立
	H9b	博物馆数字化可根据个性化需求适应公众行为,从而提高公众重复参观的可能性	成立
公众的状态要素与认知效果的关系	H10a	数字讲述展览能够加强公众与文化叙事之间的情感联系	成立
	H10b	互动式数字展览通过满足不同学习风格提高公众满意度	成立

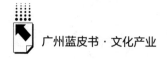

五　具身认知视角下推动广州博物馆数字化
建设的对策建议

本文基于具身认知理论框架，通过大规模实证调研，系统分析了广州地区博物馆在数字化建设中的多元实践与公众认知。并在此基础上，提出以下对策建议。

（一）回归身体：以"具身化"重构博物馆认知体验路径

具身认知理论强调，人的认知并非单纯发生于大脑之中，而是源于身体与环境互动的全过程。身体不仅是感官输入的接收器，更是意义构建的生成机制。从博物馆的空间结构、展陈设计到交互设备，数字技术为具身认知的介入提供了技术基础。在广州地铁博物馆和南越王博物院等案例中，体感互动系统、模拟驾驶舱、眼球追踪仪、沉浸式投影墙等设备重构了公众的身体在空间中的"可动性"与"可感性"。公众不再是被动的信息接收者，而是通过视觉、听觉、触觉、动作反馈等多通道与展品建立互动关系，实现从"观看者"到"实践者"的角色转变。调研数据显示，具备高度交互性的"数字化模拟"在感知、理解和记忆三个维度上均获得高评分（平均得分在3.70分以上），超过静态图文式数字藏品。而带有穿戴设备的沉浸式体验更在感知、偏好、记忆等方面具有显著优势（平均得分为3.88分）。这表明，身体的调动与环境的交互构成了认知形成的基本条件。

广州博物馆未来的数字化建设应进一步强化"具身化"设计理念，将"动手""动脚""动感"作为体验设计的出发点，可结合不同博物馆特色进行改良。首先，引入肢体追踪等可穿戴交互系统，让公众在"运动"中形成认知；其次，增强沉浸式模拟舱体验，结合广州在轨道交通、城市考古、水上文化等领域的地域特色，打造多场景沉浸式装置；最后，设计引导式体感交互地图，以身体路径驱动认知路径，如通过"以脚步丈量城市记忆"等项目设计激活公众身体感知的文化场域。

（二）情境构建：以"叙事增强"激发公众的情感认知共鸣

具身认知不仅强调身体感官对认知的生成作用，也强调环境对认知活动的嵌入与调节功能。这种"情境嵌入"是博物馆数字化展示与传统展览的本质差异之一。虚拟现实技术所构建的数字场景并非简单的图像再现，而是一种"嵌入式叙事空间"，通过画面、声音、动作节奏、互动节点等复合手段激发公众的情感认知。调研中，穿戴设备与数字讲述构建的沉浸式场景在增强观众情感参与方面有显著效果（平均得分为 4.30 分），说明沉浸式技术在情绪调动与情感共鸣方面具有优势。正如公众在"地铁 24 小时沙盘"中能够理解地铁人的工作节奏，在"南越王遗址"中感受古都宫殿的恢宏壮丽，这种身临其境的体验是具身认知的重要体现。

针对广州博物馆在数字化叙事中的潜力，博物馆应在建立统一数据库，实现文物数字资源、交互内容与导览服务高效集成的基础上，进一步深化情境构建策略。首先，要以地方文化 IP 为核心，如将"广州城墙复原记""珠江记忆"等主题融入个人视角与时代语境的双重叙述，实现文化叙事的数字化重构；其次，要结合历史场景复原与虚拟角色演绎，构建"多时空融合"的沉浸剧场；最后，要通过游客轨迹收集与行为分析，实现认知路径的情境反推与优化。在数字化博物馆中，情境不仅是内容的背景，更是认知意义生成的前提。要通过技术赋能叙事，实现文化传播"在场性"与"共情性"的双重提升。

（三）分布认知：以"系统协同"提升公众认知整体效能

具身认知的延展维度之一是"分布认知"，即认知不是个体大脑的孤立加工过程，而是由个体、工具、环境构成的复合系统。博物馆数字化是这种认知系统化趋势的典型体现。多种技术平台（网站、App、互动终端）、多样传播媒介（直播、社交媒体、数字化藏品）、多元感官路径（听觉、视觉、触觉）共同参与并协同支撑认知发生。调研数据显示，公众在同时接触"在线网站+数字化模拟+穿戴设备"时，整体认知效果提升显著。而在

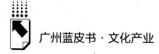

"学习风格"维度，互动式数字展览的满意度显著高于非互动式数字展览，表明多维平台组合能有效包容不同人群的学习习惯。

广州博物馆数字化建设应结合"系统协同"思维，围绕认知过程构建"内容—媒介—路径—反馈"的一体化认知系统，使博物馆不仅成为认知的发生场，也成为记忆的聚集场和情感的共鸣场。例如，从官方网站、微信小程序到线下 AR 导览设计全链条数字体验，构建统一数据接口与观展路径；将核心展品的数字内容同步至地铁站、商圈、社区文化站等，实现空间上的分布式展示节点布局；基于公众数据与满意度评价，优化展陈内容与路径，实现认知策略的动态迭代。

博物馆数字化为公众提供了一种开放的环境，人与人、人与文物之间没有严格的界限，而以实现认知目标为统一。借用维特根斯坦关于河床的隐喻，河床并不是绝对固定的，它在很大程度上是由在河中流动的河水形塑的，河床与河流相互融通，在界限消隐的同时构成了一个永恒运动的共同体，正如博物馆数字化进程与公众认知之间的彼此塑造。

未来，可依托丰富的广州城市文化底蕴与前沿科技资源，进一步拓展博物馆数字化进程中的多感官交互、行为追踪分析与跨界叙事研究，推动博物馆从"技术赋能"迈向"认知赋能"，实现公共文化空间的数字转型与认知跃迁，为中国博物馆数字化建设贡献广州范式。

（本文作者所指导澳门城市大学硕士生陈秋宇对本文的实证调研等部分开展了一定工作，特此致谢）

文 旅 篇 ↳

B.11

新质生产力驱动粤港澳大湾区文旅
融合的创新模式与路径[*]

毕斗斗　贺巧丽[**]

摘　要：　新质生产力凭借其创新主导、知识密集的独特优势，成为文旅产业突破传统发展瓶颈、实现深度融合和创新升级的核心驱动力。本文首先分析了粤港澳大湾区文旅融合创新的优势与挑战。其次分析了新质生产力驱动粤港澳大湾区文旅融合的创新模式，包括"科技+文旅"深度融合模式、"绿色+文旅"可持续发展模式、"创意+服务"高端服务模式以及"跨界+共享"

───────────

[*]　本文系国家社会科学基金重大项目"中国式现代化进程中文化和旅游深度融合发展研究"（项目编号：23ZDA091）、国家自然科学基金项目"政策创新的时空扩散、效应评估及其路径优化研究——以中国文化和旅游产业融合政策为例"（项目编号：42271238）、国家自然科学基金项目"KIBS嵌入视角下地方产业集群创新网络演化机理研究"（项目编号：42171172）、广州市哲学社会科学基金项目"广州城市更新中的场景营造与治理创新问题研究"（项目编号：2023GZYB15）阶段性研究成果。

[**]　毕斗斗，博士，华南理工大学旅游管理系副教授、广州文化和旅游融合发展研究基地副主任，研究方向为文旅融合；贺巧丽，华南理工大学旅游管理系硕士研究生，研究方向为旅游管理。

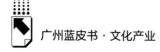

协同治理模式。最后从数智技术赋能、人才与资本驱动、产品与服务升级以及协同治理创新四个方面提出粤港澳大湾区文旅融合的发展路径，旨在为粤港澳大湾区及其他地区文旅产业的高质量发展提供理论支持和经验借鉴。

关键词：　新质生产力　文旅融合　粤港澳大湾区

在全球化和数字化时代背景下，文旅产业作为国民经济的重要组成部分，正面临深刻变革。党的二十大报告中明确提出，要"坚持以文塑旅、以旅彰文，推进文化和旅游深度融合发展"[①]。在经济高质量发展的大背景下，传统同质化、标准化的旅游产品和服务已难以满足游客日益增长的个性化、多样化需求。2023 年 9 月，习近平总书记首次提出"新质生产力"概念。新质生产力以指导经济工作为核心任务，以新技术、新产业、新业态为主要内涵，对我国科技创新和产业变革具有深远意义。2024 年 1 月 31 日，习近平总书记在主持中共中央政治局第十一次集体学习时强调，要"加快发展新质生产力，扎实推进高质量发展"，"要及时将科技创新成果应用到具体产业和产业链上"[②]。借助人工智能、数字技术等手段，可以打破传统文旅产业的边界，重构"文化资源—科技载体—消费场景—服务质量"的链条。当前，游客需求已从基础功能型转变为高端体验型，资源不再是旅游业发展的决定性因素，文旅产业的转型升级刻不容缓，急需新的融合模式和实践路径来推动。新质生产力凭借创新性、智能化、绿色化的特点，给文旅产业的深度融合带来新机遇，不仅能够提升文旅产品的附加值，还能够通过技术创新和模式创新推动文旅产业高质量发展。本文深入分析新质生产力驱

---

① 习近平：《高举中国特色社会主义伟大旗帜　为全面建设社会主义现代化国家而团结奋斗——在中国共产党第二十次全国代表大会上的报告》，人民出版社，2022，第 45 页。

② 《习近平在中共中央政治局第十一次集体学习时强调：加快发展新质生产力 扎实推进高质量发展》，中国政府网，2024 年 2 月 1 日，https：//www.gov.cn/yaowen/liebiao/202402/content_6929446.htm。

动文旅融合创新的模式与路径，以期为粤港澳大湾区文旅产业高质量发展提供理论指导与实践参考。

一 粤港澳大湾区文旅融合创新的优势与挑战

文旅融合，是促进文化传承和创新与商业价值的结合、提升民众生活品质、激活文旅消费潜力、实现产业协同发展、推动区域经济高质量发展的重要载体。粤港澳大湾区文旅融合发展有其独特优势。随着全球文旅市场竞争日益激烈，粤港澳大湾区在文旅融合创新的进程中也面临诸多挑战。

（一）粤港澳大湾区文旅融合创新的优势

1. 政策优势：制度创新驱动的灵活性

粤港澳大湾区依托"一国两制"的独特优势，形成了政策创新的灵活机制。根据《粤港澳大湾区文化和旅游发展规划》（以下简称《发展规划》），粤港澳大湾区明确了"到 2025 年，人文湾区与休闲湾区建设初见成效"的目标，提出"改革创新、传承发展"的原则，支持港澳特区巩固提升竞争优势，推动文化、旅游领域深度合作。《发展规划》还提出建立粤港澳大湾区文化遗产数字信息共享平台，共同推进海上丝绸之路保护和联合申遗工作，为文旅融合提供了顶层设计和政策保障。跨制度边界的协同机制，使粤港澳大湾区能在文化保护、产业对接、人才流动等方面突破传统限制，形成独特的政策驱动力。

2. 文化优势：多元文化底蕴的深厚根基

粤港澳大湾区内文化丰富多彩，主要有岭南文化、广府文化、客家文化等。相较于其他地区，粤港澳大湾区内文化差异大、个性鲜明，香港的中西交融、澳门的葡韵风情、广州的千年商都底蕴、佛山的武术与陶瓷文化、深圳的现代化创新文化各有特色。潮州古城留有保存完整的明清街巷，国家级非遗项目"潮州工夫茶艺"与潮汕美食吸引大量游客；深圳华侨城创意文化园通过引入国际艺术展览和先锋戏剧，打造多元文化交融的创意生态。这

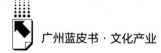

种文化多样性为文旅产品的设计提供了差异化素材，形成"一城一特色"的格局。

3. 经济与技术优势：强大产业支撑的发展动力

粤港澳大湾区经济发展水平居于全国前列，科技装备先进，相关文创产业也发展迅猛，为文旅融合提供了有力的物质和技术支持。2024 年，粤港澳大湾区经济总量超过 12 万亿元，超越纽约湾区和旧金山湾区，比肩东京湾区。粤港澳大湾区内地九市的 GDP 总量达到 11.5 万亿元，占广东 GDP 的近八成。① 同时，还拥有腾讯、华为、中兴等科技巨头，其在 5G、人工智能（AI）、云计算等领域处于领先地位。广州长隆集团、深圳华侨城集团等文旅企业，在文旅市场中占据重要地位。深圳华侨城集团连续多年位列世界旅游景区集团前四、亚洲第一，广州长隆集团是全球主题公园集团十强之一。

4. 文化遗产优势：科技赋能传统文化创新活力

粤港澳大湾区文化遗产丰富，应积极推动文化遗产的活化利用。通过数字化技术等现代科技手段，为文化遗产装上"科技心脏"。开平碉楼通过三维激光扫描建立数字档案，游客可佩戴 MR 眼镜"穿越"至民国时期；潮州广济桥的修缮展示结合数字化及三维建模技术，增强互动体验；深圳"数字故宫"项目利用区块链技术实现文物数字化确权，推动文创 IP 开发。这种"科技心脏"的植入，使文化遗产从静态展示转向动态叙事，让游客在虚实交织中感受文化遗产魅力。

（二）粤港澳大湾区文旅融合过程中面临的问题

1. 同质化竞争加剧：项目驱动下的内涵缺失困局

粤港澳大湾区文旅项目存在过度依赖硬件投资与文化内涵挖掘不足的问题。多个城市竞相开发海滨度假区、仿古街区，中山、江门、惠州均推出滨

---

① 《大湾区九市 GDP 突破 11.5 万亿元："黄金内湾"能级跃升，9+2 城市群产业图谱深度解析》，"大湾区经济网"搜狐号，2025 年 2 月 17 日，https：//news. sohu. com/a/860059652_121709950。

海旅游项目，但忽视文化 IP 的在地性挖掘和差异化发展路径。以主题乐园为例，粤港澳大湾区已有广州长隆、珠海长隆海洋王国、深圳欢乐谷、珠海海泉湾等多家大型主题乐园，但文化 IP 开发不足，衍生消费占比较低。

2. 科技应用浅层化：深度融合不足的发展短板

粤港澳大湾区具备扎实的科技基础，但对文旅场景的深度应用不足。当前多数文旅项目仅仅将数字技术用于信息展示（如扫码导览），缺乏沉浸式交互。元宇宙、生成式人工智能（AIGC）等前沿技术的应用尚处于起步阶段，粤港澳大湾区仅有深圳华侨城等少数项目尝试应用虚拟旅游。

3. 绿色转型迟滞：生态与发展失衡的难题

粤港澳大湾区部分文旅项目仍依赖传统开发模式，生态承载力与文旅发展失衡，这种重开发、轻保护的发展模式制约了文旅深度融合的进程，与新质生产力所倡导的绿色低碳、创新驱动理念形成鲜明对比。珠江口沿岸多个滨海景区存在植被破坏、水体污染等问题，不仅削弱了文化遗产的原生性，也制约了沉浸式文旅场景的构建。

4. 服务供给短板：硬件与软件不匹配的服务困境

粤港澳大湾区文旅服务存在显著结构性矛盾，硬件设施与软件服务的失衡制约了产业升级。粤港澳大湾区缺乏高端文旅服务标准，导致服务供给滞后于市场需求。智慧旅游平台功能单一，很多地市的"全域旅游"App 仅提供景点介绍，缺乏行程规划、应急预警等功能。服务标准化程度低，高端游客期待的"私人管家""文化导赏"服务供给偏低。人才缺口明显，粤港澳大湾区文旅从业人员中，具备国际认证资格证书的较少，高端定制旅游服务团队多依赖外部引进。这种重硬件、轻软件的发展模式，本质是新质生产力要素（技术、人才、标准）未能有效赋能服务体系，因此亟须打破硬件与软件的"数字鸿沟"，重塑文旅服务生态。

5. 资源整合与协作阻碍：区域协同发展的瓶颈

粤港澳大湾区文旅资源整合与协作面临多重结构性壁垒，在政策法规、管理体制上存在差异，在旅游服务标准、市场准入等方面存在壁垒，导致资源共享、项目共建难以高效推进，跨地区合作协调难度较大。区域内各地旅游资源分散，例如，珠江口岸滨海资源同质化竞争严重，游艇码头、滨海步道等设施重复建设率高，滨海景观带未能形成连贯的旅游线路。这种碎片化开发模式与新质生产力所要求的要素协同、数据互通产生矛盾。

二 新质生产力驱动粤港澳大湾区文旅融合的创新模式

新质生产力为粤港澳大湾区文旅融合注入了新的活力与创新思路。在新质生产力的驱动下，粤港澳大湾区已经探索出"科技+文旅"深度融合模式、"绿色+文旅"可持续发展模式、"创意+服务"高端服务模式以及"跨界+共享"协同治理模式，这些模式不仅提升了粤港澳大湾区文旅产业的竞争力与影响力，也重塑着粤港澳大湾区文旅融合的生态，助力世界级旅游目的地建设。

（一）"科技+文旅"深度融合模式

在新质生产力驱动下，"科技+文旅"模式通过数字化、智能化手段赋能文旅全产业链，实现了文化资源的高效转化与旅游体验的全方位升级。一是依托数字技术对文化遗产进行深度挖掘与创新呈现。例如，江门开平打造"数字碉楼"，通过空中无人机倾斜摄影、地面三维激光扫描，开发开平碉楼数字化展示平台、"小侨全智导"智慧旅游平台，全球游客可足不出户观赏村落美景、感受碉楼古韵。成立岭南文化大数据中心，发布岭南文化大模型，整合文脉、非遗、历史、民俗等岭南特色文化资源，推动文化遗产的数字化保护与活化利用。开发"广东文物主题游径地图"小程序，实现文化遗产的线上展示与传播，让游客可以沉浸式"走读"粤港澳大湾区文化遗产游径。二是打造沉浸式文旅项目，推动体验全面升级。深圳推出低空经济与文旅融合项目，在国庆假期举办无人机表演，吸引大量游客驻足观赏；同时推出低空飞行产品体验券，游客可通过搭乘直升机俯瞰城市风光和东部海岸，领略城市魅力，打造极具科技活力的文旅体验。三是积极借助数字化手段为文旅项目营销推广赋能。裸眼 3D、全息投影、人工智能、虚拟现实（VR）等技术应用及智慧文旅实践案例在广东国际旅游产业博览会上频频亮相。2024广州文化产业交易会以"数字赋能新文旅 产业汇聚大湾区"为主题，设置数字文化创意展、文旅装备展及广州电影产业博览交易会三大主体活动。

（二）"绿色+文旅"可持续发展模式

在新质生产力驱动下，粤港澳大湾区积极践行绿色发展理念，探索"绿色+文旅"可持续发展模式。一是引入新质生产力，打造低碳文旅示范场景。广东全面实施"百县千镇万村高质量发展工程"，打造环南昆山—罗浮山县镇村高质量发展引领区，致力于将其打造成粤港澳大湾区的生态花园、世界级森林温泉康养目的地和现代化建设样板。该区域利用大数据精准分析游客对绿色文旅产品的偏好，优化线路与服务，串联自然景观与文化景点，发展生态旅游、徒步旅行等低碳旅游项目，为游客提供更多亲近自然、享受绿色的机会。二是创新生态金融工具，赋能文旅融合。发行文旅企业绿色债券，为绿色文旅项目提供资金支持，助力项目落地实施。建立碳积分激励机制，鼓励游客选择低碳出行方式。游客积累的碳积分可用于兑换景区门票、享受酒店优惠等，发挥绿色旅游正向激励作用。例如，广州塱头村启动零碳景点建设，打造碳普惠线路。三是利用新质生产力创新开发绿色文旅产品，为区域发展带来生态与经济双重效益。例如，广州海珠国家湿地公园打造碳中和绿道，鼓励游客通过积累骑行里程兑换绿色文旅产品，给游客带来绿色出行体验；香港米埔湿地公园项目采用太阳能游船与生物降解材料建设观鸟平台，设置野生动物模型展览、仿真湿地场景吸引游客；深圳华侨城广泛应用太阳能、风能等清洁能源，为观光缆车、酒店设施等提供电力，还利用智能化管理系统，精准调控景区内的能源消耗与资源利用，打造低碳环保的旅游景区。

（三）"创意+服务"高端服务模式

粤港澳大湾区在"创意+服务"高端服务模式的探索中，同样展现出独特优势。一是创新打造文旅 IP，提升产业竞争力。广州的粤剧艺术博物馆联合腾讯推出了"粤剧 AR 脸谱"互动程序，还通过科技手段增强了游客的参与感和体验感，让游客感受粤剧的独特魅力。二是挖掘文化遗产的商业价值，实现保护与利用的双赢。澳门特区通过"世界遗产+数字文创"计划，将大三巴牌坊、妈阁庙等文化地标 IP 授权开发为 NFT 数字藏品，所得收益用来支持文物保护，让文化遗产在数字时代焕发出新的活力，实现文化遗产保护与利用的良性循环。三是构建高端化、国际化服务体系，拓展全球客源市场。在粤港澳大湾区建立"湾区数字服务驿站"，不仅提供多语种 AI 导游服务，有效解决国际游客的语言沟通障碍，还搭建跨境支付平台，方便国际游客消费。深圳"红胖子"观光巴士为游客提供高品质城市漫游观光服务，开设有城市中心线、蔚蓝海岸线、魅力湾区线、生态人文线等多条覆盖深圳众多景点和商圈的主题线路，为外籍游客提供配备 GPS 定位功能的多国语言讲解器，这一高端服务模式使深圳"红胖子"成为国内旅游观光巴士行业标杆。四是运用创意策划与精心服务开展特色主题活动，满足游客多元需求。珠海长隆海洋王国定期举办"海洋奇幻夜"主题活动，通过灯光秀、花车巡游、烟花表演、互动游戏等，推动海洋文化与夜间娱乐相结合，促进文旅融合向高端迈进。

（四）"跨界+共享"协同治理模式

粤港澳大湾区积极探索"跨界+共享"协同治理模式，通过构建政企学研协同平台和区域利益共享机制，推动文旅产业高质量发展。一是利用技术基建破局、数据要素重构推动文旅融合发展。广东建成全国首个省级文旅数据平台"文化广东"，已实现对全省文物资源的数字化管理，并通过智慧导览、VR 展示等技术赋能文旅融合，形成覆盖文化遗产保护、旅游服务的数字化基底。广州非遗街区元宇宙项目则借助虚幻引擎 4（UE4），对广彩、广绣等非遗技艺进行 3D 建模，结合 5G 直播实现线上、线下联动，打造"虚实共生"的旅游体验，推动文旅融合向智能化、沉浸式方向转型。二是政企学研协同创新平台打破资源壁垒。深圳南山区依托腾讯、华为等科技企业，打造"数字创意产业走廊"，通过政策引导、企业创新和场景落地形成系统性工程，将 AI 技术与文旅场景相结合，推出 AR 导览、虚拟演艺等创新服务。三是通过新质生产力实现从文化符号到产业赋能的链式突破。黄埔港头村通过开发宗祠建筑积木、非遗手作等产品打造"广府宗祠"文化 IP，将分散的乡村资源转化为系统性消费场景，打造"云游古村"场景直播电商，实现村集体收入持续增长。广州珠江琶醍啤酒文化创意艺术区将老厂房、旧码头等工业遗存转化为"城市记忆"文化 IP，将麦芽仓改造为 3D 投影剧场，通过工业遗产活化与数字技术融合，结合光影艺术展、主题市集啤酒酿造互动游戏、虚拟品牌发布会等活动，成功将其打造为集文化体验、科技互动、夜间消费于一体的粤港澳大湾区夜间文旅消费标杆示范项目。

三 新质生产力驱动粤港澳大湾区文旅融合的发展路径

粤港澳大湾区凭借其旅游产业优势与深厚的文化底蕴，在全球文旅舞台上绽放光彩。新质生产力成为推动粤港澳大湾区文旅融合的关键力量，为文旅产业高质量发展注入新的活力。探寻新质生产力驱动粤港澳大湾区文旅融合的发展路径，有助于充分发挥其潜能，提升区域文旅产业竞争力，推动粤港澳大湾区从"资源依赖型"向"创新驱动型"转变。

（一）数智技术赋能，构建虚实共生文旅场景

1. 构建大湾区文旅元宇宙平台，打造沉浸式跨域文旅新体验

整合粤港澳大湾区独特文旅资源，搭建起功能完备的大湾区文旅元宇宙底层架构，构筑突破时空限制的"虚拟联游空间"，让大湾区文化元素和旅游要素在虚拟空间中有序融合。策划并开展形式多样的线上文旅活动，如虚拟民俗节庆、线上艺术展览等，借助文旅元宇宙平台的独特性吸引全球游客在虚拟空间中观光体验，感受粤港澳大湾区不同地域的独特文化与景观。持续迭代粤港澳大湾区文旅元宇宙平台的功能与内容，结合用户反馈优化场景设置，为游客提供内容逼真、丰富多彩的沉浸式文旅体验。

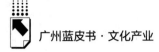

2.深度应用 AI 技术，全方位革新文旅体验流程

运用 AI 技术进行文旅 IP 塑造及内容创作，从景点介绍到故事演绎，赋予产品深厚且独特的文化内涵。通过数字孪生技术构筑现实场景数字化、虚拟空间沉浸式体验的线上线下价值转化的产业链条，推动粤港澳大湾区文旅产业从传统观光模式向时空穿越、虚实共生的高端形态转型，实现文化吸引、体验消费、品牌溢价的良性循环。基于游客画像（含偏好、行为习惯等）算法分析，借助 AI 技术实现与游客的个性化互动，挖掘游客市场潜在需求，助力景区和企业动态调整业务及优化运营策略，提升整体服务质量。

（二）人才与资本驱动，培育创新发展核心动能

1.实施高端人才联合培养计划，组建卓越创新文旅人才方阵

依托粤港澳大湾区优质的高校文旅专业资源，构建全面系统的联合培养体系，与腾讯、字节跳动等头部科技企业建立深度产学研合作关系，加强数字文旅人才培养。组织学生实际参与文旅项目策划设计，如参加粤港澳大湾区内历史文化街区的数字化改造项目，挖掘广府文化、侨乡文化等特色 IP，开发低碳研学、非遗工坊等沉浸式项目，全方位提高学生实践能力。定期举办文旅人才交流论坛，设置"科技赋能文旅""文旅产业创新商业模式"等主题板块，邀请国内外知名专家学者、行业精英分享前沿观点，营造更具活力与创造力的人才发展生态环境。

2.完善社会资本引入机制，强力激发文旅产业投资活力

粤港澳大湾区主要政府部门应出台具有吸引力的优惠政策，如税收减免、项目补贴、优先保障优质文旅项目用地指标、开辟项目审批绿色通道、加强知识产权保护、推动科技成果转化、培养和引进相关人才等，吸引社会资本对文旅科技产业的关注和投资。设立粤港澳大湾区文旅产业投资基金，有效引导资本流向创新性强、发展潜力大的领域，如文旅科技融合、新型文旅消费场景打造等创新领域。搭建线上与线下相结合的粤港澳大湾区文旅项目对接平台，实现社会资本与文旅项目的精准高效对接，提高投资效率，推动文旅产业多元化发展。

（三）产品与服务升级，推动多元消费场景重构

1. 推进绿色文旅产品分级认证，引领文旅产业可持续发展

广东应深入学习贯彻习近平生态文明思想以及贯彻落实《中共广东省委关于深入推进绿美广东生态建设的决定》，汇聚行业专家、学者以及相关部门人员的智慧，共同研讨并制定粤港澳大湾区绿色文旅产品认证标准，构建涵盖生态保护、资源利用、节能减排、游客体验等多维度的标准体系。利用线上、线下媒体平台推广绿色文旅产品，鼓励企业践行绿色发展理念，提升游客对生态文旅产品的体验感，与游客共同创造生态财富和绿色福祉。建立动态评估机制，推动粤港澳大湾区文旅产业向可持续发展方向转型，助力大湾区打造绿色文旅产业高地。

2. 拓展智慧服务场景，提升数字身份通关效率

持续完善粤港澳大湾区文旅数智基建，积极引入前沿技术深化智慧服务场景建设。例如，在景区内增设 AR 导航、智能语音讲解设备，游客靠近景点即可开启自动导览和触发讲解，设备还能根据游客停留时长、提问频次，智能调整讲解内容的深度与节奏。打造智慧旅游服务平台，整合景区、住宿、餐饮等资源，为游客提供全方位、一站式便捷服务。深度洞察游客行为与需求，通过 AI 技术为游客生成个性化文化体验包，通过区块链技术构建服务质量追溯系统。针对跨境游客建立"数字身份"便捷通关机制，为游客提供更加便捷、高效的智慧服务体验。

（四）协同治理创新，突破区域融合制度壁垒

1. 制定大湾区政策协同清单，有效破除文旅融合制度障碍

深入梳理粤港澳大湾区在市场准入、税收优惠、项目审批流程、知识产权保护等关键领域的文旅政策方面的差异，全面细致地制定协同清单，定期评估政策协同效果，设立量化指标，如文旅项目落地数量、市场活跃度提升比例等。动态调整清单内容，确保政策协同工作始终契合发展需求。探索港澳与内地的文旅数据流通规则和联合执法机制。建立统一的文旅数据标准和

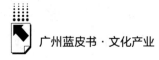

共享机制，促进粤港澳大湾区文旅数据的互联互通。建立常态化沟通平台，加强粤港澳大湾区文旅部门与执法部门的合作与协调，共同打击文旅市场中的违法违规行为，保障大湾区文旅产业健康发展。

2. 构建多元数字协同平台，促进文旅资源融通与创新

粤港澳大湾区可借鉴国内外成熟经验，搭建多元数字协同平台，实现文旅资源的深度融通与创新发展。多元数字协同平台整合多种数字技术和资源，可以统一数据标准、促进数据的互联互通、打破信息孤岛，推动文旅资源数字化和数字文旅资产化，实现资源与市场的有效对接。鼓励文创团队、艺术创作者利用数字协同平台上的岭南文化资源、港澳文化元素，创作数字艺术作品、开发具有粤港澳大湾区特色的文创产品。

参考文献

毕斗斗、张宇嘉、贾振立：《粤港澳大湾区"三生空间"转型对旅游业碳排放环境负荷的影响研究》，《生态经济》2025 年第 4 期。

戴斌：《文旅融合新动能与旅游经济未来方向》，《人民论坛》2024 年第 11 期。

黄震方等：《数字赋能文旅深度融合的理论逻辑与研究框架》，《旅游科学》2024 年第 1 期。

毛艳华：《粤港澳大湾区融合发展新态势与推进路径》，《人民论坛》2024 年第 24 期。

唐承财等：《新质生产力视域下国内外数字文旅研究评述与展望》，《地理科学进展》2024 年第 10 期。

徐金海、陈琳琳：《新质生产力赋能文旅融合高质量发展的理论机理与路径》，《社会科学家》2025 年第 2 期。

徐宁、张香：《文旅深度融合与新质生产力有机衔接：内在机理与实践路径》，《企业经济》2024 年第 12 期。

徐政、陈佳、江小鹏：《新质生产力赋能文旅深度融合发展：理论逻辑与实践路径》，《西南民族大学学报》（人文社会科学版）2024 年第 6 期。

周文、许凌云：《论新质生产力：内涵特征与重要着力点》，《改革》2023 年第 10 期。

B.12
2024年广州文旅市场运行分析报告

黄孝桂　赵一棋*

摘　要：　2024年广州全力推动文旅产业高质量发展，广州文旅市场从快速复苏阶段转向繁荣发展新周期。本文首先综合广州居民文化消费情况抽样调查，从本地文化市场消费、文旅接待、文旅消费等维度对广州文旅消费市场运行情况展开分析。数据显示，2024年广州居民文化消费总量达1025.6亿元，同比增长16%。通过文化设施焕新、"政策+市场"双轮驱动、文化服务效能提升等措施，有效激发居民文化消费意愿。2024年广州旅游接待2.49亿人次，同比增长6.45%，实现文旅消费3528.23亿元，同比增长6.61%。其中入境旅游呈高速增长态势，假日旅游市场表现亮眼，历史文化类景区、夜间经济项目成为新经济增长点。现阶段，广州文旅消费市场发展仍面临深化发展数字文旅、高品质文旅产品开发、文旅产业融合等方面的挑战。结合调研结果，本文针对性地提出了实施数字文化生态建设工程、推动文旅赋能"百千万工程"、加强高品质文旅产品供给、深化文商旅体融合发展等对策建议。

关键词：　文旅市场　文旅产业　文旅消费

　　党的二十大报告明确指出，要"坚持以文塑旅、以旅彰文，推进文化和旅游深度融合发展"①。文化建设是培根铸魂、凝神聚力的重要事业。党

＊　黄孝桂，广州市文化广电旅游局四级调研员，研究方向为文旅统计；赵一棋，广州文化旅游宣传推广中心（广州文化旅游产业促进中心）统计师，研究方向为文旅统计。
①　习近平：《高举中国特色社会主义伟大旗帜　为全面建设社会主义现代化国家而团结奋斗——在中国共产党第二十次全国代表大会上的报告》，人民出版社，2022，第45页。

的二十届三中全会通过的《中共中央关于进一步全面深化改革、推进中国式现代化的决定》指出"健全文化和旅游深度融合发展体制机制"。文化元素丰富旅游产品供给，旅游元素释放文化产业经济价值，文旅深度融合有助于更好实现文化繁荣和旅游发展相互促进、相得益彰。广州，作为我国重要的经济、文化和交通枢纽，其文旅产业在城市经济体系中占据着举足轻重的地位。近年来，广州全面贯彻党的二十大和二十届三中全会精神，认真落实省委"1310"具体部署和市委"1312"思路举措，聚焦"走前列、挑大梁、作贡献"，转变职能、深化改革、守正创新，全力推动广州文旅产业高质量发展。

广州长期以来坚持中国特色社会主义文化发展道路，大力发展文化事业、文化产业，不断激发文化创新创造活力。全面剖析广州文旅市场的运行状况，既能为政府部门制定精准有效的文旅产业政策提供坚实的数据支撑与决策参考，助力优化产业布局、提升产业竞争力，也能为文旅领域的市场主体提供深度市场洞察，进一步推动广州文旅产业在新时代实现高质量、可持续发展。

一　广州文旅市场总体情况分析

2024年，广州贯彻落实全国、全省旅游发展大会精神和省委"1310"具体部署，扎实推进文化强市建设。通过深入推进文旅融合发展，落实促进文旅消费的一系列措施，推动文旅产业快速发展、文旅消费迅速提升。

（一）本地文化市场消费提质升级

2024年，广州居民文化消费总量达1025.6亿元，同比增长16%，全年人均文化消费5446.9元，每月人均文化消费453.9元。2024年，广州四个季度的文化消费额分别为248.0亿元、269.0亿元、263.8亿元、244.8亿元，同比分别增长12.78%、12.36%、22.58%、16.96%（见表1）。

表1　2023~2024年广州文化消费情况

单位：亿元

年份	第一季度	第二季度	第三季度	第四季度
2023	219.9	239.4	215.2	209.3
2024	248.0	269.0	263.8	244.8

资料来源：2024年广州居民文化消费情况抽样调查数据，下同。

1.文化设施焕新，文艺精品迭出拉动文化消费增长

2024年，广州改造提升永庆坊、陈家祠等重点片区，完成黄埔军校旧址纪念馆、文德楼的修缮工作。截至2024年，广州共建成铸牢中华民族共同体意识教育实践基地52个，创新打造"中共三大百年记忆"沉浸式巡展；广州数字艺术中心、非遗文化体验园等六大文化地标建成投用，新增3家国家一级博物馆、4家国家文化产业示范基地，白鹅潭大湾区艺术中心、广州人民艺术中心、隔山书院建成开放，3300余处公共文化空间同步启用。同时，广州以智慧旅游建设为抓手，依托全国智慧旅游十佳解决方案，构建"数字孪生+沉浸式体验"服务体系，通过数字化改造实现线上预约与线下体验的高效对接。2024年，南越王宫博物馆等重点文博单位推出5G导览系统，结合AR（增强现实）技术重现历史场景，全年接待游客量同比增长18.0%。陈家祠等13家试点单位开发300余款文创产品，实现营收2431万元，单日营收最高突破20万元，文化IP商业化探索取得阶段性成果。

2024年，广州芭蕾舞团等艺术团体佳作频出，在全国性艺术赛事中崭露头角，如芭蕾舞剧《红棉》斩获中国舞蹈"荷花奖"特别奖、粤剧《岭南风骨》实现文华大奖零的突破。此外，广州还建立文化遗产活化利用机制，培育18个非遗旅游体验基地，推出"广府文化溯源之旅"等50条精品线路。

对2023~2024年广州各文化类型消费总量占所有文化消费总量的比重进行比较，2024年，居民在娱乐产品/服务、文化旅游、创意设计、网络文化和艺术品交易等方面的消费总量较高，分别占比20.9%、16.4%、

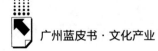

13.9%、11.8%和10.8%（见表2）；娱乐产品/服务和演艺服务两个类型的消费总量占所有文化消费总量的比重较2023年有所上升，分别提高0.9个、0.8个百分点。从消费总量看，2024年，演艺服务、文化会展和娱乐产品/服务类型的消费总量同比分别增长35.0%、26.1%和21.4%（见表3），说明文化基础设施的焕新和层出不穷的文艺精品无不催生着居民更强烈的外出活动及消费意愿。

表2　2023~2024年广州各文化类型消费总量占所有文化消费总量的比重

单位：%

文化类型	2023年	2024年
娱乐产品/服务	20.0	20.9
文化旅游	16.3	16.4
创意设计	14.9	13.9
网络文化	12.1	11.8
艺术品交易	11.6	10.8
游戏	7.7	7.7
广播影视图书	5.6	5.8
演艺服务	4.7	5.5
动漫/漫画	2.6	2.7
文化会展	2.3	2.5
工艺美术品	2.2	2.1
合计	100.0	100.0

表3　2023~2024年广州各文化类型消费总量及同比增长情况

单位：亿元，%

文化类型	2023年	2024年	同比增长
娱乐产品/服务	176.7	214.5	21.4
文化旅游	143.9	168.0	16.7
创意设计	131.9	142.4	8.0
网络文化	106.9	120.9	13.1
艺术品交易	102.8	110.8	7.8
游戏	67.6	78.6	16.3
广播影视图书	49.4	59.0	19.4
演艺服务	41.7	56.3	35.0

续表

文化类型	2023 年	2024 年	同比增长
动漫/漫画	23.3	27.4	17.6
文化会展	20.7	26.1	26.1
工艺美术品	19.1	21.6	13.1
合计	884.0	1025.6	16.0

2. "政策+市场"双向发力，文化活动引流增量

广州紧扣文旅产业高质量发展主线，锚定建设世界旅游目的地战略目标，通过创新一系列政策举措推动文旅消费提质升级。在《广州市推动大规模设备更新和消费品以旧换新实施方案》等文件支持下，2024 年广州累计推出 24 项专项行动，构建起"政策+市场"双向发力的消费提振体系。为优化消费空间布局，广州加速推进"5+2+4+22"重点商圈建设。天河路—珠江新城商圈持续强化国际时尚地标功能，北京路—海珠广场商圈深化岭南文化体验，长隆—万博商圈打造文旅商业融合典范。同时，广州通过建设世界级夜间经济带、培育 22 个区域特色商圈，推动消费场景向社区延伸。截至 2024 年底，全市新增商业载体 57.5 万平方米，新开业大型商业综合体 10 个，形成多核联动、全域开花的消费新格局。广州还创新开展"羊城消费新八景"城市 IP 活动，通过数字消费场景构建、老字号焕新、夜间经济提质等举措，实现季季有主题、月月有亮点。2024 年以来，广州经济持续快速发展，居民文化生活持续升温。

调查结果显示，2024 年广州居民各文化类型消费接触率排名前五位的分别是网络文化、广播影视图书、娱乐产品/服务、游戏和文化旅游，接触率分别为28.2%、27.4%、21.9%、17.0%和15.8%；而居民接触率较低的文化类型是艺术品交易和工艺美术品（见图1）。在参与各文化类型活动频率方面，2024 年各季度广州居民参与娱乐产品/服务、创意设计、文化旅游、演艺服务活动的频率较高，而参与艺术品交易、文化会展、工艺美术品活动的频率较低（见表4）。

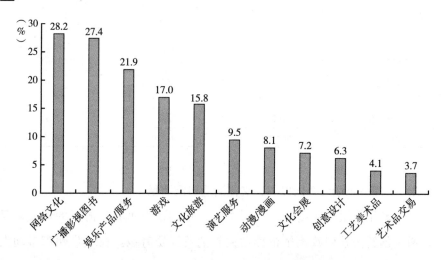

图 1　2024 年广州居民各文化类型消费接触率

表 4　2024 年各季度广州居民参与各文化类型活动频率

单位：次/季度

文化类型	第一季度	第二季度	第三季度	第四季度
娱乐产品/服务	4.6	5.1	4.3	4.0
创意设计	3.2	3.2	2.9	3.0
文化旅游	2.5	3.0	2.7	2.6
演艺服务	2.1	2.7	2.3	2.0
艺术品交易	1.9	2.1	2.2	1.9
文化会展	2.0	1.6	2.0	2.1
工艺美术品	1.9	2.1	1.9	1.6

3. 文化服务效能提升，参与率和满意度较高

2024 年，广州深入贯彻落实《广州市文化广电旅游局关于推动文化旅游高质量发展"六大行动"工作方案》，以"湾区文旅枢纽"定位加速建设世界级旅游目的地，进一步促进了电影消费。2024 年，广州电影票房突破 12.8 亿元，观影人次达 2800 万，连续 23 年稳居全国前列。粤产影片《落凡尘》《熊出没·逆转时空》分获金鸡奖提名，两部电影票房合计突破 33.5 亿元。广州艺术博物院新馆接待观众 139 万人次，广州市文化馆新馆开展线上、线下活动超 2000 场次，惠及群众 1.2 亿人次。2024 年，广州新建 4K 激光影厅 35 个，打造"电影+文旅"旗舰影院,珠江新城寰映影城场均人次同比增长32.0%。

广州公共文化服务效能显著提升,政策保障体系持续完善。广州图书馆建成5个24小时自助图书馆服务点,实现社区文化中心智慧服务全覆盖,在城市新中轴线上,广州艺术博物院采取"数字+实体"展陈模式,通过21个主题展区展陈1800余件珍贵文物。广州市文化馆新馆创新推出"广作华章"非遗展等品牌活动,全年举办群众文化活动近4000场次,线上、线下惠及群众近亿人次。

调查结果显示,2024年,在广州居民文化休闲场所参与率中,去过电影院、图书馆和博物馆的居民占比较高,分别为20.7%、19.5%和18.2%,其中去过电影院的居民中有34.1%表示还会去。在去过的文化休闲场所中,居民对图书馆、博物馆和美术馆/艺术馆的满意度评分排名前三,分别为90.0分、89.3分和88.1分(见表5)。

表5　2024年广州居民文化休闲场所参与率和满意度评分

单位:%,分

文化休闲场所	参与率		满意度评分
	去过	表示还会去	
电影院	20.7	34.1	82.0
图书馆	19.5	31.9	90.0
博物馆	18.2	29.2	89.3
人文旅游景点	13.1	21.0	82.5
网吧/KTV等娱乐场所	8.7	13.6	74.2
文化馆/文化站	8.3	13.3	84.6
美术馆/艺术馆	8.1	12.9	88.1
历史文化街区	8.1	12.6	84.7
科技馆	6.1	10.0	85.7
剧院	4.9	7.8	85.2

4. 文化消费影响因素分析

随着经济发展、产业转型、社会文化变迁,当前居民消费行为和观念呈现新的特点和趋势。从整体看,"精打细算"成为当前居民消费的主要行为模式，基本生活消费在居民消费结构中的占比仍然较高，居民更加重视消费的精神价值和消费体验，普遍期待更多样化的产品消费、服务消费和消费场景。从具体领域看，数字消费、绿色消费、健康消费、体验消费成为当前居民消费新趋势。激发消费新潜能，需顺应居民消费新特点与新趋势，打通影响居民消费的难点、痛点、堵点，完善扩大消费长效机制。

根据调查，2024 年，口碑和品质是文化消费中居民主要的关注因素，占比分别为 32.5% 和 32.2%，"工作繁忙，没有时间消费"仍是居民认为限制文化消费的最主要因素，占比为 42.7%；其次是认为"文化消费成本过高"，占比为 21.2%；此外，需关注的是，有 7.0% 的居民认为"文化产品的吸引力或创新性不足"限制了文化消费（见图 2）。

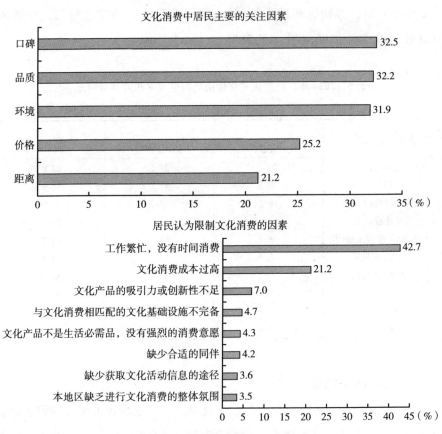

图 2　2024 年广州居民文化消费的影响因素

（二）文旅融合发展，市场增长向好

2024 年广州旅游接待 2.49 亿人次，同比增长 6.45%。其中接待来穗过夜游客 5881.38 万人次，同比增长 6.07%，接待一日游（不过夜）游客 19018.63 万人次，同比增长 6.56%，占接待游客总数的 76.38%（见表6）。以上数据表明广州接待过夜游客人次数稳步增长，接待一日游游客的同比增长率高于接待过夜游客的同比增长率，一日游游客在游客总数中的占比不断提高，反映出广州作为国家中心城市，其交通中心的集散功能进一步凸显，吸引了大量的周边地区游客来穗旅游。

表6 2024 年广州接待境内外游客统计

单位：万人次，%

项目	2024 年	同比增长
接待游客总数	24900.01	6.45
一、接待过夜游客	5881.38	6.07
（一）入境游客	501.11	32.78
其中：外国人	204.67	22.52
香港同胞	218.73	22.52
澳门同胞	30.94	12.74
台湾同胞	46.76	17.30
（二）境内游客	5380.27	7.98
二、接待不过夜游客	19018.63	6.56

资料来源：广州市文化旅游统计报表数据。

1. 文旅接待情况

（1）境内游客接待量稳中有增

2024 年，广州接待境内过夜游客 5380.27 万人次，同比增长 7.98%，境内过夜游客在穗平均停留时长为 2.36 天，多于上年的 2.32 天，这一数据表明，在文化赋能下，广州对境内游客的吸引力持续增强，境内游客在穗停留时长也持续增加。

一是湖南、广西稳居来穗游客省区排名前两位。据广州主要通信运营商大数据监测，2024 年广州接待省外游客 0.9 亿人次，同比增长 5.6%。因地理及交通优势，湖南、广西依然稳居来穗游客省区排名前两位，来穗游客数分别为 1312.73 万人次、1178.28 万人次，同比分别增长 13.10%、1.66%。差异化体验需求推动了远距离游客量增长。2024 年，远距离省区来穗游客量增长明显，如东北三省（黑龙江、辽宁、吉林）游客量以及西北和青藏地区（内蒙古、新疆、甘肃、宁夏、青海、四川、西藏）游客量。

二是省内跨市游客接待量均呈正增长。2024 年，广州接待省内跨市游客 0.85 亿人次，同比增长 14.19%。省内 20 个地市游客量较 2023 年均有不同幅度的增长。其中省内跨市来源城市中，深圳的访穗游客量达 1472.40 万人次，占比 17.32%。在广佛全域同城化发展及地铁交通的带动下，佛山的访穗游客量达 1426.73 万人次，占比 16.78%；受经济交流合作密切、地域临近、交通便利等因素影响，东莞的访穗游客量达 1080.88 万人次，占比 12.72%。从省内跨市游客接待量的同比增长情况来看，增幅最大的是河源，同比增长 19.17%，其次是汕尾、清远，同比分别增长 10.50%，10.26%。

（2）入境旅游持续火爆

2024 年，广州接待入境过夜游客 501.11 万人次，同比增长 32.78%。其中，接待外国来穗过夜游客 204.67 万人次，同比增长 22.52%，接待香港、澳门、台湾来穗过夜游客分别为 218.73 万人次、30.94 万人次、46.76 万人次，同比分别增长 22.52%、12.74%、17.30%。虽然入境客流水平距离 2019 年还有一定差距，但增速喜人，入境游客接待量仍有较大上升空间。

一是亚洲仍稳居广州外国游客客源地首位。在 2024 年外国来穗过夜游客中，按大洲划分游客来源地所占比重，结果为亚洲游客 95.15 万人次，同比增长 57.05%，依然是广州最大的外国游客客源地，占外国来穗过夜游客的比重为 46.49%，占比进一步提高，居各大洲第一位。欧洲和美洲次之，游客接待量分别为 38.96 万人次和 32.34 万人次，占比分别为 19.04% 和 15.08%，同比分别增长 49.24%、47.94%；非洲游客接待量为 31.3 万人次，同比增长50.72%；大洋洲游客接待量为6.92万人次，同比增长77.7%。

二是美国居外国来穗游客客源国首位。从客源国看，2024年，美国、日本、马来西亚来穗游客接待量分别为17.36万人次、9.91万人次和9.48万人次，位列前三，同比分别增长33.74%、12.36%和86.25%，游客量排名前十的分别为美国、日本、马来西亚、新加坡、印度、俄罗斯、韩国、澳大利亚、印度尼西亚和沙特阿拉伯，排名顺序较2023年略有变化（见表7）。

表7　2023~2024年外国来穗游客客源国排名前十

单位：万人次

2023年			2024年		
排序	国家	来穗游客量	排序	国家	来穗游客量
1	美国	12.98	1	美国	17.36
2	日本	8.82	2	日本	9.91
3	马来西亚	5.09	3	马来西亚	9.48
4	印度	4.99	4	新加坡	8.44
5	新加坡	4.31	5	印度	7.82
6	俄罗斯	4.10	6	俄罗斯	7.18
7	韩国	4.09	7	韩国	5.36
8	澳大利亚	2.96	8	澳大利亚	5.29
9	埃及	2.80	9	印度尼西亚	4.92
10	沙特阿拉伯	2.71	10	沙特阿拉伯	3.93

资料来源：广州市文化旅游统计报表数据。

（3）节假日旅游市场活力迸发

2024年，广州节假日旅游市场火爆，名列多个中国商旅服务平台（携程、同程、途牛等）发布的节假日国内主要旅游目的地城市TOP10榜单。2024年，广州节假日接待游客合计6361.53万人次（见表8）。其中，春节假期旅游热度再创新高，春节假期全市共接待游客1555.63万人次，同比增长58.20%。五一假期接待游客1103.90万人次，同比增长4.3%，广州节假日旅游市场活力迸发。

表8　2023~2024年广州节假日接待游客量统计

单位：万人次，%

节假日	2023 年	2024 年	同比增长
元旦	272.17	589.30	117.0
春节	983.31	1555.63	58.2
清明	129.70	502.20	*
五一	1058.00	1103.90	4.3
端午	622.70	581.60	-6.6
中秋	1758.90	628.90	*
国庆		1400.00	*
合计	4824.78	6361.53	*

注：2023年清明节只放假一天，中秋与国庆双节合并；＊表示不可比。
资料来源：广州市文化旅游统计报表数据。

2. 文旅行业呈现平稳增长态势

2024年，随着文旅融合进一步走向高质量发展，文旅经济步入繁荣发展新阶段，旅游市场呈现多维度新态势。景区、酒店和旅行社三大行业发展平稳向好。

（1）景区接待经营保持平稳

2024年，纳入广州旅游统计范围的景区有178家，共接待游客2.08亿人次（不包括6家商业步行街），同比增长3.88%，营业收入72.33亿元，同比下降1.41%（见表9）。

一是历史文化类景区成为城市打卡新亮点。广州历史文化类景区以其独特的历史文化价值和丰富的文化遗产吸引游客，随着文化自信的增长与文化传承的重视，该类景区越来越受欢迎。2024年，广州历史文化类景区累计接待3225.48万人次，同比增长9.32%，其中，纳入统计的15家红色景区接待游客1774.47万人次，同比增长5.70%。

二是夜间经济成文旅新增长点。广州不断擦亮夜间消费新品牌，发挥广州塔等4个国家级夜间文旅消费集聚区引领作用，市区共建30个夜间经济集聚区。2024年，珠江游累计接待游客425.87万人次，同比增长4.43%。

同时，夜间文旅项目也充分激活了夜间经济，珠江游实现营业收入54739.00万元，同比增长12.10%，幅度较大。

三是市政公园依旧是市民游客休闲度假的热门选择。作为城市生态文明建设的重要载体，市政公园承载了城市文化，是群众休闲娱乐活动的重要场所。2024年，纳入旅游统计的广州市政公园共计接待游客11924.07万人次，占总接待游客量的57.47%。外地游客主动融入本地生活场景，市政公园、社区市集、街头艺术区成为新型文旅载体。监测数据显示，2024年广州市政公园的外地游客占比有所提升，客流构成方面，省内跨市客流占比13.14%，较2023年提高2.45个百分点；省外客流占比19.06%，较2023年提高3.03个百分点。

表9　2024年广州旅游景区接待经营情况

景区类型	单位数（家）	接待人数（万人次）	同期对比（%）	经营收入（万元）	同期对比（%）
游乐园、公园	130	19026.21	4.42	636417.20	-2.28
主题公园	30	2401.81	-7.05	506617.70	-0.52
市政公园	19	11924.07	6.89	40053.10	8.43
休闲度假	28	1442.43	-2.63	45907.10	-13.11
历史文化	47	3225.48	9.32	20964.30	4.32
高尔夫	6	32.41	-33.60	22875.00	-28.90
珠江游	8	425.87	4.43	54739.00	12.10
工业旅游	10	298.90	7.23	10028.80	27.05
农业观光（乡村游）	19	400.15	-2.40	8287.70	-19.63
科普旅游	11	598.99	-8.92	13863.70	-9.68
商业步行街	6	36805.47	22.42	27807.30	-15.47
合计（不包括商业步行街）	178	20750.11	3.88	723336.40	-1.41

资料来源：广州市文化旅游统计报表数据。

四是热门售票景区受关注热度持续。表10显示，广州十大热门售票旅游景区中，五年蝉联接待游客量前十名的有7个景区，分别是白云山风景名胜区、长隆旅游度假区、花都融创乐园、广州动物园、广州塔景区、广东科学中心、华南植物园，也是近几年来广州地区人气较高的售票旅游景区，售票景区营收排名前三位的分别是长隆旅游度假区、广州塔景区及花都融创乐园。陈家祠旅游区和南越王博物馆 2024 年首次一同跻身前十，说明历史文化类景区越来越受游客关注。

表 10　2020~2024 年广州十大热门售票旅游景区接待游客量排名

序号	2020 年	2021 年	2022 年	2023 年	2024 年
1	白云山风景名胜区	白云山风景名胜区	白云山风景名胜区	白云山风景名胜区	白云山风景名胜区
2	长隆旅游度假区	长隆旅游度假区	长隆旅游度假区	长隆旅游度假区	长隆旅游度假区
3	花都融创乐园	花都融创乐园	花都融创乐园	广州动物园	广州动物园
4	广州动物园	广州动物园	广州动物园	花都融创乐园	中山纪念堂
5	广东科学中心	广东科学中心	华南植物园	中山纪念堂	花都融创乐园
6	广州塔景区	华南植物园	广东科学中心	广东科学中心	陈家祠旅游区
7	莲花山旅游区	莲花山旅游区	莲花山旅游区	华南植物园	华南植物园
8	正佳海洋世界	广州塔景区	正佳海洋世界	广州塔景区	广东科学中心
9	华南植物园	广州市客轮公司	广州塔景区	陈家祠旅游区	广州塔景区
10	芙蓉旅游度假区	宝墨园	宝墨园	莲花山旅游区	南越王博物馆

资料来源：广州市文化旅游统计报表数据。

（2）酒店行业经营总体稳定

2024 年，纳入旅游统计的广州主要宾馆酒店接待来穗过夜游客 1394.07 万人次，平均开房率为 61.28%，较上年基本持平，营业收入为 153.20 亿元，同比增长 1.42%（见表 11）。接待国内游客 1219.10 万人次，占比 87.45%；接待入境游客 175.00 万人次，同比增长 47.80%，占比 12.56%；接待外国人 134.70 万人次，同比增长 60.30%，占比 9.67%，高端酒店表现抢眼，广州宾馆酒店营业收入 TOP10 榜单与上年相同，但排序有所变化。外地来穗游客多选择在交通便利地住宿。

表11　2024年广州酒店行业经营情况

项目	主要宾馆酒店	其中：高端酒店	其中:星级酒店				
			星级合计	五星级	四星级	三星级	二星级
营业收入（万元）	1531994.96	819357.30	695303.83	421353.43	193299.07	71226.38	9424.95
同比增长（%）	1.42	6.92	-3.41	-6.27	9.32	-14.73	-5.57
利润总额（万元）	195953.67	150885.64	39558.08	46842.53	-5152.45	-1509.59	-622.41
平均房价（元）	613.18	722.58	600.27	840.32	486.85	304.48	224.68
同比增长（%）	58.03	67.49	56.75	25.39	65.90	-15.62	10.26
平均开房率（%）	61.28	60.93	59.71	65.45	59.50	52.08	58.05
增加百分点（个）	-1.79	-1.04	-1.22	-2.34	-6.12	-2.45	-2.20
接待人数（万人次）	1394.07	803.87	485.24	221.65	137.44	96.45	29.70
同比增长（%）	-4.96	0.47	-8.49	-7.78	-7.35	-14.30	2.27
接待人天数（万人天）	2136.70	1184.33	806.65	342.04	252.68	158.36	53.57
同比增长（%）	-0.54	3.49	-1.23	0.10	2.54	-13.17	15.93

资料来源：广州市文化旅游统计报表数据。

（3）旅行社业务有序恢复

2024年，纳入旅游统计的旅行社接待组团游客1136.10万人次，同比增长10.80%，经营收入216.10亿元，同比增长18.40%。广州旅行社接待国内来穗游客550.20万人次，同比增长14.10%。其中，接待省内跨市游客417.40万人次，同比增长32.10%。广州周边组团短途游受到热捧，接待一日游游客661.30万人次，同比增长14.90%。2024年，广州旅行社组团出境游游客61.20万人次，同比增长83.70%，其中，组团出国游游客50.50万人次，同比增长106.10%。随着相关出境政策的放开，组团出境游市场前景广阔。在2024年旅行社营业收入排名中，有3家从事网络预订的旅行社跻身前十，受理景区、住宿、交通等单项服务订单量

446.9 单，同比增长 19.50%，在自由行日渐成为游客出游首选的背景下，从事网络预订的旅行社成为行业新兴力量。

3.文旅消费增长稳中提质

为进一步激发文旅市场活力，广州推出一系列措施促进文旅消费，助力文旅市场繁荣发展。2024 年，广州文旅消费总额 3528.23 亿元，其中，国内文旅消费总额 3274.76 亿元，占文旅消费总额的 92.82%，入境文旅消费总额 253.47 亿元，占文旅消费总额的 7.18%（见表 12）。

表 12　2024 年广州文旅消费总额收入构成

单位：亿元，%

项目	国内文旅消费		入境文旅消费		文旅消费	
	总额	占比	总额	占比	总额	占比
一、商品性收入	1401.60	42.8	86.94	34.3	1488.54	42.2
1.商品销售收入	874.36	26.7	56.78	22.4	931.14	26.4
2.饮食销售收入	527.24	16.1	30.16	11.9	557.40	15.8
二、劳务性收入	1873.16	57.2	166.53	65.7	2039.69	57.8
1.住宿费	530.51	16.2	38.27	15.1	568.78	16.1
2.长途交通费	779.39	23.8	89.47	35.3	868.86	24.6
3.市内交通	98.24	3.0	6.34	2.5	104.58	3.0
4.邮政电讯费	3.75	0.2	3.55	1.4	7.30	0.2
5.文化娱乐费	101.52	3.1	5.58	2.2	107.10	3.0
6.景区游览	167.01	5.1	7.86	3.1	174.87	5.0
7.其他	192.74	5.8	15.46	6.1	208.20	5.9
合计	3274.76	100	253.47	100	3528.23	100

资料来源：广州市国内游客及入境游客文旅消费情况抽样调查数据。

文旅消费总额构成具有以下特点：

一是入境文旅消费总额占文旅消费总额的比重有所提升。入境文旅消费总额 253.47 亿元，占文旅消费总额的比重为 7.18%，占比较上年提升 1.48 个百分点，这与入境游的恢复密切相关。入境文旅消费的商品销售收入占比较上年提升 2.88 个百分点，长途交通费占比为 35.3%，较上年提升 3.1%，为入境文旅消费中最大的开支。

二是商品销售收入占比有较大幅度的提升。2024 年，广州文旅部门优化文化服务和产品供给，激发文旅产业发展新动能，充分释放文旅消费潜力，打造"广州礼物"文创品牌，营造"必购必带"购物环境，商务部门推出以旧换新促消费举措，带动了商品销售，国内文旅消费中的商品销售收入占比为 26.4%，较上年提升 7.6 个百分点。

三是食住行费用为广州文旅消费的重要组成部分。在文旅消费总额构成中，饮食、住宿、交通占比 59.5%，是广州文旅消费的重要组成部分，其中，长途交通费稳步增长，占比 24.6%，较上年提升 2.59 个百分点；入境游客的长途交通费占比最高，达 35.3%；国内游客长途交通费支出的比重为 23.8%，较上年提升 2.4 个百分点。国内游客景区游览和文化娱乐支出的比重分别为 5.1% 和 3.1%，明显高于入境游客在景区游览和文化娱乐支出上的比重。国内外游客关注的旅游热点不同，国内游客更热衷于前往景区游览，而国外游客偏重于体验城市文化。

二 广州文旅市场发展面临的挑战

（一）数字文旅拓荒进度尚需加鞭，科技赋能蓄势待发

当前文旅市场的数字化仍处于转型升级阶段，尚存在转化应用的堵点、卡点。在基础设施建设方面，智慧文旅平台建设有待完善，数据共享机制尚待健全，对数字化服务的协同发展产生了一定程度的制约。在技术应用方面，5G、AI、VR/AR 等前沿技术的实际应用场景不够丰富，创新视野不够宽广，尚未充分发挥技术赋能效应。在业态创新方面，数字文创、云旅游等新兴模式仍在探索阶段，规模化、产业化程度有待提升。在产业融合方面，文旅与科技、金融等领域的跨界融合还需走深走实，形成创新发展合力。在人才培养方面，既懂文旅又精通数字技术的复合型人才储备还不足，使数字化转型进程有所放缓。

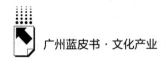

（二）乡村旅游尚需打磨，产业带动仍大有可为

乡村旅游仍以低端观光为主，高等级民宿和乡村酒店集群较少，休闲度假体验感有待提升。文化和旅游特色镇（村）数量有限，同质化严重，缺乏差异化、品牌化的乡村旅游产品。同时，乡村文旅与康养、非遗等产业的结合还不够紧密，高端产业集群尚未形成规模。此外，乡村公共文化空间建设有待进一步优化，非遗工坊、民俗活动的乡村文旅市场潜力仍需进一步挖掘，文化活化和产业带动作用的发挥存在瓶颈。

（三）高端文旅供给品类有待丰富，消费场景构建尚需多元拓展

现阶段，国家级旅游景区数量较少，国际影响力不足，高端住宿业存在发展短板，国际品牌酒店数量增长较慢，本土优质酒店品牌尚未充分培育。"文旅+体育""文旅+演艺""文旅+会展"等融合产品需进一步开发，邮轮游艇、滨海旅游、低空旅游等新兴业态尚未形成规模，珠江游等传统项目仍需提质升级，缺乏世界级滨海旅游品牌。此外，沉浸式体验项目供不应求，难以满足游客多元化需求。

（四）文商旅体有待进一步融通共进，消费潜能犹待释放激活

政策层面提出文商旅体融合发展，但仍需细化具体措施和配套政策，并建立系统性推进机制。现有文旅消费市场 IP 的号召力和市场响应度还有待提升，文旅消费活动的持续性和创新性有待增强。入境游市场空间有待开发，过境免签政策尚未被充分利用，国际营销力度不足，入境旅游产品供给有限。此外，支付便利化、退税服务等配套措施仍需进一步优化，以提升入境游客的消费体验和拓展文旅消费市场。

三　推动广州文旅市场发展的对策建议

（一）实施数字文化生态建设工程，培育"文化+"新业态

通过搭建智慧文化云平台，推动公共文化服务实现精准供给，运用区块

链技术构建文化资源确权交易体系，培育形成虚实融合的新型文化消费场景，构建"科技+文化"双轮驱动格局。把握新兴科技发展机遇，打造数字文化内容创作基地，发展数字孪生演艺、云上文博会等创新业态。加强文化基因库建设，应用 AI 技术对广绣、醒狮等非遗元素进行数字化再造，开发具有岭南特色的数字文创产品。鼓励文化企业与工业互联网平台深度对接，探索"文化+智能制造"模式，推动数字文化服务融入汽车、美妆等优势产业。构建数字文化产业生态圈，支持直播电商、知识付费等新业态发展，培育一批具有国际竞争力的数字文化领军企业。

（二）推动文旅赋能"百千万工程"，提升乡村旅游发展质量

支持将高等级民宿创建为国家等级民宿，打造乡村酒店（民宿）集聚区。积极创建省文化和旅游特色镇（村）。支持文化产业赋能乡村振兴试点地区建设。推动环南昆山—罗浮山县镇村高质量发展引领区建设，加快发展以森林温泉康养为龙头的高端产业集群，提升乡村旅游休闲度假品质。实施乡村文化更新计划，加强乡村公共文化新空间建设，广泛开展"村晚"活动，推动乡村非遗工坊建设，助力乡村振兴。

（三）加强高品质文旅产品供给，丰富文旅消费业态和场景

支持将广州塔旅游区创建为国家 5A 级景区。积极引进国内外高端酒店品牌，培育本土优质酒店品牌。打造"跟着赛事去旅行""跟着演出去旅行""跟着影视去旅行""跟着会展去旅行"等系列产品。做好"文旅+体育"大文章，推出"全运游""广马游""龙舟游"等系列套餐。发展邮轮游艇和滨海旅游，推进南沙国际邮轮母港常态化运行，创新"邮轮+景区"旅游模式。优化提升珠江游品质，打造世界级滨海旅游品牌。积极探索低空旅游应用场景，探索"低空+旅游"新模式。鼓励和支持 AI 技术在文旅领域的场景化应用，推出更多沉浸式文旅新业态、新场景。

（四）深化文商旅体融合发展，持续释放文旅消费潜力和活力

一是促惠民。聚焦创建国家文旅消费示范城市，依托"一城二都三中

心"，用好"羊城消费新八景"IP，策划文旅消费周、文旅消费月、文旅消费季等活动，联动广交会等大型活动精准营销，激发文旅消费新活力。二是强供给。开发"赛事+会展+美食"特色主题线路，推出亲子研学、银发康养等定制化产品，培育"珠水 Live House""国潮文创"等新场景，加速夜间经济与邮轮游艇业态发展。三是优生态。深入推进"旅游+""+旅游"战略，构建文商旅体融合发展新格局。通过财政金融支持扩大文旅投资，释放职工疗休养消费潜力，完善智慧文旅设施及离境退税等入境便利政策。四是重创新。推动演艺新空间、虚拟现实体验项目建设，拓展"谷子经济"核心区，以数字技术赋能非遗活化与产业升级，构建全链条消费促进体系。通过政策引导与市场驱动双向协同，实现消费扩容与城市品牌增值的双重目标。用好 240 小时过境免签政策，加强入境旅游产品供给，利用好"港澳人北上""China Travel"等热潮，优化口岸签证、离境退税、支付环境等服务，推动入境游提质扩容。

B.13
广州智慧文旅产业链发展研究报告

广州文化旅游宣传推广中心（广州文化旅游产业促进中心）、

旅柚信息咨询（广州）有限公司课题组*

摘　要：　本文以广州智慧文旅产业链为研究对象，深入探讨了产业链的发展现状、发展特征、存在的问题，并提出了相应的发展对策与建议。广州智慧文旅产业链上游主要包括文旅景区、公园景区、乡村旅游、文化场馆等旅游场景应用，下游则涵盖信息技术、系统平台、设施设备等旅游技术服务。广州智慧文旅产业链发展特征表现为上游代表项目分布集中，下游企业集聚效应较强，优强企业优势逐步显现。然而产业链发展中仍存在政策支持精准度尚需提升、相关资金保障有待加强、创新热情受到环境约束、科技创新投入力度亟须加大、人才储备不足等问题。对此，本文提出了政策引导、夯实基础、优化环境、扶持主体、人才保障等推动广州智慧文旅产业链发展的对策建议。

关键词：　智慧文旅　产业链发展　旅游场景

*　课题组成员：罗松，广州文化旅游宣传推广中心（广州文化旅游产业促进中心）主任，研究方向为文旅产业经济；蔡泽斌，广州文化旅游宣传推广中心（广州文化旅游产业促进中心）统计研究部部长，研究方向为文旅产业经济；梁卉，广州文化旅游宣传推广中心（广州文化旅游产业促进中心）统计研究部经济师，研究方向为文旅产业经济、文旅产业统计；曾羚静，广州文化旅游宣传推广中心（广州文化旅游产业促进中心）统计研究部职员，研究方向为文旅产业经济；杨胜穹，旅柚信息咨询（广州）有限公司总经理，研究方向为旅游产业、旅游市场；蔡美琪，旅柚信息咨询（广州）有限公司研究员，研究方向为旅游产业、旅游策划。

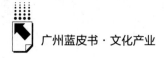

一 我国智慧文旅产业概览

智慧文旅是运用5G、大数据、云计算、物联网、人工智能等现代信息技术和装备，充分、准确、及时地感知和使用各类旅游信息，从而实现旅游服务、旅游治理、旅游营销、旅游体验的数字化、网络化、智能化（见图1）。

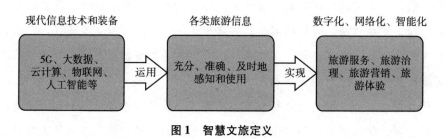

图1　智慧文旅定义

资料来源：旅柚信息咨询（广州）有限公司自制。

旅游业日益成为新兴的战略性支柱产业和具有显著时代特征的民生产业、幸福产业，旅游业的发展为促进国民经济有关部门的发展起着重要作用，可以满足居民精神消费追求。在经济带动效应方面，旅游业与超过110项行业有着密切联系，可通过延伸产业链而发挥乘数效应。截至2023年末，全国共有A级景区15721个，直接从业人员160.7万人。① 根据第五次全国经济普查结果，经核算，2023年全国旅游及相关产业增加值为54832亿元，占国内生产总值（GDP）的比重为4.24%。据联合国世界旅游组织（UN Tourism）测算，旅游收入每增加1元，可带动相关行业增收4.3元；旅游业每增加1个就业岗位，可间接带动7人就业。

智慧文旅作为一种新型的旅游发展观念，它的实质是要符合游客多样化的服务需求与体验感受，随着大数据时代的到来，充分利用大数据分析

---

① 《中华人民共和国文化和旅游部2023年文化和旅游发展统计公报》，中国政府网，2024年9月1日，https://www.gov.cn/lianbo/bumen/202409/content_6972211.htm。

和人工智能（AI）技术的优势为游客提供有效的旅游信息服务，将数据分析等数字化技术引入智慧文旅系统建设，对提升旅游业形象和服务管理能力起到至关重要的作用。因此，发展智慧文旅是我国旅游业发展的必然要求。

科技驱动是智慧文旅基因。智慧文旅成为我国旅游业发展的必经之路，全国纷纷开启智慧景区建设，当前支撑智慧文旅发展的信息基础设施得到大幅改善、政策体系不断优化，基于游客需求的市场基础更加牢固，科技企业的跨界融合和场景创新不断升级，"旅游+信息""旅游+网络""旅游+科技"等旅游科技企业迅速发展。

新一代信息技术加速智慧文旅发展。截至 2024 年 12 月，中国在线旅行预订用户规模达 5.48 亿人，占网民整体的 49.52%。[①] 利用 5G 网络、云计算、物联网等通用资源，以及各类智慧文旅涉及的软硬件协同系统，如景区的门禁、闸机、售检票，以及人流、车辆管理系统等，旅游业有望在智慧建设、管理、服务、营销等多方面实现系统性提升。

新一代信息技术成为智慧文旅快速发展的重要动力，激活了文旅产业的新业态、服务发展新范式，也深刻改变着人们的旅游体验，虚拟现实（VR）、增强现实（AR）、智能导览、移动支付等技术应用为旅游业注入新的活力，让游客在旅行中获得更加便捷、丰富和个性化的体验。新一代信息技术的发展，将为人民群众提供更加满意、更加现代的沉浸式智慧文旅体验产品，开启未来旅游的更多可能性。

全国智慧文旅已成规模化、产业化。根据文化和旅游部统计数据，2024年，国内出游人次为 56.15 亿人次，比上年增加 7.24 亿人次，同比增长14.8%。国内游客出游总花费 5.75 万亿元，比上年增加 0.84 万亿元，同比增长 17.1%。智慧文旅产业规模的不断扩大，也带动了科技、通信等关联产业的壮大。数据显示，全国智慧文旅企业在空间分布上主要集聚在北京、长三角、珠三角等经济发达的城市群，华中和西南地区的分布较少。

---

① 中国互联网络信息中心（CNNIC）：第 55 次《中国互联网络发展状况统计报告》。

二　广州智慧文旅产业链分析

（一）广州智慧文旅相关产业现状

广州文旅市场及产业规模不断扩大。2024 年，广州接待游客 2.5 亿人次，同比增长 6.4%[①]；另据广州市统计局发布的数据，2023 年，广州规模以上文化及相关产业企业（以下简称"规模以上文化企业"）有 3347 家，合计实现营业收入 5582.34 亿元，同比增长 15.9%。其中文化娱乐休闲服务领域增长最快，同比增长 160%。截至 2023 年，全市营收超百亿元的文旅企业达 10 家，有 31 家企业处于行业领先地位，咏声动漫荣获"全国文化企业30 强"企业提名，岭南商旅集团入选"2024 中国旅游集团 20 强"名单。

作为智慧文旅基础的软件和信息技术服务业持续发展。根据工业和信息化部电子第五研究所发布的数据，截至 2023 年，广州软件和信息技术服务业营收超百亿元的企业有 10 家，营收超过亿元的企业（不含百亿级企业）有 800 多家。网易、三七互娱、唯品会、津虹、虎牙直播、趣丸网络、汇量科技、多益网络、荔枝 9 家企业入选 2022 年中国互联网百强，有 6 家企业入选中国软件百强，此外还有 56 家企业在主板和海外上市。

（二）广州智慧文旅产业链基本情况

本文首先将广州智慧文旅产业链结构分为上游和下游，上游为旅游场景应用，下游为旅游技术服务（见图 2）。其次，对智慧文旅产业链上游的代表场景和产业链下游的代表技术、产品及应用进行分类归纳（见表 1、表 2）。

---

① 《2025 年广州市政府工作报告》，广州市人民政府网站，2025 年 2 月 27 日，https://www.gz.gov.cn/zwgk/zjgb/zfgzbg/content/post_10134039.html。

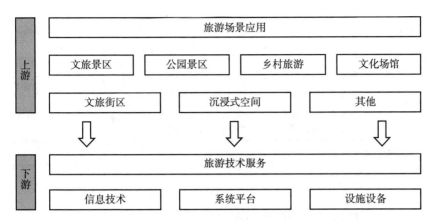

图 2　广州智慧文旅产业链结构

资料来源：旅柚信息咨询（广州）有限公司自制。

表 1　智慧文旅产业链上游

旅游场景类别	代表场景
文旅景区类	旅游景区、人文景点、旅游度假区、文旅小镇、综合性度假酒店/度假村
公园景区类	主题公园、动物园、游乐园、游乐场、市政公园
乡村旅游类	乡村旅游景点/景区
文化场馆类	博物馆、演艺剧院、图书馆、规划馆、美术馆、艺术馆、非遗场馆、纪念馆
文旅街区类	历史文化街区、商业旅游街区
沉浸式空间类	沉浸式体验空间、5D影院、360度环幕飞行影院、新媒体艺术乐园
其他类	文商旅综合体、旅游购物中心、旅游饭店、滨海/滨江旅游码头、交通站点枢纽（如高速服务区）

资料来源：旅柚信息咨询（广州）有限公司自制。

表 2　智慧文旅产业链下游

技术类别	代表技术、产品及应用
信息技术类	大数据、云计算、人工智能、虚拟现实、增强现实、元宇宙、区块链、大模型、5G通信技术、互联网、移动互联网、物联网、电子商务、电子支付、数据存储、GIS、LBS、网络安全
系统平台类	信息发布平台、网络社交平台、票务分销平台、智能预约预定平台、景区一体化管理平台、舆情监测及预警平台、全域智慧文旅监管调度平台、数据采集与交互平台
	气象环境、交通情况、地质变化、停车管理等旅游环境监测系统
	客流、车流、投诉、口碑等监测及预警系统

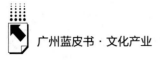
续表

技术类别	代表技术、产品及应用
设施设备类	摄像头、视频监控、气象感知、语音识别、近距离无线通信、图像识别等设施设备
	虚拟现实、增强现实、数字多媒体、元宇宙等设施设备
	智能终端、票务销售、智能闸机、无人驾驶游船、无人驾驶观光车、电子导游导览、声光电控制、服务机器人等设备产品

资料来源：旅柚信息咨询（广州）有限公司自制。

（三）广州智慧文旅产业链发展特征

广州智慧文旅产业链上游代表项目分布集中。截至 2024 年 7 月，广州有 5A 级景区 2 家、4A 级景区 37 家、3A 级景区 76 家。从涵盖产业链上游众多旅游场景类型的 A 级景区看，广州以 3A 级景区为主，A 级景区主要分布于越秀区，有 15 家 A 级景区，占比 15.79%（见图 3），其中包括 10 家 4A 级景区和 5 家 3A 级景区。

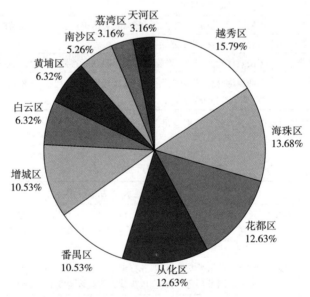

图 3　广州各行政区 A 级景区数量占比

资料来源：广州市文化广电旅游局。

从产业链上游发展活跃的星级饭店看，截至 2024 年 5 月，星级饭店集中分布于越秀区，有 33 家星级饭店，其中包括 1 家白金五星级饭店、4 家五星级饭店、10 家四星级饭店、12 家三星级饭店、6 家二星级饭店（见图 4）。

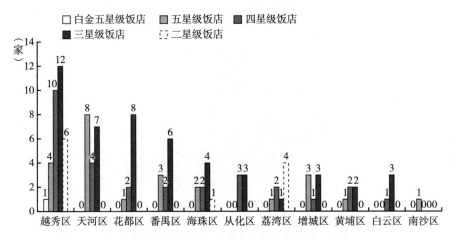

图 4　广州各行政区星级饭店分布情况

资料来源：广州市文化广电旅游局。

产业链下游企业集聚效应较强。从相关产业集聚情况看，广州规模以上文化企业和旅游企业分别以天河区、越秀区为主要集聚区域（见图 5、图 6）。

根据企查查网站收录的广州规模以上旅游企业[①]，全市共有 71 家企业符合相关条件。其中，越秀区有 28 家企业，占比为 39.44%，遥遥领先于其他行政区；增城区则没有任何企业录入。

从智慧文旅产业链集聚情况看，广州规模以上智慧文旅企业的主要集聚区域为番禺区、天河区。根据广州市文化广电旅游局规模以上文化及相关产业企业统计，全市规模以上智慧文旅企业共有 47 家，包括 28 家上游企业和

① 筛选条件：国标行业（铁路旅客运输、城市公共交通运输、公路旅客运输、水上旅客运输、航空客货运输、住宿业、互联网平台、数字内容服务、旅游会展服务、旅行社及相关服务、票务代理服务、城市公园管理、游览景区管理、文化艺术业、体育场地设施管理、健身休闲活动、室内娱乐活动、游乐园、休闲观光活动、文化体育娱乐活动与经纪代理服务、其他娱乐业等）；登记状态（存续、在业、迁入）；省份地区（广州）；经营范围（旅游）；注册资本（高于 1000 万元）。

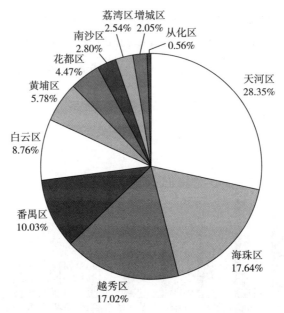

图5 广州各行政区规模以上文化企业数量占比

资料来源：广州市文化广电旅游局。

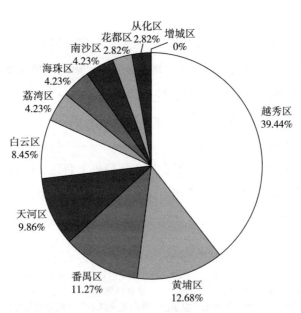

图6 广州各行政区规模以上旅游企业数量占比

资料来源：企查查。

19 家下游企业①。按区域划分，兼具产业链上、下游企业的行政区有番禺区、天河区、增城区、白云区、黄埔区及从化区，其中番禺区和天河区的规模以上智慧文旅企业数量居多（见图 7）。

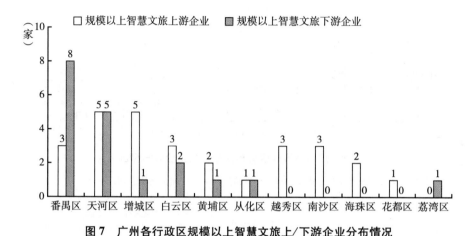

图 7　广州各行政区规模以上智慧文旅上/下游企业分布情况

资料来源：广州市文化广电旅游局。

优强企业优势逐步显现。根据广州市文化广电旅游局发布的广州规模以上文化企业统计，以及旅柚信息咨询（广州）有限公司发布的国家级、省级、市级、区级企业荣誉称号认定名单等公开资料整理，全市共有 57 家智慧文旅优强企业。广州各行政区智慧文旅优强企业分布情况及数量占比如图 8、图 9 所示。

---

① 引用规模以上文化及相关产业划分标准，与智慧文旅产业链上游相关的行业类别包括内容创作生产（图书馆、档案馆、博物馆、烈士陵园、纪念馆、群众文体活动等）、文化传播渠道（艺术表演场馆等）、文化投资运营（文化企业总部管理、文化投资与资产管理）、文化娱乐休闲服务（观光游览航空服务、自然遗迹保护管理、动物园/水族馆管理服务、植物园管理服务、城市公园管理、名胜风景区管理、森林公园管理、其他游览景区管理、游乐园、休闲观光活动）；与智慧文旅产业链下游相关的行业类别包括内容创作生产（其他文化数字内容服务、文艺创作与表演等）、文化辅助生产和中介服务（休闲娱乐用品设备出租、旅游会展服务等）、文化装备生产（露天游乐场所游乐设备制造、游艺用品及室内游艺器材制造、电影机械制造等）、文化消费终端生产（可穿戴智能文化设备制造、其他智能文化消费设备制造等）。数据统计截至 2022 年。

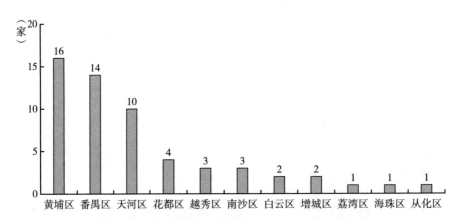

图8 广州各行政区智慧文旅优强企业分布情况

资料来源：广州市文化广电旅游局、旅柚信息咨询（广州）有限公司。

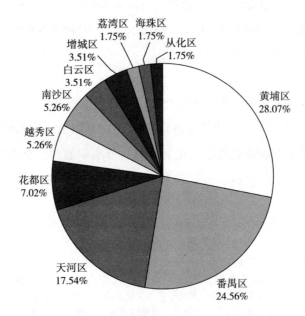

图9 广州各行政区智慧文旅优强企业数量占比

资料来源：广州市文化广电旅游局、旅柚信息咨询（广州）
有限公司。

三　广州智慧文旅产业链发展中存在的问题

（一）政策支持精准度尚需提升

《广州市文化和旅游发展"十四五"规划》《广州市关于推进数字文化创意产业高质量发展的实施意见》《广州市促进文化和旅游产业高质量发展的若干措施》等文件中虽明确了发展智慧文旅，支持大数据、人工智能、云计算等数字技术在旅游产业中的应用，但具体体现智慧文旅的政策文件尚显不足。例如，虽然《广州市文化和旅游产业发展专项资金管理办法》对产业链上游景区新增投资项目作出支持，但未将智慧文旅创新企业、智慧文旅示范项目等纳入专项资金支持范围。接受调研的智慧文旅科技型企业普遍反馈市级层面相关政策的支持及落实不到位，科技创新补贴仅停留在省级层面，且主要在科技、工信等主管单位。在区级层面，黄埔区较为重视相关科技型企业的扶持，出台了瞪羚企业相关支持政策，对智慧文旅企业的科技创新起到良好的推动作用，但受政策环境影响，有关企业反馈相关惠企政策力度在减弱。

（二）相关资金保障有待加强

广州文化创意产业规模大、竞争力强，但智慧文旅细分产业链的基础稍显不足。广州上市文化企业中，文化数字化企业占比较大，主要分布在游戏、直播、传媒等领域。涉及旅游类业务的上市企业数量较少，以技术创新及应用开发的智慧文旅企业的营收规模和盈利水平普遍较低，在申请专精特新、瞪羚企业等相关资质认定过程中存在困难。如在科创板上市的巨有科技在调研中反馈其需要大量的、持续的技术创新投入，在企业融资方面需求强烈，而还没上市的智慧文旅科技企业则更难获取融资。另外，在产业链上游，景区类企业在智慧文旅建设上的较大投入与景区单一的门票收入模式之间尚未找到平衡点，且上游景区类企业在上市融资过程中的障碍较多，融资渠道不畅通。

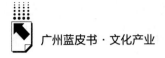

（三）创新热情受到环境约束

智慧文旅是以物联网、云计算、人工智能等数字科技为基础的面向未来的全新旅游形态，涉及众多行业和细分前沿技术及装备的互联互通，技术创新具有难度大、强度高、投入大等特点。一是作为信息技术在旅游业融合产生的旅游经济新形态，智慧文旅企业和智慧文旅项目的行业监管涉及工信、科技、文旅、商务、市监等多个主管部门，但部门之间的协调机制不高效，在一定程度上阻碍了市场主体的创新活力和动力。二是虽然已经设立广州市智慧文旅科技协同创新中心，但文化科技、智慧文旅等市场创新主体，如各类文博场馆和旅游景区度假区等文化旅游应用场景的参与度不高，未打通学术研究、技术创新、产业应用的产学研真正深度融合的壁垒，自研技术在广州市本地的文化旅游场景应用深度不足、广度不够，也就难以形成具备行业引领性的标杆案例和项目。三是缺乏在智慧文旅技术创新方面的专项资金支持政策。《广州市文化和旅游产业发展专项资金管理办法》并未将有智慧文旅相关企业和项目纳入专项资金支持范围，在支持智慧文旅企业创新研发上仍存在政策优化空间。

（四）科技创新投入力度亟须加大

智慧文旅中基础设施的完善，与智慧文旅相关的信息技术，大数据、云计算、人工智能等技术的开发和运用，智能网络和服务的升级和改造等都与大量的资金投入及高层次研发人才的需求密切相关。一是广州市创新资源有待整合，创新环境有待优化；二是广州地方财政科技投入占地方财政支出比重虽实现稳定、较快增长，但城市科技创新研发经费投入仍不足，难以满足智慧文旅技术创新资金需求；三是广州的人均教育经费投入亟待增加，教育投入总量和生均教育经费差距较大，不利于智慧文旅高层次研发人才发展。

（五）人才储备不足

互联网、大数据、人工智能等现代信息技术在智慧文旅产业中的广泛应用，对人才在科技创新能力方面提出了更多的要求。广州智慧文旅人才储备不足主要体现在两个方面：一是现代旅游业创新人才相对匮乏；二是战略型人才、高技能人才和复合型人才短缺。有多家被调研企业明确表示自己在人才培养方面存在较大困难：一是涉旅从业行业人员对智慧文旅新技术及智慧文旅系统的理解不足和运用水平不高；二是智慧文旅企业核心员工培养和其他旅游经营企业差异较大，有较强的技术背景知识要求；三是高等院校缺乏更为细分、精准的专业或课程设置，导致人才培养与智慧文旅企业的实际人才需求不匹配。如中山大学旅游学院、华南师范大学旅游管理学院、华南理工大学旅游管理系均缺乏面向智慧文旅方向的细分专业设置，于近年才开始尝试数字文旅、智慧文旅相关专业课程培养，导致高等院校培养的具备技术背景的旅游人才储备不足，不利于推动智慧文旅产业可持续、高质量发展。

四 推动广州智慧文旅产业链发展的对策建议

（一）政策引导，做好促进智慧文旅发展顶层设计

智慧文旅是旅游经济新业态，近年来国家大力推动智慧文旅发展，结合国家对数字经济、现代服务业、智慧文旅等相关战略和《粤港澳大湾区发展规划纲要》要求、广东省相关指导政策，编发促进广州智慧文旅产业发展指南，以党委领导、政府主导、部门协同、市场广泛参与为顶层设计，有针对性地出台基于广州智慧文旅产业发展特点的指导政策。通过专项资金拨款设立智慧文旅产业发展专项扶持资金，联合社会资本以"政府引导，社会参与"模式探索成立智慧文旅产业发展引导基金，以股权投资形式积极支持和鼓励智慧文旅企业创新、做大做强市场主体、培育孵化创新后备力量。同时，可通过引导基金投资方式，"以投代招"引入技术创新型智慧文旅企业和龙头企业区域总部或分支机构落户广州，引导企业加大对智慧文旅和相关产业的投资力度。探索将符合条件的智慧文旅配套项目纳入地方政府

债券支持范围。引导银行等金融机构对接重点企业，按照市场化原则加大对智慧文旅项目的支持力度。以沉浸式体验为重点发展方向，鼓励广州应用先进的人工智能、信息网络、虚拟现实、增强现实等新数字信息技术赋能文旅产业，大力发展云旅游、云娱乐、沉浸式体验、元宇宙旅游、滨海旅游等文旅新业态，培育和打造数字新技术在旅游业应用示范标杆和行业制高点。加大知识产权保护力度，借鉴国际国内先进经验，对软件著作权、技术专利、创新发明、商业 IP、品牌内容等加强知识产权保护。

（二）夯实基础，扶持智慧文旅示范标杆

发挥政府在市场经济中的引导作用，定期发布广州智慧文旅发展报告，评选市级智慧文旅创新示范企业或应用案例，为引导各类主体机构参与推动智慧文旅产业发展提供专业指南。联合社会组织和专业机构，研究制定广州智慧文旅景区、智慧博物馆、智慧文化旅游街区、智慧滨海/滨江旅游区、智慧文旅沉浸式体验场景等地方或团体标准，建立智慧文旅标准化示范基地，抢占智慧文旅产业标准高地，树立智慧文旅示范标杆，提升广州在全国智慧文旅领域的领先地位。把握国家新一轮大规模设备更新政策机遇，鼓励对旅游景区、度假区、乡村旅游、主题公园、文博场馆等旅游场景进行数字化与智能化改造升级。扩大无线网络覆盖面，提高 5A 级景区、国家级旅游度假区、重点文博场馆等 5G 覆盖率，提升数字化水平，推进信息互联互通。鼓励广州旅游景区景点、文博场馆、沉浸式空间、智慧文旅创新企业积极申报省级、国家级相关示范案例，结合政策支持工具给予专项资金扶持，并通过产业引导基金为示范企业提供基金投资优先支持。

（三）优化环境，推动智慧文旅技术创新

技术创新离不开良好的环境支撑，主动破除智慧文旅企业创新障碍，优化营商环境，给予创新企业适度的政策灰度空间，在监管上适当放松，激发企业创新活力。一是优化企业创新环境，要增强创新意识和营造创新氛围，支持开展政府引导、社会组织发起、企业和研究机构广泛参与的各

类智慧文旅相关行业研讨活动，充分依托广州文化产业交易会等市级品牌展会资源和借力省级、国家级品牌展会与交易会，创新打造智慧文旅创新成果展示与交易专场品牌活动，加强创新理念的传播和践行，形成鼓励创新的行业风气；二是优化政策法规环境，制定支持智慧文旅发展的政策和法规，以促进技术创新、数据安全、隐私保护等方面的制度监管平衡，为行业提供较为宽松和清晰的法律框架；三是优化监管部门职责及行业协作环境，强化不同利益相关者之间的合作机制，包括政府部门、旅游企业、技术供应商和研究机构，共享最佳实践、经验和资源。提升广州智慧文旅科技协同创新平台的整合能力、协调能力，发挥推手作用，加速推动智慧文旅产业创新发展。

（四）扶持主体，支持智慧文旅企业加强科研投入

科技创新的重要阵地是广泛的市场主体，尤其是行业龙头企业。龙头企业不仅是产业发展和技术创新的榜样，还是行业标准的制定者、新市场的创造者，能够集聚带动上下游产业配套企业发展，从而形成产业集群或构建起产业生态。培育壮大数字文旅、智慧文旅经营主体。积极引导信息技术、互联网及其他科技领域龙头企业布局智慧文旅产业。在积极扶持中小微智慧文旅创新企业成长的同时，开展智慧文旅企业认定和梯度培育工作，鼓励智慧文旅企业申报专精特新、瞪羚企业、隐形冠军等相关荣誉，为高成长性的智慧文旅中小微企业提供资金申报、政策解读、融资顾问等服务。支持社会资本参与智慧文旅新基建和旅游企业数字转型融合发展，聚集多方力量发展智慧文旅产业。完善产学研合作机制，发布智慧文旅产业招商项目，由政府部门牵头，鼓励信息技术企业、旅游企业、行业组织、优秀人才参与，进一步完善广州智慧文旅科技协同创新服务平台，共享智慧文旅技术研发能力、数据要素资源、创新人才培养，提供政策支持、资金支持、智力支持等，以化解智慧文旅创新的组织机制障碍。强化数字技术、信息技术、人工智能、虚拟现实等创新技术和旅游业的双向赋能。加强相关创新技术与旅游企业对接合作，探索建立智慧文旅和数字文旅产业发展联盟，整合行业技术、资本、

人才等优质资源形成创新合力，促进数字技术向旅游业应用领域拓展，更大限度地释放数据要素、技术创新和文化旅游的互相赋能。基于数字技术基础和文旅场景应用融合形成新业态、新产品、新服务，持续加强 IP 开发、品牌授权及价值转化。鼓励发展旅游直播、旅游带货等线上内容生产新模式。推动数字产品和服务在文博场馆等不同文旅场景的应用，促进数字展厅、数字藏品、虚拟数字人等数字文旅、文博新业态的发展。

（五）人才保障，构建智慧文旅相关产业人才梯队体系

人才是保障智慧文旅产业高质量、可持续发展的重要力量，培养和引入专业的人才建设机制能够更好地为智慧文旅产业发展提供人才保障。鼓励文旅企业加强与科研机构、高校在人才培养和技术创新方面的战略合作。鼓励景区、度假区、旅行社、旅游饭店等上游企业通过招聘引入信息技术、数字技术、大数据等方面的综合型人才，夯实文旅企业的数字化基础，强化智慧管理，加快推进智慧文旅向网络化、信息化、智慧化转型。遴选将数字技术、信息技术等新技术应用于文化旅游领域的科技创新人才，发布专项人才扶持计划，对具有优秀创新成果的专业技术人才给予专项支持。出台面向企业的人才培训资金支持政策，减轻企业对人才培养的资金投入压力，鼓励文旅企业加强对员工智慧文旅发展理念和技术创新及应用的培训，提高员工的专业素质与实践能力。鼓励市属高等院校有倾向性地增设与旅游数字化、数字文旅、智慧文旅服务与管理等相关的专业或课程，鼓励探索高等院校与文旅企业共建创新人才联合培养平台，培养智慧文旅产业专项人才。鼓励文旅企业增设旅游数字化岗位，加强综合型数字化人才储备，积极发挥专业人才作用，培育懂产业、懂技术、懂管理的综合型人才。

B.14
广州市推动城市更新与文旅融合
高质量发展研究

广州文化旅游宣传推广中心（广州文化旅游产业促进中心）、
广州市城市规划勘测设计研究院有限公司课题组*

摘　要：　城市更新与文旅融合是城市高质量发展的重要引擎，是增强城市
文化软实力与区域竞争力的有力抓手，为居民与游客营造"主客共享"的
高品质生活体验场域，助力城市从单纯物理更新向综合服务升级跃迁。本文
通过对国内外案例深入研究，从政策创新、业态重构、数字赋能、空间织
补、资产活化五大维度对广州提出对策建议，旨在为实现城市更新与文旅融
合的可持续发展提供理论支持与实践指导。

关键词：　城市更新　文旅融合　广州市

广州拥有高效的行政组织、厚重的商贸基因、优质的科教资源和深
厚的文化底蕴等优势，是粤港澳大湾区的政治、经济、文化和商业中心。
作为岭南文化战略支点城市，广州依托千年商都文化积淀，在"留改拆"
并举的城市更新实践中再造文商旅融合新范式，通过"绣花功夫"织补
城市肌理，实现历史文脉赓续与新兴产业培育的有机统一，通过丰富的

---

* 课题组成员：艾勇军，广州市城市规划勘测设计研究院有限公司正高级工程师，研究方向为
城市更新与产业发展；蔡泽斌，广州文化旅游宣传推广中心（广州文化旅游产业促进中心）
统计研究部部长，研究方向为旅游经济；陈奎延，广州市城市规划勘测设计研究院有限公司
工程师，研究方向为城市经济；梁宏飞，广州市城市规划勘测设计研究院有限公司工程师，
研究方向为城市经济；曾羚静，广州文化旅游宣传推广中心（广州文化旅游产业促进中心）
统计研究部职员，研究方向为旅游经济。

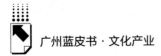

存量空间更新实践使城市成为展示千年商都开放基因与文化原真性的立体舞台。

习近平总书记多次强调文化产业的重要性，要求"深化文化和旅游领域改革""加快建设社会主义文化强国"①。党的二十大报告明确提出"坚持以文塑旅、以旅彰文，推进文化和旅游深度融合发展"。广州市以《关于实施城市更新行动助力粤港澳大湾区文化建设的意见》为纲领，将习近平总书记关于"让城市留下记忆，让人们记住乡愁"②的重要理念深度融入城市更新实践。2023 年出台的《广州市关于推进文商旅融合发展的若干措施》明确提出打造"世界级城市文化会客厅"，构建"珠江文化带+传统中轴线+海丝文化长廊"三位一体的城市文化空间格局。

一 现状评估：更新政策先行，示范成效突出

（一）先行先试探索，更新内涵持续深化

广州以政策创新与灵活治理机制为核心，在城市更新领域实现了多阶段的先行先试，始终推动前瞻性制度设计，2009 年率先出台"三旧改造"政策，将土地收益权部分让渡给市场主体以激活存量用地动能。至 2015 年，广州成立国内首个"城市更新局"，首创"全面改造+微改造"分类施策机制。2019 年以来，政策持续迭代升级，聚焦产业空间保障、公共服务配套、历史文化保护、政策性住房供给等方面，内涵更丰富、重点更突出，围绕有机更新的新理念，涌现出如聚龙湾、太古仓、环市东等多个有机更新连片改造的重要实践地。2020 年构建"1+1+N"政策体系（"1 个实施意见+1 个工作方案+N 个配套文件"），形成完善的更新模式。2023 年颁布《广州市

---

① 《深化文化和旅游领域改革　加快建设社会主义文化强国》，"求是网"百家号，2024 年 10 月 17 日，https：//baijiahao.baidu.com/s？id=1813119464141214210&wfr=spider&for=pc。

② 《人民网评：让城市留下记忆，让人们记住乡愁》，人民网，2018 年 10 月 30 日，http：//opinion.people.com.cn/GB/n1/2018/1030/c1003-30372006.html。

城中村改造条例》（全国首部），明确把"加强历史文化保护，塑造城市特色风貌"作为城中村改造的六大目标之一。2025 年初，广州提出加快构建"12218"现代化产业体系，文化创意和旅游休闲是服务业的核心组成部分，广州动漫、网络音乐、游戏等产业发展走在全国前列，通过数字技术、跨界业态丰富"文旅+商业""日间+夜间"业态矩阵，通过城市更新拓展消费场景。

（二）资源禀赋优越，历史文化底蕴深厚

作为具有 2200 余年建城史的历史文化名城，广州积淀了深厚的广府文化和千年商都底蕴。城市内保留了大量历史文化街区、传统建筑、文物古迹等历史遗存，如恩宁路骑楼街、西关大屋、陈家祠等，这些丰富的历史文化资源为城市更新与文旅融合提供了独特的文化基因和发展素材，使更新项目具有鲜明的广州特色和文化魅力。另外，在城市发展进程中，广州形成了众多具有历史价值的工业遗存活化的新业态、新空间，例如太古仓、琶醍、1906 科技园扬韬广场等优秀实践案例，已由老旧厂房改造成为集科技、文化、商业和休闲于一体的现代化产业园区，以及其他等一批具有代表性的工业建筑群，不仅具有重要的历史文化价值，而且为文旅融合发展提供了独特的空间载体和文化内涵。

（三）更新模式多元，文旅融合成效显著

历经十余年探索，广州形成了微改造、全面改造、混合改造等多元化更新模式。其中，微改造模式以永庆坊为代表，通过精细化设计和渐进式改造，实现了对历史建筑的保护性更新；混合改造模式如珠江啤酒厂项目，将商业酒吧街与文化休闲带结合成为新型滨水空间"琶醍"，如今其已成为广州创意生活的潮流坐标、文艺青年的聚集地。以上更新模式既保护了历史文化，又促进了功能提升，实现了城市有机更新。在运营模式创新方面，广州采用"政府主导+企业运营+公众参与"模式，例如永庆坊由万科集团承接改造，采用"建设—运营—移交"BOT 模式，通过产业重构破解老城空心

化，并建立公众参与平台保障居民权益。在夜经济场景打造方面，北京路步行街、广州塔等入选国家级夜间文旅消费集聚区，通过数字技术打造沉浸式体验空间。在文化品牌建设方面，举办羊城粤剧节、沙面公共艺术季等活动，并依托新媒体矩阵开展全球文旅推介。

二 发展困境：治理模式掣肘，长效动力不足

（一）行政审批与政策限制拉长开发进程

一是保护优先原则下审批流程复杂。广州历史文化街区改造需规划、住建、文旅、消防等多部门协同审查，企业从立项到运营耗时 3~5 年，例如，永庆坊等项目因需满足文物修缮、风貌协调要求，业态引入常因外立面改造反复论证，行政效率待提升。相较而言，深圳推行"深圳 90"改革，明确各环节时限，职能部门须 5 个工作日内反馈意见，避免推诿；拆除重建类项目单元规划与计划同步申报，缩短立项周期，通过标准化流程、多阶段并联、重大项目专班等机制，使华侨城创意园等大型项目得以高效完成。

二是土地与业态功能变更限制门槛高。广州工业遗存用途转换面临土地性质转换的行政壁垒，需跨"三区三线"审批并补缴高额地价，加之业态适配限制，例如紫泥堂创意园和西坊大院均受限于工业用地属性，无法拓展餐饮住宿功能，抑制市场主体活力，相比之下，深圳创新二三产业混合用地模式，单宗地可混合配置商业、保障房等，上海《关于支持和推进上海工业旅游发展的实施意见》提出，将工业遗产活化纳入相关国土空间规划，并在符合地区定位和功能要求的情况下，对项目用地性质、容积率和旅游服务设施建设等方面予以支持，更为灵活地破解土地性质转换难题。

三是投资回报周期与租赁期限存在结构性错配。广州市国资委《关于规范市属国有企业物业租赁管理的指导意见》提出，国有物业租赁期限原则上不超过 6 年，特殊改造项目最长延至 12 年，增加了企业在限定时间内成本回收的风险，例如西坊大院运营方提出，租赁年限直接影响租金评

估和客户的经济可行性测算，租期过短使企业缺乏投资信心。运营承租方往往倾向于采取相对保守的投资策略，评估成本回收周期的同时，可能会减少在项目品质提升、业态创新等方面的投入，进而影响项目的长期发展质量。

（二）项目运营与合作招商陷入发展困境

一是长周期投资与运营困境。城市更新项目前期需投入高额改造成本（建筑加固、消防升级等），且产权补办、经营许可办理等程序冗长，永庆坊等微改造项目依赖长期租金与文化消费回收成本，但老旧物业短期回报率低。文旅业态需持续优化方能增值，全生命周期动态更新要求进一步加剧运营压力。

二是高品质业态引入受限。在永庆坊、琶醍、紫泥堂创意园、太古仓等项目实践中，广州注重"工业遗存+文商旅科"的跨界融合，形成多元业态共生模式，但相比北京798"艺术策展+科技体验"、成都东郊记忆"策展式招商+社群运营"、上海愚园路"节庆活动+传播矩阵"、重庆下浩里"主理人+快闪店+共创工坊"等复合型业态组合，广州部分项目在新兴业态迭代创新、动态调整和艺术文创活动创新策划上仍有进一步调整提升空间。

三是低效闲置物业盘活利用不足。针对低效闲置物业，广州虽出台多项更新政策，例如《广州市商业、商务办公等存量用房改造租赁住房工作指导意见》，但在执行中面临"一刀切"的风险，例如，公建配套物业因政策规定只能用于社区服务，无法通过出租或出售实现经济收益，且有部分低效物业存在权属不清、债务纠纷等问题。对比天津《关于支持既有建筑存量盘活的意见》允许低效建筑临时调整为文旅、康养等用途，临时使用期限不超过原土地使用年限的规定，广州政策灵活性略显不足。

（三）发展诉求与公共韧性存在目标矛盾

一是政策导向与市场需求错位凸显。部分政府部门对高端业态导入要求与老旧物业及客群基数不匹配。典型案例为北京路粤潮楼 NEW IN 项目需应对"重奢业态"要求与物业合规性缺陷的矛盾，不仅增加了运营方的招商难度，也影响了项目的市场竞争力和可持续发展能力。

二是生态保护与文旅开发存在结构性冲突。项目功能完善因环保限制受阻，如水源保护区禁止新建餐饮住宿业态，制约配套设施构建。珠江沿岸、历史河涌等区域受"绿色空间保留"政策影响，大型娱乐设施建设受限，被迫采用轻量化改造模式，但开发强度降低与客群吸引力有限又反向压缩商业价值空间，形成保护与开发失衡的循环。

三是基础服务配套不足掣肘品质提升。永庆坊、荔枝湾涌等成熟项目在客流量激增后面临交通拥堵、停车位短缺等硬伤，历史街巷原有的道路格局未扩容升级，与"主客共享"理念形成割裂。此类矛盾暴露出平衡城市韧性建设与文旅发展目标的系统性困境，亟须通过精细化规划统筹多重发展诉求。

（四）产业生态与创新动力亟待发掘挖潜

一是业态单一与载体碎片化制约产业链延伸。全市文旅项目大部分以单个景点参观和较为初级的自助式体验为主，消费场景不够丰富，新业态较为缺乏，康养游、研学游、博物馆游等高附加值项目少，网红经济、夜间经济、创意经济等新模式有待深化拓展。

二是市场主体创新动能相对薄弱。广州文旅产业中小微企业占比超80%，但缺乏具有国际影响力的文旅 IP 运营商和产业链整合平台，文旅市场主体普遍存在规模小、实力弱、抗风险能力差等问题。知名文创园区如红专厂、T.I.T 创意园以展览、办公为主，缺少"文化+科技"跨界业态，缺少类似上海张江科学城的"科技艺术融合"实践。

三是项目联动性差，未形成协同效应。跨区域项目因利益分配与协调壁垒未能形成合力，如番禺"百里珠江·水上画廊"因市文旅局、港务局等多部门分歧停航，广清大湾区北部生态文旅合作区规划推进缓慢。碎片化布局致使客源共享、营销联动受限，规模效应难以释放，影响产业整体竞争力提升。

三 经验借鉴：多维创新融合，合力铸链升级

（一）合作形式创新，政企社多维协作深化利益协同

合作形式创新与政企社多维协作是破解工业遗产及公共空间等领域更新难题的核心路径，其典型经验体现在四个维度。一是推行弹性规划与土地混合利用。新型产业用地（M0）作为工业用地（M 类）的创新细分类型，允许研发、创意设计、无污染生产与商业服务、文化体验等功能的混合开发，青岛 M2 创意园、东莞 769 文创园都是国内已落地的工业遗产文旅活化的优秀实践案例。二是构建文化遗产分级保护体系。日本京都祇园实施建筑高度与立面材质管控；福州三坊七巷划定核心保护区至功能拓展区的三级管控，严格限定商业配比。三是创新政企协作与市场化机制。纽约高线公园授权非营利组织运营，以特许经营整合社会资本；成都宽窄巷子发布《业态准入负面清单》，将文创比重提高至 60%，吸引非遗体验与独立品牌集群。四是突破产权与融资限制。伦敦泰晤士河南岸通过容积率转移基金平衡生态修复与商业开发；上海杨浦滨江设立专项产业基金，以基础设施 REITs 支持工业遗址转化。以上实践表明，多维协作需平衡制度供给、技术赋能与治理优化，促进实现保护成本分摊与增值收益反哺的深度协同。

（二）业态特征重塑，文化场景驱动空间价值蝶变

文化场景驱动空间价值蝶变已成为城市更新的核心路径，其共性经验可凝练为三个维度的创新实践。一是文化 IP 的场景化消费转化。西安大唐不夜城聚焦唐文化特色 IP，打造了集全唐空间游玩、唐风市井体验、主题沉浸互动、唐乐歌舞表演、文化社交体验于一体的西安首个沉浸式唐风市井生活街区；成都东郊记忆依托老厂房构建 ARTE 全沉浸式美术馆，将工业遗址转化为赛博山水、未来宇宙等虚拟艺术场景。二是构建历史文化的多维转化机制。上海蟠龙天地复原"九龙一凤"水乡符号，将古镇更新为精品度假村；

西安叁伍壹壹 TFEP 社区通过"花鸟市集+青年车间",实现了老厂记忆与社区生活的有机互动。三是技术赋能场景故事性表达。纽约高线公园通过数字艺术装置构建夜游体系;成都猛追湾以 AI 感应灯带打造街区数字孪生系统,结合快闪剧本杀活动增强场景黏性。以上案例共同指向,文化场景价值重构需突破物理空间局限,通过核心 IP 孵化、虚拟与现实交互、社区共创等多元策略,将文化遗产转化为可参与、可消费、可传播的体验经济链条。

(三)运营模式突破,长效价值运营体系构建

构建长效价值运营体系需通过运营模式创新打通"文化资产转化—产业链整合—资本循环"闭环,核心路径包括三个方面。一是政企协作与权责重构。北京郎园 Station 由首创集团(北京市属国企)旗下的文化产业运营品牌取得为期 18~20 年的改造运营权,实行"国有平台资源背书+市场化运作",实现"国有资产增值+商业价值激活"双赢;纽约高线公园授权非营利组织"高线之友"运营,形成"慈善募捐+商业反哺"可持续链条。二是独占性 IP 与新兴业态耦合。成都 COSMO 创新"主理人+买手店"模式,整合全国潮牌资源构建自循环商业生态;杭州天目里凭借茑屋书店全球旗舰店与艺术策展中心形成文旅磁场,配套办公/酒店业态保障持续现金流。三是产权机制突破保障长期收益。上海愚园路采用"国资平台+市场机构"模式成立合资公司,通过产权归集与经营权置换,实现沿街商铺统一管理和租金溢价十倍增长;成都玉林东路组建"多业权街区共发展联盟",推动商户联合运营与品牌标准共建,解决商居混杂矛盾。此类模式突破传统租赁逻辑,搭建"政府定规则—市场注活力—专业运营塑内容—社群生态赋温度"的协同网络,通过制度创新平衡保护成本与商业回报,实现可持续价值循环。

四 对策建议:培育产业生态,深耕精细运营

在"双循环"新发展格局构建与国土空间优化背景下,广州需以城市

更新为抓手，通过政策创新、业态重构、数字赋能、空间织补、资产活化五大维度，构建城市更新与文旅融合高质量发展的系统性路径。

（一）强化顶层设计与政策创新，构建全周期协同机制

以政策创新为核心，破除土地、审批与业态约束，构建"政策供给—主体协同—动态治理"三位一体的城市更新与文旅融合全周期协同机制。

一是完善多层级政策工具箱。出台市级促进城市更新与文旅融合相关支持政策，深化土地混合开发、容积率奖励等激励性措施，细化历史建筑活化兼容功能指引，明确文旅用地功能置换规范。建立文保资源权责清单制度，科学平衡风貌保护与活化利用，支持工业遗产、闲置公房弹性植入文商旅功能。

二是创新多元主体协作模式。推广"EPC+O"一体化开发模式，鼓励社会资本通过PPP、股权合作等方式主导运营，试点文旅资产证券化从而拓宽融资渠道。建立"阶梯式收益分配"机制，按年限比例提取商业收益反哺社区基金，依托国企平台统筹历史文化街区和工业遗产等国有物业资产更新，延长租赁期限至《中华人民共和国民法典》规定的最长期限20年，以稳定投资预期。创新"政府监管+市场竞争+社群共治"协作框架，探索原有居民以产权入股参与增值分配。

三是建立动态治理与容错体系。构建多维度评估模型，引入第三方对项目文化传承度、经济价值等开展全生命周期监测。推行负面清单动态管理，严控破坏历史肌理的开发行为，实施"许可制+信用承诺"分类豁免机制，允许合规突破功能兼容比例或容积率限制。设立创新项目容错观察期，对政策调整导致的项目亏损按投资额比例托底补偿，保障社会资本合理退出。

（二）深度挖掘在地文化内涵，创意打造本土IP和消费场景

以业态重构为核心，通过多维业态融合与历史资源转化激发存量空间经济活力，构建"文化+商业+科技"复合价值生态链。

一是文化基因解码与在地转化。深挖千年商都、广府非遗等文化基因，

以岭南文化为主线，整合粤剧、广绣、醒狮、扒龙舟等非遗资源，开发沉浸式体验项目，如粤剧脸谱绘制、醒狮表演互动等，增强游客参与感。构建"味在 YOUNG 城"品牌体系，设计"早茶文化体验"等特色活动，结合西华路、文明路、同福路等美食特色街区，形成美食旅游线路。修复黄埔古村等历史遗迹，打造"千年港市"主题旅游区，融合海丝文化申遗成果，突出广州作为古代海上丝绸之路起点的历史地位，推动历史文化从静态展示向动态体验转化。

二是梯度业态矩阵与场景创新。布局"日间商务+夜间文旅"全时消费圈层，CBD 区域集聚国际艺术画廊与设计业态，工业遗存通过"第五立面活化"规范兼容展览、办公等功能。东山口、六运小区、江南西等年轻态街区植入非标主理人经济生态，永庆坊、泮塘五约历史文化街区嵌入"非遗+潮玩"轻量化业态，形成新旧共生的文化拼贴效应。依托长隆野生动物世界、广东科学中心等，开发科普教育类项目。推动广交会衍生文旅活动，游客可参与跨境商品直播带货，同步推出"会展+文旅 City-Tour"联票。针对不同客群的需求偏好，差异化设计"岭南建筑探秘"（沙面、陈家祠）、"商贸历史溯源"（黄埔古港、广州十三行博物馆）、"自然生态休闲"（白云山、海珠湿地）等主题线路。

三是夜间经济与业态联动。依托沙面、永庆坊等载体打造"夜宴、夜赏、夜购"品牌矩阵，引入水上剧场、电竞场馆等新兴业态，串联"湾区音乐汇"等节庆 IP 形成夜间消费闭环。活化工业遗存为演艺空间，配套光影秀、市集活动，构建"文创+拍摄+研学"产业生态，实现"日间可游、夜间可驻"的全时段文旅消费体验。借力广交会、国际灯光节等平台，展示广州开放包容的国际化形象，打造"光影岭南"主题夜游，以广州塔为核心，联动珠江新城建筑群形成光影艺术矩阵，凸显经济活力与城市景观，以空间运营创新实现历史资源价值转化，构建"主客共享"的沉浸式消费场景。

四是策划节事活动，构建多维叙事体系。围绕"千年商都"与"活力湾区"双主线，打造差异化主题年，商贸主题年复现海上丝绸之路航线，组织"重走十三行"跨国邮轮之旅，沿途举办广货展销会；生态主题年依托海珠湿地推出"都市绿心艺术节"，邀请国际艺术家创造临时性快闪地景艺术装置。

（三）数字赋能场景创新，构建智慧文旅新范式

以数字化转型重构文旅体验生态，通过虚拟与现实交互增强空间叙事能力，形成"虚实共生—场景智联—数字资产"三位一体的智慧文旅创新体系。

一是数字化融合体验平台建设。搭建"元宇宙+数字孪生"双核引擎，建立毫米级三维模型，开发 AR 全景导览系统，开发"千年商都"元宇宙场景，利用 XR 技术复现十三行商贸历史，联动白鹅潭数字艺术中心打造沉浸式演出《丝路幻境》，实现文化遗产可感知、可交互、可消费。以数字技术为驱动，在珠江沿岸构建元宇宙文旅场景，推出 NFT 数字藏品等虚实交互产品，拓展消费增量空间。

二是智慧化服务网络升级。依托"穗智管"搭建全域文旅数据中枢，集成景区客流、交通接驳等实时数据，推出"穗好办—文旅通"平台，集成预约导览、AI 多语种翻译等智慧功能，同步布局智能寄存柜、无人零售终端覆盖枢纽站点。建立"广州文旅智慧云平台"App，动态整合各类社交媒体游客行为数据，集旅游线路个性化推荐、智能行程规划、虚拟导览、社交互动、在线预订等功能于一体，打造广州文旅大数据精准营销"一站式"服务平台。

三是文化资产数字化转化。推出"岭南非遗数字典藏计划"，精选粤剧、广绣等 IP 开发 NFT 数字藏品，沉淀数字资产价值。建设非遗元宇宙工坊，实现师徒异地同步研习，线上社区与线下体验空间形成闭环。引入裸眼3D 投影技术，在码头旧厂房打造沉浸式光影剧场，重现海丝贸易场景。

四是智慧场景商业化拓展。构建"技术+内容+消费"融合链路：在永庆坊嵌入全息投影剧场，通过数字分身技术延展历史文化叙事；北京路"5G+北斗"智慧商圈运用热力图优化业态布局，助力商铺坪效提升。建立

文旅大数据监测系统，动态追踪沉浸式场景用户行为偏好，指导业态迭代与产品研发。

（四）缝合城市文化肌理，增进生态与文化认同

以"针灸式更新"为核心理念，通过生态修复、空间织补与智慧治理的协同推进，强化城市韧性并增进文化认同。

一是低碳韧性技术集成与空间重构。在滨江区域、公园等公共空间建设中嵌入海绵城市设施与零碳技术，以阅江路碧道、海珠湿地为示范构建"生态节点+智慧监测"体系，结合 TOD 模式开发屋顶绿化、下沉式绿廊等立体生态网络，串联慢行系统与文旅节点。推动工业遗址生态修复，如广船旧址融入亲水码头与节庆空间，构建生态与人文共生的复合水岸。

二是微型公共空间织补文化肌理。通过微更新植入"非遗工坊+社区博物馆"等复合功能，以恩宁路、泮塘五约历史文化街区为典型，采用"口袋公园+智慧橱窗"活化街角闲置空间，形成"一公里文化触媒点"。滨江区域布局露天剧场、艺展市集等轻量设施，缝合碎片化岸线资源，打造连续贯通的活力走廊。

三是低效物业活化创新路径探索。政府引导与市场参与结合，整合广州国有文化和旅游企业，发挥社会主体的积极性，建立政府统筹、企业主导、社会资本参与的开发机制，推广荔湾区通过将市属行政事业单位和国企闲置物业无偿调拨或鼓励其合作开发，支持文化产业转型，形成"政府搭台、市场唱戏"的经验。

（五）实现可持续发展保障，完善项目资金筹措与运营机制

以资本循环与制度供给双向突破为核心，构建"土地开发—资产活化—财税激励"全链条可持续机制。

一是优化土地收益分配机制。将历史保护、配套设施建设纳入土地开发成本核算，允许国企通过运营收益反哺前期投入。推动文旅资产证券化，将沙面建筑群、广州塔等优质资产纳入基础设施 REITs 试点，盘活存量资产并

募集资金用于新项目建设。创新"容积率银行"制度，腾挪文化设施配建指标支持广船等地块开发，破解复杂权属问题。

二是资本协同与市场活力激发。组建国企主导的"城市更新文旅联盟"，建立标准化策划运营体系；设立文旅创投基金，重点扶持数字文博、沉浸式演艺等新业态，给予税收减免。激励社会资本参与，通过"超长租约+租金保底+收益分成"政策，增强投资者信心。针对零散物业，建立政府统筹产权调拨、企业置换功能的合作开发模式。

三是建立民生效益反哺机制。推行"物业置换+租金分红"模式，鼓励原有居民以闲置物业入股文旅项目，年度收益设置一定比例的分红。允许文化消费积分抵税，探索非保文物建筑改造消防审批分类豁免机制。强化PPP模式应用，鼓励社会资本参与文商旅综合体运营，形成"投资—反哺"闭环。

总体而言，广州需以绣花功夫推进城市更新，通过政策创新、业态重构、数字赋能、空间织补、资产活化全方面升级，将千年商都的历史底蕴转化为高质量发展动能，为粤港澳大湾区建设世界级旅游目的地提供"广州范式"。

参考文献

柴燕灵：《文旅地产项目投资风险分析及对策探讨》，《中国产经》2024年第23期。

冯学钢、吴丹丹、梁茹：《城市规划和微更新与上海全域旅游发展》，《科学发展》2022年第9期。

何淼、宋伟轩、汪毅：《文化赋能城市更新的理论逻辑与现实路径——以南京老城南为例》，《自然资源学报》2025年第1期。

柳立子：《超大城市推动文化与科技新一轮深度融合的发展机遇与路径——以广州为例》，《科技管理研究》2023年第14期。

梅馨：《城市更新中的政府职能研究》，硕士学位论文，电子科技大学，2024。

潘东燕：《基于城市更新的旅游休闲公共空间演变研究》，硕士学位论文，上海师范大学，2016。

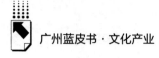

宋洋洋：《文旅融合视角下旅游对城市更新的作用》，《旅游学刊》2024 年第 3 期。

孙卓炘：《广州加快沉浸式文旅项目发展路径研究》，《广东经济》2023 年第 7 期。

席岳婷、马文博、张配：《文旅融合视域下工业遗产旅游推动城市更新的作用研究》，《经济研究参考》2025 年第 1 期。

张晓端：《戴德梁行：新实践再行动——2023 粤港澳大湾区城市更新发展报告（系列之二）》，《住宅与房地产》2023 年第 18 期。

张振华：《广州市滨水工业遗产整体保护探索——基于上海、北京、成都的经验》，《城市观察》2022 年第 5 期。

周先智：《广州文化旅游产业发展的现状、问题与对策》，《大众文艺》2019 年第 13 期。

案 例 篇

B.15
奥林匹克体育中心场馆赛后利用
问题研究及对广州的启示

江浩 魏慧丽 苏琳婷 陈穗*

摘 要： 长久以来，奥林匹克体育中心场馆的赛后利用问题，始终是举办城市面临的最棘手的挑战之一，若缺乏科学且合理的规划与管理，这些场馆很容易在奥运会等赛事落幕之后，转变为制约城市可持续发展的"负担"。因此，奥运会等赛事结束后如何妥善利用这些奥林匹克体育中心场馆成为当前亟待解决且至关重要的议题。本文在梳理奥林匹克体育中心场馆赛后利用所存在的问题的基础上，结合国内外奥林匹克体育中心场馆赛后改造利用经验，从文化内涵、功能定位、服务外包、宣传营销、运行机制五个方面总结了对广州奥林匹克体育中心场馆赛后利用的启示。

* 江浩，广州市现代城市更新产业发展中心创始院长，研究方向为城市更新、产业规划、城乡融合发展；魏慧丽，广州市现代城市更新产业发展中心执行院长，研究方向为城市更新、国土空间规划及政策；苏琳婷，广州市现代城市更新产业发展中心研究谋划事业部部长，研究方向为土地制度、经济地理、产业政策；陈穗，广州市现代城市更新产业发展中心高级研究员，研究方向为产业经济、产业政策。

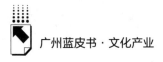

关键词： 奥林匹克体育中心场馆　赛后利用　广州

奥林匹克运动会是举世瞩目的全球顶级体育文化盛典，举办奥运会、残奥会等国际顶级综合性体育赛事的场馆，即奥林匹克体育中心场馆往往是专门规划建设的，功能定位侧重于满足高水平、大规模体育赛事的需求，同时兼顾全民健身和体育文化传播等功能。然而在赛事圆满落幕之后，这些规模宏大、水准高超、耗费巨大的场馆，却极有可能致使政府承受沉重的财政压力。一方面，场馆后续的设施设备的定期检修、场地环境的持续维护等日常维护保养，需要投入大量资金。另一方面，场馆人员雇佣、运营管理方面，同样有不菲的开支。若场馆利用率低下，这种持续的高额投入便会成为政府财政的沉重负担。因此，做好奥林匹克体育中心场馆的赛后利用，不仅能有效缓解财政压力，还能让这些高投入、高质量的场馆充分发挥社会效益，推动国家体育事业发展。

一　场馆特征优势

（一）被赋予奥林匹克精神

相较于普通大型体育场馆，奥林匹克体育中心场馆承载着更为深厚的文化内涵，被赋予了"相互理解、友谊长久、团结一致和公平竞争"的奥林匹克精神，能帮助不同国家和地区的人们相互理解、增进友谊，成为推动全球体育文化交流与融合的重要平台，这是普通大型体育场馆难以全面企及和深度践行的特殊使命。

（二）优越的地理交通位置

奥林匹克体育中心场馆作为举办大型体育赛事和活动的重要场所，其大多选址在邻近公共交通站点的区域，交通便利，便于人流、车流集散。同时，良好的地理位置也使得奥林匹克体育中心场馆能够与城市的其他功能区相互融合，带动周边地区的经济发展和文化交流。

（三）高标准的场地与设备

奥林匹克体育中心场馆按照国际标准建设，建筑面积较大、容纳人数较多，而且设施具备极强的专业性。如田径场的跑道材质、足球场的草坪质量等都经过严格筛选和维护，能够为运动员提供最佳的比赛条件。先进的照明、音响系统以及完善的计分、计时设备，确保了赛事的顺利进行和观众的观赛体验。

（四）丰富的顶级赛事承办经验

奥林匹克体育中心场馆拥有专业的运营管理团队，积累了丰富的奥运会、残奥会等国际顶级综合性体育赛事以及一些世界单项体育锦标赛等高级别赛事的承办经验，能够高效地组织赛事筹备、场地维护、人员调度、赛事推广、票务销售、观众服务等工作。

二　场馆赛后利用存在的问题思考

（一）奥林匹克文化未充分再利用

奥林匹克文化涵盖与奥林匹克运动相关的各类视觉符号体系（如会徽、旗帜、奖牌、格言、火炬及吉祥物等）、衍生产品（包括纪念币与纪念邮票）以及奥运会开闭幕式等具有仪式性特征的文化展演活动。然而，在奥运会等赛事圆满结束后，场馆可能仅仅保留了基本的赛事设施，而对于那些蕴含丰富奥林匹克文化的元素缺乏持续投入与创新运营，这在一定程度上限制了奥林匹克文化影响力的延续与拓展。

（二）功能业态单一

我国大多奥林匹克体育中心场馆建设初衷主要是承办国际性以及全国性

265

的重大体育赛事，由于项目工期紧张，部分场馆在建设过程中采用了设计与施工同步推进的模式。在建设过程中，重点聚焦于如何满足赛事需求，较少兼顾赛事结束后场馆的后续利用问题。这一状况导致多数奥林匹克体育中心场馆重点集中于满足赛事需求，功能业态单一，尤其是在缺乏持续性大型体育赛事支撑的情况下，大量场馆设施长期处于低利用率状态，导致社会公共资源的闲置与浪费。

（三）资源开发不充分

当前我国奥林匹克体育中心场馆在运营管理过程中，已逐步重视场馆资源的系统性开发，对附属设施及无形资产等潜在价值进行了利用。然而从整体运营效果来看，这些场馆尚未能有效整合专业人力资源（如教练员团队）、空间资源（如多功能场馆）等核心资源优势，所供应的产品品类与服务项目相对单一，产品附加值偏低，难以契合不同层次消费者个性化、多样化的消费需求。

（四）闲置较为严重

尽管各奥林匹克体育中心场馆已逐步开始面向公众开放，但在开放时间安排、服务产品体系构建、运营内容精细化等方面，仍存在一定的优化空间与改进潜力。以开放时间为例，部分奥林匹克体育中心场馆每日开放时长少于6小时，仅在傍晚及晚上等群众健身的高峰时段运营，而上午与下午的时段基本处于关闭状态，这使得奥林匹克体育中心场馆资源在部分时间段内处于闲置情形。

（五）宣传营销手段局限

当前我国部分奥林匹克体育中心场馆在市场化运营过程中，营销推广体系仍存在明显的局限性。具体表现为以下几个方面。第一，营销手段传统单一，过度依赖纸质传单、海报等线下宣传方式，导致信息传播效率低下，目标受众覆盖率不足。第二，数字营销渠道建设严重缺位，多数场馆未建立官方网站，更未能有效利用社交媒体等新媒体平台开展精准营销。第三，现代营销理念应用不足，在服务营销、体验营销、关系营销及差异化营销等新型营销模式的实践探索方面明显滞后。这种传统保守的营销模式已难以适应当前信息化社会中受众的信息获取习惯和消费行为特征，严重制约了场馆的市场开发效果。

（六）政府负担过重

虽然我国部分奥林匹克体育中心场馆经营状况大幅改善，已基本实现收支平衡，但仍有相当一部分奥林匹克体育中心场馆经营创收能力不足，深陷严重亏损的困境，主要依赖政府财政拨款以及上级部门的补助资金，才得以勉强维持日常运营。虽然被调查的奥林匹克体育中心场馆中有82.1%能够收支相抵或略有盈利，但在不包含财政拨款和上级补助的情况下，只有54.5%能够收支相抵或略有盈利。

三 场馆赛后利用案例分析

（一）打造赛训、研学、旅游等综合型业态

国家跳台滑雪中心"雪如意"在保留滑雪展示、培训与体验、雪上足球、户外冰球等冰雪娱乐项目的基础上，其功能拓展至赛训、会展、研学、旅游、婚庆等多个领域。在赛训领域，凭借专业的场地设施与优质的服务保障，"雪如意"吸引了众多专业运动员及滑雪爱好者前来开展训练活动，逐步成为国内重要的跳台滑雪训练基地。在研学领域，"雪如意"结合冬奥文化与体育知识，开发了丰富多样的研学课程，让学生们深入了解跳台滑雪运动以及冰雪体育文化，培养青少年对体育运动的兴趣。为进一步丰富游客及消费者的体验，"雪如意"还配套了沉浸式VR体验、攀岩、机车表演、文创体验店等业态，打造集特色餐饮、文艺演出、创意展览、商务会议等功能于一体的商业综合体和大众跳台滑雪培训基地，全方位满足消费者的多元需求，为大众提供"一站式"服务体验。

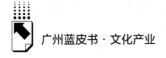

（二）推出演出、赛事活动带动文旅发展

国家游泳中心"水立方"通过对架空结构进行创新性转换，顺利将原本的游泳池区域，改建为契合国际标准的冰壶场地。凭借这一创举，"水立方"成功蜕变，成为全球范围内首个拥有"冰水转换"独特功能的体育场馆，实现了从"水立方"到"冰立方"的转变。赛事结束后，场馆大厅不仅能够承办游泳赛事，还可以组织冰上赛事、承接大型文化演出活动，推动场馆循环利用、长期利用。据不完全统计，2023 年，场馆服务游泳健身群体 28.0 万人次，冰上运动人群 9.8 万人次，还举办近百场次各类演出、文化活动、商业活动等；接待党建、团建活动 198 场次；举办青少年成长活动 300 余场次，服务 1.5 万余人次。

（三）依托场馆资源内部打造文旅消费街区

杭州奥体中心体育场在 LG 层打造"莲荷里"项目，该项目是银泰商业集团打造的首个非标商业项目，也是杭州"大莲花"的首个重要配套商业。"莲荷里"项目打破传统"盒式"商业，结合奥体"大莲花"IP，以城市运动社交场为主题，形成集社交、娱乐、运动于一体的特色商业空间。"莲荷里"项目秉持多巴胺色系理念，持续以红、绿等鲜明色彩作为主色调，精心构建了带有曲线喷绘的台阶、橙色与红色为主调的铁质楼梯、色彩缤纷的滑道以及充满未来感的赛博朋克街区等场景，成功吸引年轻消费者的关注。同时，项目与"大莲花"场馆深度合作，与场内商户联动，为粉丝提供"一站式"消费体验，"承包"粉丝们在看演唱会前后的"黄金三小时"，实现了文商旅体的有机融合。

（四）挖掘奥林匹克精神内涵发布数字藏品

以 2022 年冬奥会为例，安踏发布冬奥纪念版数字藏品，首发"2022 限量高能冰雪数字藏品"，打造了 12 款限定中国冰雪国家队数字藏品，2 款北京 2022 年冬奥会中国体育代表团领奖服数字藏品，共计 7000 份。每款数字藏品灵感来源于所对应的冰雪项目动作，并塑造"未解锁的雪材质"与"解锁后的银材质"这两种质感，通过"融雪特效互动"鼓励用户选择队伍进行数字藏品解锁。阿里巴巴限量发布"奥运云徽章数字藏品"，阿里巴巴于冬奥会第一个比赛日当天限量发布"奥运云徽章数字藏品"。此数字藏品共 4 款，每款发行 8888 份，设计灵感来源于短道速滑、自由式滑雪空中技巧、自由式滑雪坡面障碍技巧以及花样滑冰 4 项运动，采用了中国风水墨元素，展现出冰雪运动员在赛场上的高光时刻以及不断超越、不断突破、无限可能的运动精神。阿里巴巴将水墨动画与科技结合，在彰显中国文化底蕴的同时带领大家在元宇宙里体验赛场上的精彩瞬间。

（五）串联形成奥运体育文化旅游精品线路

北京朝阳区和河北张家口市携手合作，全力整合两地丰富的奥运资源与特色旅游景点，精心打造并共同推出奥运体育文化旅游精品线路，在传承奥运文化的同时，促进区域旅游协同发展。以"奥运之城，活力京张"主题线路为例，串联位于北京的国家体育场（"鸟巢"）、国家游泳中心（"冰立方""水立方"）、国家体育馆（"冰之帆"）、国家速滑馆（"冰丝带"）、北京奥林匹克公园以及位于张家口的太子城展馆、太子城遗址陈列馆、太子城冰雪小镇（颁奖广场）、张家口冬奥村、国家跳台滑雪中心（"雪如意"）、国家越野滑雪中心（"冰玉环"）、云顶滑雪公园（U 形池、空中技巧跳台）、国家冬季两项中心、太舞滑雪场、富龙滑雪场、万龙滑雪场等知名滑雪场地。

（六）政企合作推动场馆赛后运营管理

以悉尼奥运会场馆为例，采用政府和社会资本合作的 PPP 模式，有效降低政府风险，提高管理水平和效益。从场馆建设资金筹集来看，澳大利亚新南威尔士州政府针对奥运会主体育场、主体育馆、奥运村的建设实施招标流程。其中，主体育场建设资金来源多元，一部分由新南威尔士州政府提供，其余则通过股票上市、银行借贷、售卖冠名权、出售会员资格等多种渠道筹集。主体育馆的建设费用，则由新南威尔士州政府与澳大利亚阿比集团公司按约定共同承担。奥运会落幕之后，场馆运营权分配明确。主体育馆由阿比集团公司负责运营，运营期为30年，期满后场馆移交给新南威尔士州政府。奥运村方面，其建设与销售由房地产开发商主导，在奥运会开幕前，奥运村房屋已全部售罄。赛事结束后，奥运村顺利转型，成为集学校、购物中心等生活配套设施于一体的住宅区。

四 场馆赛后利用优化经验对广州的启示

（一）挖掘文化内涵，提取奥运文化符号再开发利用

奥林匹克文化不仅包括体育竞技，还涵盖艺术、历史、教育等多个方面。充分挖掘奥林匹克文化，打造文创和数字藏品，可以有效传承和弘扬奥林匹克精神，同时也能为广州文化市场注入新的活力。

一是推出系列实体文创产品、虚拟数字藏品。一方面，深入挖掘奥林匹克文化丰富的符号元素、精彩的赛事故事和积极向上的精神内涵，并将五环符号、圣火图腾等奥林匹克核心元素与岭南建筑、广绣工艺等地域文化标识相结合，开发出兼具国际视野与广府特色的服装、文具、家居用品等文创产品，满足消费者对高品质文化产品的需求，激发民众的情感共鸣与认同感。另一方面，创新推出奥运主题相关数字藏品，依托广州数字创意产业优势，学习借鉴冬奥纪念版数字藏品的经验做法，构建"区块链+云服务+元宇宙"的技术支撑体系，重点开发三大数字产品形态：一是赛事数字孪生藏品，运用3D建模技术再现经典赛事场景；二是智能合约互动藏品，设置奥运知识问答、虚拟运动挑战等交互功能，用户购买数字藏品后，可以参与线上的奥运知识问答、虚拟运动挑战等活动，并根据成绩解锁更多与数字藏品相关的内容；三是数字票证集成系统，实现数字门票、纪念证书与AR观赛的多维联动，为用户带来更加丰富、沉浸式的体验。

二是以"演赛"为契机，打造文旅消费"新名片"。一方面，把握"为

一场演出奔赴一座城"热潮，举办明星演唱会、舞台剧、音乐会等多元化的演艺活动，满足不同游客群体的需求，并开发与演艺活动相关的服装、饰品等特色周边产品，进一步宣传当地的文化和演艺活动，带动文旅产业发展。另一方面，紧跟"跟着赛事去旅行"的趋势，学习借鉴国家游泳中心"水立方"承接大型演出、赛事活动的经验做法，积极引进国际滑联花样滑冰大奖赛、全民健身挑战季、广府非遗实景秀等各类国际高水平赛事、广州本土特色赛事，在提升场馆知名度、吸引大量游客、拉动文旅消费的同时，传播全民健身文化，提升市民的身体素质和凝聚力。通过长期举办高质量、有特色的演艺、赛事活动，树立具有知名度和美誉度的品牌形象，实现体育与文化艺术的深度融合，推动城市文化事业的繁荣发展。

三是串联奥林匹克体育中心场馆等资源打造主题式旅游线路。学习借鉴北京推出奥运体育文化旅游精品线路的经验做法，设计"奥运文化体验之旅"的旅游线路，串联广东奥林匹克体育中心、天河体育中心、海心沙亚运公园、广州体育文化博物馆等奥运场馆、奥运主题公园、体育博物馆，推出"赛事文化展示—全民运动体验—文化记忆传承"主题线路。通过在奥运场馆中展示设备实物与AR沙盘还原赛事组织场景，让游客参观比赛场地，了解奥运赛事的举办过程。在运动主题公园设置智能健身跑道、虚拟射击等交互装置，建立"运动成绩—积分兑换"激励机制。在体育博物馆中，构建"文物展陈+数字孪生"立体展示体系，并创新开发奥运赛事精彩瞬间重现、奥运火炬AR合影等沉浸式体验项目，通过历史文物和多媒体展示，让游客深入了解奥林匹克运动的发展历程和文化内涵，让奥林匹克文化旅游成为城市发展的一个新亮点。

（二）转变功能定位，利用场馆资源打造文旅消费街区

一是向文化、休闲、旅游等多元化功能定位转变。借鉴国家跳台滑雪中心"雪如意"打造赛训、研学、旅游等综合型业态的经验做法，适当转变广州奥林匹克体育中心场馆的功能定位，积极主动培育市场，基于不同消费者的消费特点和消费水平，挖掘新的市场增长点，提高奥林匹克体育中心场

馆的使用率和盈利率。例如，可适当对场馆的定位进行战略性调整，即从传统的单一体育活动中心，转变为融体育、文化、休闲、娱乐以及商业等多功能为一体的综合性场所。突破以往仅聚焦于体育产业的局限，积极向文化演艺、特色餐饮、体育旅游、休闲健身等多个行业领域拓展。通过这种跨领域的拓展延伸，奥林匹克体育中心场馆的功能将实现从单一性向多元化的实质性跨越。而随着场馆功能的日益丰富与完善，其潜在消费群体也势必会进一步扩大，不再仅仅局限于体育爱好者这一单一群体，而是拓展至全社会各年龄段、拥有各类兴趣爱好的消费者，从而进一步拓展场馆的收入来源，促进场馆的可持续发展。

二是充分开发利用场馆有形资产、无形资产。以产品研发的思维来看待场馆资源的开发再利用，进一步充分利用专业体育器械、多功能空间、辅助配套设施等有形资产，以及场馆品牌冠名权、场地广告展示权、场馆标识使用权等具有商业开发价值的无形资产，实现场馆价值最大化、提升市场竞争力。在有形资产方面，如看台空间可植入 AR 观赛系统，通过智能座椅实现赛事回放与实时数据交互。地下层可适当打造涵盖娱乐休闲、运动体验、创意市集等多种功能业态的场景。户外广场实施"四季造节计划"，可携手双鱼、骆驼户外等广州本土运动品牌，定期举办荧光夜跑、极限运动挑战等主题活动。在无形资产方面，构建品牌授权管理体系，开发场馆品牌冠名权分层出让、体育明星虚拟形象联名等新型盈利模式。

（三）推行服务外包，引进团队进行专业化运营管理

一方面，依托广州体育学院建立专业人才孵化基地，重点保留赛事运营、品牌管理等对场馆核心竞争力塑造具有关键意义的核心业务。另一方面，通过吸引专业人员入驻、委托授权经营、合资（作）经营等模式与第三方专业机构合作，将后勤服务、技术研发服务、宣传营销服务、产品售后服务等外包出去，推动场馆运营管理的专业化与高效化。如场馆的日常清洁、设施维护等工作，交由专业的后勤服务公司负责，能确保场馆环境始终保持整洁、设施运行稳定。数据中心服务可以委托给专业的数据管理公司，

对场馆运营产生的海量数据进行高效分析与运用，为场馆管理层在赛事安排、资源配置、市场营销策略制定等方面提供精准、科学的决策依据。技术研发服务可与专业科研机构或科技企业合作，助力场馆在智能化设施应用、赛事技术保障等方面实现创新突破。宣传营销服务可以与专业营销团队合作，对赛事门票、体育培训课程、场馆租赁服务等场馆相关产品与服务进行精准推广，拓展销售渠道，有效提升场馆的经济效益与社会效益。

（四）创新宣传营销模式，吸引一批长期稳定的客户

加大对奥林匹克体育中心场馆服务的宣传营销力度。一方面，构建全媒体传播矩阵，强化数字营销效能。开发集成场馆预约、赛事直播、虚拟导览功能的智慧门户网站，建立小红书、抖音等短视频平台的常态化运营机制，定期发布赛事筹备揭秘等垂直内容，并创新联动广州体育学院、广东体育职业技术学院等高校，推出"校园体育网红"孵化计划，选拔学生参与场馆新媒体内容创作。另一方面，创新会员服务体系，培育稳定消费群体。充分依托奥林匹克体育中心场馆，建立各种健身俱乐部，重点聚焦企业团建社群、青少年运动社群、银发健身社群三大核心社群，并实施会员制，依据消费者在健身目标、消费能力以及使用频率等方面呈现出的多元需求，精心设计并推出层次丰富、服务各异的健身卡体系，为消费者提供多样化选择，从而为奥林匹克体育中心场馆吸引一批长期稳定的客户，稳定的客户流量不仅能够确保场馆有持续的收入来源，提升经济效益，还能营造良好的健身氛围，促进场馆口碑传播，吸引更多潜在消费者加入。

（五）创新运行机制，引导社会资本共同参与投入资金

在资金筹措方面，应构建多元化投融资体系，通过政府引导基金、社会资本参与、商业赞助等渠道拓展资金来源，实现从单一财政依赖向"政府主导、市场运作、社会参与"的多元供给模式转型，有效缓解运营资金压力。在管理模式方面，应推进政府职能转变，从直接管理转向宏观监管，重点探索服务外包、特许经营等市场化运营方式，同时鼓励开展文创产品开发

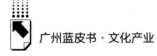
等自主经营活动，以提升场馆运营效率和社会参与度。

通过系统性地分析与案例研究，我们认识到赛后场馆的有效利用是一个复杂而多维度的挑战。本文基于奥林匹克体育中心场馆赛后利用存在的问题进行分析，并从具体案例切入，从文化内涵、功能定位、服务外包、宣传营销、运行机制五个方面总结了对广州奥林匹克体育中心场馆赛后利用的启示。随着科技的进步和人们生活方式的变化，奥林匹克体育中心场馆的赛后利用将面临更多新的机遇与挑战。我们希望通过不断的实践探索与理论创新，能够形成一套更加科学、高效、可持续的赛后场馆利用模式，为城市的可持续发展注入新的活力。

参考文献

陈翀、刘源：《综合体育中心周边地区城市开发探索——以广东省奥林匹克体育中心周边地区为例》，《城市规划》2009 年第 2 期。

陈元欣：《后奥运时期大型体育场馆市场化运营研究》，北京体育大学出版社，2013。

陈政威：《多元文化视角下奥林匹克体育文化的发展》，《区域治理》2020 年第 2 期。

范美丽、王守力：《奥林匹克体育精神的践行与传承——论曼德拉的体育思想和实践的核心》，《广州体育学院学报》2015 年第 1 期。

高宏存：《公共文化设施运行机制研究》，社会科学文献出版社，2016。

骆秉全等：《北京奥运文化遗产保护开发利用研究》，北京体育大学出版社，2013。

田园、江陇生：《广东省奥林匹克体育中心开展全民健身现状的研究》，《体育师友》2019 年第 2 期。

王健、陈元欣：《大型体育场馆运营：理论与实务》，北京体育大学出版社，2012。

B.16
影擎电子：触感·视界·未来

——解码多模态交互的沉浸式革命

陈文文　郭蕴滢*

摘　要： 广州市影擎电子科技有限公司深耕 VR 领域，始终坚持构建多模态交互技术革新 VR 游戏体验新模式，以自主研发"VR 生态仿真模组控制处理方法及系统"为坚实内核，融合视觉、听觉、触觉等，致力于突破传统交互边界。公司致力于通过动态参数优化与毫秒级协同控制，使玩家能够突破本体感知，比如在"时空乘骑"产品中感知悬空、颠簸、坠落的失重，在"全感时空"产品中感受枪林弹雨、风驰电掣的冲击，产生跨越维度的存在感与情感共鸣，2017 年，其技术成果获中国生产力协会"中国好技术"。未来，影擎电子将加速脑机接口与元宇宙技术融合，推动 VR 从娱乐载体向文化传播、教育创新的基础设施升级，为行业提供"技术+场景"双轮驱动范式。

关键词： 虚拟现实　多模态交互　沉浸式体验　元宇宙

一　企业基本情况

广州市影擎电子科技有限公司（以下简称"影擎电子"）总部位于广州市番禺区，成立于 2013 年，是一家专注于虚拟现实（VR）、增强现实

---

* 陈文文，影擎电子公共事务经理，研究方向为公共政策；郭蕴滢，影擎电子商务经理，研究方向为文化产业。

（AR）及 4D/5D 动感技术应用设备的集研发、生产、销售及运营服务于一体的高科技创新企业。公司拥有 26000 平方米独立智造产业园，配备 5S 级数字化车间及先进生产线，员工规模超 200 人，其中研发团队占比 35%，涵盖软件工程、硬件开发、工业设计等专业领域。作为国家高新技术企业和广东省专精特新企业，影擎电子专注于 VR、AR 及 4D/5D 动感技术的创新应用，业务覆盖全球 100 多个国家和地区，累计服务客户超 5000 家，产品广泛应用于室内乐园、文化旅游、科普教育、商业综合体等多元化场景，并与多家国际企业建立了战略合作关系，为众多企业提供了 VR 设备和解决方案。

公司以"让亿万人乐享沉浸式体验"为核心使命，以自主研发"VR 生态仿真模组控制处理方法及系统"为内核，构建"硬件+内容+运营"三位一体的技术体系。该技术通过多模态交互融合（视觉、听觉、触觉等）、动态参数优化及毫秒级协同控制，显著提升沉浸感与交互精准度，支持视、听、触等的协同刺激，构建物理与数字世界融合的感知闭环。基于此，影擎电子推出全感系列、超能系列、时空系列、战争系列、探索者系列、科普/影院系列等六大产品矩阵，涵盖 VR 乘骑设备、体感健身器械、军事模拟系统等品类，广泛应用于主题乐园、科普基地、文旅景区及商业空间。

通过以"感知—交互—创造"为轴的沉浸式学习路径，影擎电子创立了"科探无界"科普研学品牌——"知慧芽"，打造多维度创新案例：为宁波海天文体中心航天科普体育馆定制航天探索科普系统，馆内设置了台风馆、地震馆、消防馆、梦回神州等，通过六自由度动感平台还原太空失重环境；打造三亚海昌梦幻海洋不夜城 5D 影院，集成温度、湿度控制与气味模拟系统，构建五感联动的沉浸式体验，带动景区二次消费收入增长。

从市场反应来看，公司核心产品"时空乘骑""全感时空"在国内外市场上都占据了一定的份额，并且公司整体销售额呈现出稳步增长的态势。凭借技术实力与商业化成果，通过 ISO9001、CE、绿色环保等多项国际标准和认证，产品远销欧美、东南亚及中东地区。未来，公司将持续深耕多模态交互技术，拓展元宇宙、脑机接口等前沿领域，推动沉浸式体验从娱乐工具向文化传播、教育革新及社会服务的基础设施升级。

二　企业发展历程

（一）破局启航，构建全产业链

影擎电子于 2013 年在广州正式成立，为响应国家"新一代信息技术"战略布局，影擎电子在广州创立"影动力"品牌从而切入虚拟现实赛道，率先打破传统硬件代工模式，以定制化 VR 解决方案打开全球市场，首年即实现海外订单占比超 60%。

2014 年，影擎电子在技术研发上取得重大突破，攻克 4D/VR 特效控制器核心技术，自主研发构建电动伺服系统，填补国内沉浸式交互设备空白，专利布局覆盖 18 项关键技术。

2015 年，推出全球首款 VR 微型影院产品，成为国内首批布局 VR 线下娱乐的企业之一，全球落地 560 家 VR 体验馆，同年，公司荣获"广州市科技创新小巨人企业"，产品出口至北美、中东、南非等 15 国。

2016 年，企业获"国家高新技术企业"认证，研发投入占比提升至 10%，早期产品线涵盖 4D/5D 影院、动感座椅等，并逐步探索 VR 技术在娱乐场景中的应用。

2017 年，公司乔迁至位于广州市番禺区的影动力 VR 产业园区，该基地面积达 26000 平方米，依托番禺区游戏游艺产业集聚优势（如星力动漫产业园），公司构建了涵盖研发、生产、销售及运营服务的完整生产链，产能提升 300%。同时设立"VR+科普"板块，助力国家科普产业发展。

2018 年，产品线扩展至安全教育体验馆（如消防、地震、航天等场景），已覆盖全球超 3000 家客户，出口占比提升至 30% 以上。

2019 年，公司凭借其在科普教育领域的卓越表现，荣获"广州市科学技术科普教育基地"认证，年接待体验者超过 2000 人次。

2020 年新冠疫情期间，影擎电子敏锐捕捉到线下娱乐市场的转型需求，针对传统飞行影院普遍存在的投资门槛高、占地面积大、回报周期长等痛点，启动"全感乘骑"项目的研发。经过两年技术攻关，其通过"轻量化硬件+模块化内容+精准化运营"的创新模式，将整体投资成本压缩至传统方案的1/5，占地面积减少80%，并通过动态座椅与VR头显深度协同，打造出15分钟/次的沉浸式飞行体验，使投资回报周期缩短至3~8个月。"全感乘骑"率先落地北京、上海等地的商业综合体，逆势实现23%的营收增长，海外市场份额扩展至东南亚6国。公司通过国际展会（如GTI广州展、粤港澳大湾区服贸会）展示技术实力，吸引海外买家并深化合作。此外，外贸推广年投入超百万元，借助阿里巴巴SKA商家资源拓展国际市场，客户覆盖全球机构。该年，公司凭借其出色的表现和创新精神，获得"广东省守信用重信用企业""中国好技术"等多项殊荣。

2020年以后，公司持续投资VR/AR技术研发，推出基于VR影院的多用户远程同步观影专利技术，实现虚拟社交观影，推动影视行业数字化转型。影擎电子在2021年荣获2021世界沉浸式产业大会"年度VR/AR/MR/XR领军企业"等5项大奖，公司产品已远销100多个国家和地区，累计服务全球"4000+"家合作伙伴。2022年8月，历时3年打磨，影擎电子推出了全球首款骑握式体感空间影院"时空乘骑"，凭借其内容创意团队开发的原创影片和IP形象，影擎电子一举斩获数字文旅领军企业奖、元宇宙交互技术奖、优秀数字设备产品奖等5项重量级奖项。同年10月，第136届中国进出口商品交易会（广交会）上，影擎电子携新品"超能战机"亮相，吸引了众多海外采购商，并现场签单。

（二）专精特新，锚定数字中国建设

2022年，影擎电子成功入选省级专精特新企业名录，年度研发投入超700万元。不仅在娱乐领域持续发力，影擎电子还通过"知慧芽"品牌将VR技术拓展到教育、科普等更多元的场景中，如模拟与仿真的航天航空、地震、台风、消防等体验馆，进一步拓宽了市场应用范围。

2024年，公司注重将文化IP与科技场景融合，打造海洋主题情景影院、台风地震主题馆、5D影院等，通过特效座椅和动感平台，提高观众的

代入感和体验感。2024 年 12 月，影擎电子"基于 VR 播放平台的视频数据加密方法及系统"专利获正式授权，标志着在 VR 数据安全领域取得重要突破。同年，公司荣获"广东省工程技术研究中心"称号。

未来，随着 VR 技术快速普及，影擎电子将针对行业痛点持续开发加密技术，通过创新算法，努力实现传输与存储的全程防护，在保证 4K/8K 视频流畅度的同时，有效抵御数据篡改与盗取。该方案旨在提升 C 端用户观看安全水平，为 B 端内容创作者构筑版权"护城河"。此外，影擎电子致力于发展该技术具备跨行业泛化的能力，除游戏、影视等娱乐场景外，还计划在远程教育领域实现教学数据资产防泄露，保障 VR 课堂百万级并发场景下的交互安全；在医疗场景中，通过构建封闭式加密训练环境，使外科手术模拟等高敏操作容错率得以提升，同步满足患者隐私合规与医疗 AI 训练需求。相信这种"一方案多场景"的技术特性，将推动 VR 安全标准向产业纵深渗透，有效破解沉浸体验与数据安全难以兼得的产业难题。

影擎电子的发展逻辑可归纳为：以"技术标准—场景落地—生态扩张"为轴，通过"IP+场景"双轮驱动扩展应用边界，依托区域产业集群和全球化合作网络构建生态壁垒，十年间向 XR 全生态服务商转型，深度绑定国家数字经济战略，实现"技术专利化—专利标准化—标准产业化"的闭环跃迁，为数字中国建设提供可复制的企业样本。

三 VR 技术全景赋能产业升级

（一）核心产品与技术创新：响应产品变革需求

1. 沉浸式交互硬件平台

4D/VR 特效控制器：影擎电子的 4D/VR 特效控制器采用电动伺服技术，通过自主研发的 4D 动感座椅和环境模拟系统，能够实现震动、风吹、雨淋等多种环境模拟效果及 3 种座椅转动模式，座椅反馈准确率高达 99.99%，填补了国内沉浸式交互设备的空白。该技术于 2014 年取得突破，其衍生出的基于 VR 数据的吹风控制系统等创新应用，通过 AI 算法实现环境数据驱动的个性化体验。在实际应用中，"全感时空"产品，整合触觉、嗅觉、热感等全体感技术，通过 AI 算法的精准分析实现个性化环境模拟，系统能够根据环境数据实时调整，游客在体验过程中能够感受到逼真的飞行震动和空气流动，极大地增强了沉浸感。

2. 行业定制化解决方案

影擎电子于"2017 年中国（厦门）国际虚拟现实与增强现实博览会"推出了 VR 体验系统，包括"狂野时速""绝战骑士""生死线""极限旅行者"等大型外设，通过动感同步技术实现了视觉画面与物理反馈的毫秒级精准匹配，为电竞爱好者打造了身临其境的沉浸式对战体验。VR 体验系统采用自主研发的六自由度动感平台，结合高灵敏度反馈装置，可精准模拟加速、碰撞、失重等物理动作，配合 4K 级高清 VR 头显与 360 度空间定位技术，使玩家在虚拟场景中获得全方位的感官沉浸。例如，在"狂野时速"赛车项目中，动感平台能实时模拟赛车过弯时的侧倾、加速时的推背感，配合吹风、震动等环境特效，让玩家仿佛置身真实赛道。系统搭载的低延迟数据传输协议，改善控制画面渲染与动作反馈的同步延迟状况，确保操作与反馈的高度一致，极大提升了电竞的公平性与趣味性。该系统支持多人联机对战，最多可实现 8 人同场景竞技，满足了电竞社交的需求，成为线下娱乐场所吸引年轻客群的核心利器。

（二）行业赋能案例与场景实践

1."VR+影院"：重构体验经济新范式

影擎电子凭借在动感影院领域十余年的积累，已为全球 791 家主题乐园提供设备及解决方案，其技术传授覆盖北美、中东、东南亚等地区。以顺德长鹿项目为标杆，影擎电子进一步拓展技术应用场景：坐落于长鹿旅游休博园 5A 级景区"尖叫岛"的五维动感环幕影院，以 234 个座位的规模刷新亚洲纪录，成为全球领先的多维沉浸式娱乐设施。该影院由影擎电子提供核心技术支持，整合了其自主研发的动感控制系统与多模态感官交互技术，当画面中出现巨型章鱼触手时，座椅会模拟水下暗流的低频震动，同时颈部风感设备释放定向气流，配合环绕声场中由远及近的咆哮声，打造出覆盖视觉、听觉、触觉、运动感知及环境特效的"五维"沉浸式体验。

2. "VR+科普文旅"：VR 技术赋能全域风险防控

（1）消防应急培训：从技能演练到实战决策

在城市安全治理体系现代化进程中，VR 技术正成为提升全域风险防控能力的重要抓手。影擎电子研发的 VR 消防体验馆实施"VR 消防安全+实体展馆"，提供"一站式"解决方案从而满足需求。馆内设置有消防历史案例展区、消防设备展示区、防患未然互动区、消防灭火科普区、火场虚拟逃生区、消防法规学习区、答题测试巩固区等 7 个展示单元，着眼于对消防基础教育的普及和先进的科技手段在现代消防中的应用，还原火势蔓延、烟雾扩散等复杂环境。参训人员可在虚拟环境中实操灭火器使用、伤员搜救及战术指挥，系统实时反馈操作评分与风险提示。山东临沂地震馆消防馆引入了该消防体验馆项目，成功助力临沂市首个一级消防科普教育基地建成，共设有消防安全知识、4D 影院、火灾典型案例、消防装备展示、消防交互体验等 8 个展区，拥有 VR 体验、地震体验、模拟 119 报警、家庭火灾隐患排查、火灾成因实验、模拟火灾扑救等 40 组体验项目，融科技性、互动性、趣味性以及拓展、体验、培训为一体，利用先进的声光电技术和虚拟现实技术，构建了一个高度逼真的火灾模拟环境，帮助参观者全面学习消防安全知识，推动临沂市消防科学技术进步和消防科普事业创新发展。在体验过程中，孩子们可以佩戴 VR 设备，仿佛置身于真实的火灾现场。他们能够清晰地看到火焰的蔓延、感受到烟雾的弥漫，仿佛听到火场中的嘈杂声和警报声。通过互动式的操作和引导，孩子们学习如何在火灾中保持冷静，如何快速判断逃生路线，如何正确使用消防工具进行自救和互救。

（2）地震应急演练：从避险教学到协同响应

针对地震多发地区，影擎电子推出 VR 地震体验馆，通过环境模拟和虚拟仿真技术的结合真实再现地震场景，实现普及地震的知识及危害、模拟地震发生时 4~12 度震级、360 度无缝衔接沉浸式 LED 大屏，引导寻找避险位置、安全逃生通道等，在地震体验过程中，学习地震避险及逃生知识。参与者可在虚拟场景中实践"伏地、遮挡、手抓牢"等标准化避险动作，反复练习正确的应急响应。在山东临沂科普馆的应用案例中，参与者避险动作规范率提升至87%。此外，系统支持多角色协同演练模式，已在社区、企业及政府部门推广，助力构建"家庭—学校—社会"三级应急响应网络。

随着数字技术与城市治理的深度融合，影擎电子正以 VR 技术为支点，持续拓展全域风险防控的边界。从消防到地震、从校园到社区，作为扎根广州的科技企业，影擎电子通过不断创新的技术应用，持续为智慧城市安全建设提供可复制、可推广的"广州方案"。

（三）发展智能软件与云端解决方案

2024 年，影擎电子"基于 VR 影院的多用户云聚处理方法及系统"专利获正式授权，未来，影擎电子将致力于完善和推广多用户云聚处理系统，将其应用于更多领域。在教育领域，计划与大型教育机构合作，开发 VR 科普教育项目，让学生通过该系统接入虚拟实验室，参与沉浸式科学实验。学生可以在云端操作虚拟设备，观察实验现象并互动，教师则通过后台统一管理教学。在文旅领域，将构建基于 VR 技术的"时空穿越"互动场景。游客佩戴 VR 设备后，在云端共享虚拟历史场景，协作完成剧情任务，系统实时同步动作和环境反馈，提供个性化体验。同时，继续优化系统性能，提高同步效率和稳定性，加强数据安全保护，确保用户隐私和数据安全。通过这些努力，推动 VR 技术在多领域的应用和发展，为用户带来更丰富、更高效的体验。

四　政策支持与产业机遇

（一）行业发展形势与市场机遇

全球消费电子行业在 2024 年迎来结构性复苏，VR/AR 设备成为核心增长引擎。VR 技术应用场景加速多元化，从娱乐向教育、医疗、电竞等领域渗透。影擎电子的"地震体验馆""VR 体验设备"已应用于科普研学与线下娱乐场景，契合"VR+行业"融合趋势。同时，电子商务的快速发展为其拓展销售渠道提供了支撑：2023 年，影擎电子通过阿里巴巴、京东等平台扩大线上销售，并借助互诺科技构建的专业网站加强品牌曝光，形成"线上引流+线下体验"的闭环模式。行业复苏与技术迭代（如 5G 传输、AI 交互）共同推动 VR 设备需求爆发式增长，影擎电子凭借技术积累与产业链协同，进一步巩固了其在沉浸式体验设备领域的领先地位。全球消费电子行业的复苏为 VR 技术的发展提供了广阔的市场空间，而技术的不断进步则推动了 VR 设备需求的持续增长。影擎电子在这一趋势下，通过技术创新和市场拓展，不断巩固和提升其市场地位。

VR/AR 行业正处于技术创新与市场扩容的双重驱动期，为影擎电子带来了广阔的发展空间。从市场需求看，元宇宙概念的兴起推动了 VR 技术在娱乐、教育、科普等领域的多元化应用。影擎电子敏锐捕捉到这一趋势，其产品覆盖文旅、科普、教育培训等多个场景，自主研发的"时空乘骑"等爆款产品在 2023 世界元宇宙生态大会上成为焦点，国内外订单激增，2023 年业绩增长超过 30%。此外，公司与国内头部企业合作，构建了涵盖硬件、内容与服务的完整生态，进一步拓展了市场边界。

然而，行业竞争加剧与技术迭代压力并存。影擎电子通过持续的研发投入保持领先地位，每年推出迭代产品，影擎电子推出"时空乘骑"系列，这是一款首发于 2022 年 8 月的原创飞行影院产品，开创了集约式 VR 飞行影院这个全新品类，以颠覆性的体验风靡市场。2023 年，影擎电子继续对"时空乘骑"系列进行迭代升级，使其在两年时间里形成了"四代产品+两款衍生产品"的强大阵容。2024 年，影擎电子推出 VR 生态仿真模组，致力于研究该模组并使之为游戏、教育、心理治疗等多个领域提供逼真的反馈，提升沉浸式体验，既满足了市场对文化创意的需求，又提升了产品的差异化竞争力。同时，产业集群效应为企业发展提供了协同优势。番禺区作为全国动漫游艺产业的核心集聚区，聚集了近 2000 家相关企业，形成了完善的产业链生态。影擎电子依托区域内的人才储备、配套设施及"一站式"原材料采购体系，实现了从产品研发到制造的高效闭环，充分体现了产业集群的协同效率。

（二）企业战略调整与挑战应对

政策与行业红利为影擎电子带来多重利好，但也伴随竞争压力与技术升级挑战。在技术层面，其2024年专利技术需加速商业化转化，例如将远程同步观影系统应用于更多B端场景。在渠道层面，跨境电商政策助力其拓展海外市场，外贸团队依托阿里巴巴国际站年询盘量居行业前列，并通过国际展会提升品牌影响力。然而，技术创新周期与市场需求匹配的挑战依然存在，需进一步强化产业链协同（如稳定上游电子元器件供应）并探索细分领域（如"VR+教育"定制化解决方案），以在政策与行业双轮驱动下实现可持续发展。影擎电子在面对竞争压力与技术升级挑战时，通过加大研发投入、拓展海外市场和强化产业链协同等措施，积极应对挑战，推动企业的可持续发展。

在政策扶持与行业需求升级的共振下，影擎电子的商业模式也呈现出多元化演进态势。一方面，企业持续深化"科技+文化"的融合创新，将VR/AR技术与非遗传承、红色教育等文化领域结合，打造沉浸式红色教育体验馆、博物馆等特色项目。这类创新不仅响应了国家文化数字化战略，还为企业开辟了差异化竞争的新赛道。另一方面，影擎电子积极拓展海外市场，利用粤港澳大湾区区位优势，参与国际电子消费品展会，其自主研发的"Moviepower"品牌产品已成功进入东南亚、中东及欧美市场，2024年海外营收占比提升至11%，全球化布局初显成效。

政策支持与行业发展的双重驱动，显著提升了影擎电子的核心竞争力与市场影响力。在政策层面，政府的知识产权保护与创新激励政策促使企业加大研发投入，形成了以技术创新为核心的发展模式。公司获评国家高新技术企业、广东省专精特新企业等资质，不仅增强了品牌公信力，还为其争取更多资源倾斜提供了优势。例如，通过参与国家行业标准制定，影擎电子在

VR 技术应用领域的话语权不断提升。

在行业层面，市场需求的扩张与技术创新的加速推动影擎电子不断拓展业务边界。企业从早期的 4D 动感影院起步，逐步延伸至 VR 线下娱乐、科普教育等领域，并通过"知慧芽"品牌将 VR 技术应用于消防安全、航空航天等科普场景，开辟了新的增长点。同时，产业集群的集聚效应促进了企业间的技术交流与资源共享，影擎电子通过参与 GTI 广州展、创交会等行业活动，不仅获取了市场反馈，还与高校、科研机构建立了合作关系，进一步提升了创新能力。

五　企业发展愿景

公司计划深化"VR+"细化领域应用，如电竞、健身及医疗，并探索元宇宙场景下的虚拟社交体验，进一步推动"无界观影"与"智慧文旅"的结合。强化产业链合作：与上游元器件供应商建立战略联盟，保障供应链的稳定。布局新兴市场：抓住东南亚、中东等地区 VR 娱乐需求增长机遇，通过跨境电商扩大出口。

面向未来，影擎电子将制定"三位一体"发展战略：以技术创新为基石，持续投资 AI 感知算法、云端渲染等核心技术研发，确保技术领先性；以场景应用为突破口，深化与文旅、教育、医疗等行业的融合，打造更多垂直领域解决方案；以生态共建为目标，联合产业链上下游伙伴，建立 VR/AR 内容生态联盟，继续推动行业标准制定与产业升级。通过政策红利转化、市场需求洞察及生态协同发力，构建"硬件+软件+空间"的三维商业生态。通过数字孪生技术赋能实体经济数字化转型，以混合现实交互重构人机关系，最终实现从设备供应商向元宇宙基础设施运营商的跃迁。在虚实共生时代，企业将以"成为连接现实与虚拟世界的桥梁"为使命，持续推动人类认知边界与商业可能性的双重突破。

B.17

力天文化科技集团：打造文旅科技融合背景下文化产业创新发展路径

刘礼信　刘昂博　黎慧思　郭晓蕙*

摘　要：　在国家文化数字化战略与文旅融合发展政策驱动下，文化科技企业正成为文化产业转型升级的核心推动力。作为大湾区文化科技领军企业，力天文化科技集团扎根广州，深耕文化产业 20 年，见证了国家文化产业高速发展的黄金时期。面对新时代文旅发展新要求，力天文化科技集团构建起"文化建设—文化智造—文化科技—文旅综合运营"多元业务矩阵及集团化管理模式，并积极研发 XR、人工智能等，打造新型文旅消费场景，实践文旅项目"投资—建设—运营"合作模式，以"文旅新生态建设服务领军企业"的全新定位，打造文旅科技融合背景下文化产业创新发展路径。

关键词：　文旅科技融合　文化产业　文旅新生态　XR 产业

一　企业基本情况

广州力天文化科技集团有限公司（以下简称"力天文化科技集团"）创立于 2005 年，总部位于广州市海珠区，是国内文旅新生态建设服务领军企业，被认定为国家高新技术企业、广东省专精特新企业、广州市文化企业30 强。

---

* 刘礼信，力天文化科技集团总裁，研究方向为文化产业、企业战略管理；刘昂博，力天文化科技集团副总裁，研究方向为公共政策、文旅市场发展；黎慧思，力天文化科技集团财务总监，研究方向为财务管理；郭晓蕙，力天文化科技集团企划经理，研究方向为品牌传播。

力天文化科技集团致力于践行新布展理念、创造新体验场景、打造新文旅业态、创新新文化产品，业务覆盖文化场馆布展建设、展陈装备定制生产、数字媒体展示交互、人工智能创新应用、文旅综合运营等细分领域，为全国150多个省市地区的教科文部门、企事业单位提供"文化+创意+科技+智造"综合服务，形成"精于展陈、科技赋能、创新驱动、文旅共融"的发展格局。

力天文化科技集团已建立起一支近600人的精英队伍，设计布展超1000座文化场馆，涵盖城市文化地标、科普教育基地、主题教育与爱国主义教育基地、企事业单位展馆、文商旅综合体等，创造了超120万平方米的布展佳绩，作品多次获得全国博物馆陈列展览行业、全国建筑装饰行业最高荣誉。

二　企业发展历程

（一）正式成立，筑梦启航（2005~2010年）

2005年，力天文化科技集团在广州成立。成立初期，力天文化科技集团专注于文化场馆的布展建设，设计布展中国海关博物馆广州分馆、广州博物馆、第一次全国劳动大会纪念馆、海丰博物馆等大型文化场馆，以优质的设计和施工服务在行业内崭露头角。其间，企业实施第一次战略升级，由传统的整体现场施工模式转为装配式展示配套生产，并扩大展览装备的生产制造规模，面向全国拓展业务。2010年，展览行业迎来新机遇，在上海世博会筹备建设的激烈竞争中，力天文化科技集团成功中标马来西亚国家馆项目，成为唯一一家中标外国级展馆的广州企业，借此机会扩大品牌声量，为后续发展奠定了基础。

（二）收获资质，赢得口碑（2011~2016年）

2012年，力天文化科技集团通过ISO9001国家认证并获颁"中国展览工程一级资质单位",企业乘势而上,接连斩获多项权威资质,标志着企业正式跻身行业头部梯队。这个时期,力天文化科技集团打造了全球规模最大的凉茶博物馆——广东省凉茶博物馆,并完成了广州地铁博物馆、河源市博物馆等标杆项目,在行业内收获了专业口碑。2014年,力天文化科技集团首度受邀参加"中国博物馆及相关产品与技术博览会"即荣获"弘博奖·最佳展示奖",行业影响力持续攀升。此后,企业实施战略升级,完善产业链配置,成立文化智造、文化科技板块子公司,构建起文博展览"展陈设计施工总承包+专业化装备定制+数字化场馆建设"三轮驱动模式,以创新动能推动事业向更高维度跃迁。

(三)多元布局,集群出击(2017~2022年)

力天文化科技集团深度融入国家公共文化设施建设战略,以技术赋能基层文化服务升级,打造辛亥革命纪念馆、红军长征粤北纪念馆、陆河革命历史展馆、中山市博物馆新馆、广州华侨博物馆、中国侨都华侨华人博物馆、广州市文化馆、南雄市博物馆、粤港澳大湾区(广东)人才港等公共文化场馆。2020年,力天文化科技集团凭借"平天下——秦的统一"特展首摘"全国博物馆十大陈列展览精品奖",实现行业顶级荣誉突破。同期,企业战略布局加速,成立多个子公司,构建起"文化建设—文化智造—文化科技—文旅综合运营"多元业务矩阵,推动企业从单一布展向集团化管理的文化产业链综合服务商跨越,实现规模化升级与全域服务能力提升。

(四)迁入新总部,奔赴新征程(2023年至今)

2023年,力天文化科技集团总部迁址广州市海珠区T.I.T创意园,启用近7000平方米的智慧化新总部大楼,集成行政设计中枢与沉浸式文化展厅,标志着企业迈入空间载体与品牌势能双升级的新阶段。同期,力天文化科技集团凭借中山博物馆"风起伶仃洋"基本陈列斩获"全国博物馆十大陈列展览精品优胜奖",并打造广东文学馆、萨拉乌苏遗址博物馆、珠海太空中心、广州市文化馆、绍兴北纬30°展示馆、广州市国防教育训练基地、丝路航空航天科普馆、东江廉洁文化教育基地等场馆，彰显全产业链服务成熟度。力天文化科技集团更以"科技+文旅"双引擎驱动创新，推出一系列标杆产品，打造文旅新体验；同时深化市场布局，与西安市青少年活动中心共建 XR 儿童探索科普空间"奇境乐园"，建立"投资—建设—运营"合作模式，实现从项目服务商到文旅生态构建者的跨越式转型。

三　构建"文化建设—文化智造—文化科技—文旅综合运营"多元业务矩阵

2000 年以来，中国文化场馆建设进入快速发展时期，党中央、国务院高度重视文化基础设施建设，大批重点文化设施工程、标志性文化建筑如雨后春笋般建成并投入使用。同时，一系列扶持文化产业发展的政策纷纷出台，明确了文化场馆建设的相关标准和要求，也为展陈设计行业提供了明确的发展方向和规范依据。

在时代机遇与政策红利的双重驱动下，文化场馆建设的快速发展固然为展览展示企业提供了广阔市场空间，但单一赛道的高依存度模式亦暗藏风险。2015 年后，全国一、二线城市核心场馆布局趋于饱和，行业竞争从"增量争夺"转向"存量博弈"。与此同时，市场环境也在发生深刻变化，要求场馆从建设向运营延伸，并逐渐加大对构建文化产业链生态闭环的重视力度。这意味着，单纯依赖场馆硬件建设的"交钥匙"模式已难以满足政府端对文化设施"建管用一体化"的需求，亦无法应对消费端对文化体验"科技化、场景化、可持续化"的升级诉求。

在此背景下，力天文化科技集团凭借前瞻性眼光，主动选择多元化发展战略，从单一业务模式向多元化业务发展转型。通过在展陈设计、展陈装备定制生产、文化数字化建设、文旅综合运营等多个领域的深度布局，先后孵化成立一批精于文化产业细分领域的子公司、子品牌，形成产业集团，构建起了"文化建设—文化智造—文化科技—文旅综合运营"多元业务矩阵。这种战略布局不仅使企业在不同业务领域之间形成了强大的协

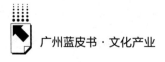

同效应，还有效整合了内外部资源，提升了整体运营效率，成为企业持续发展的核心动力。

（一）文化建设板块

力天文化科技集团为各类文化地标、文化综合体、博物馆、纪念馆等提供从前期策划、创意设计，到专业布展工程实施以及后期跟踪服务的全周期、"一站式"建设总承包服务，助力国家公共文化设施建设，提升基层公共文化服务水平。力天文化科技集团设立7个创意设计中心、5个项目管理中心，拥有建筑、策划、设计、工程等多专业的人才团队，为创意设计、工程施工等提供了坚实的人才支持。

（二）文化智造板块

力天文化科技集团着眼于文物的"展"与"藏"，精于展陈装备的研发与生产，致力于为文物提供高端专业展柜，并为文博展览陈列定制专业配套装备。力天文化科技集团拥有占地12000平方米的生产基地和近100名专业生产团队成员，已获得50多项产品研发专利，并为全国500多家博物馆、美术馆、主题馆提供了专业展陈配套设施，以创新科技助力文化传承与展示。

（三）文化科技板块

力天文化科技集团致力于数字化场景、交互产品及AI视界创新等前沿技术的研发与应用，为文旅、文娱、教育、商业等多元场景提供沉浸式、互动式的数字解决方案。作为行业顶尖的元宇宙沉浸式产品开发、内容创意定制及软硬件集成服务一体化的服务商，力天文化科技集团已完成超过200个大型多媒体数字项目工程，拥有超过200项知识产权。

（四）文旅综合运营板块

力天文化科技集团全方位整合文化IP资源开发、文创产品设计、文化活动策划等业务。通过打造社会资源整合服务平台，助力文博文旅单位与公众建立紧密联系，构建完善的产业生态链，助力中华文化的传承与发展。凭借专业的团队和丰富的经验，力天文化科技集团为客户提供从创意策划到执行落地的全流程解决方案，推动文化产业的创新发展。

在技术变革的浪潮中，力天文化科技集团以多元化发展为契机，积极拥抱创新，推动文化与科技的深度融合。力天文化科技集团在保持文化科技共融发展与展陈设计施工承包一体化核心竞争力基础上，通过多元业务板块的资源整合与技术共享，不仅为文旅产业发展注入了新的活力和动能，还成功构建了竞争"护城河"，使力天文化科技集团能够在文化场馆建设、文化数字化转型以及文旅项目运营等多个层面深度参与，为企业的可持续发展奠定了坚实基础，也为文化产业的创新发展提供了有益的实践范例。

四　科技赋能文旅融合发展

在国家文化数字化战略的推动下，科技赋能文旅融合发展的重要性日益凸显。习近平总书记强调"积极推进文化和旅游深度融合发展"[①]，而科技作为第一生产力，为文旅融合注入了新动能，让"诗"和"远方"更好地联结，让生活更加美好。

科技赋能文旅融合发展，不仅丰富了文旅融合的方式，还为文旅产业提供了更加广阔的发展空间。通过数字化技术的研发和应用，文旅产业正在从传统的观光旅游向体验式、互动式旅游转型。例如，VR、AR 等技术的应用，让游客能够身临其境地感受历史文化的魅力；人工智能和大数据分析则为文旅服务提供了个性化、智能化的解决方案。同时，科技赋能文旅融合发展还推动了文旅产业链的延伸和价值提升。数字技术不仅重构了文旅行业的发展路径，催生了各种文旅新业态，还通过创新艺术表现形式和搭建数字化

---

① 《人民日报整版探讨：积极推进文化和旅游深度融合发展》，"人民网"百家号，2024 年 5 月 16 日，https：//baijiahao.baidu.com/s？id=1799160610749843532&wfr=spider&for=pc。

文化体验场景，提升了文旅产品的吸引力和趣味性。

作为文旅融合领域的领军企业，力天文化科技集团积极响应国家文化数字化战略，始终坚持科技赋能文旅融合发展，通过数字化、智能化技术的研究与开发，形成独有的核心技术，并将相关技术应用到文旅项目中，推动文旅产业的转型升级。力天文化科技集团致力于将数字新媒体、虚拟现实、沉浸式视觉表达、人工智能等数字化技术，推向文博、文旅、商业、教育、娱乐等更广阔的应用场景，打造以沉浸式体验为特点，科普性、代入感和参与感并存的文旅新场景，更好地适应游客多样化、个性化、品质化的需求。力天文化科技集团于2024年正式升级为文化科技集团，这一升级彰显了企业对科技发展的高度重视和战略定位，进一步明确了力天文化科技集团在科技赋能文旅融合发展中的使命与担当。

（一）提供了沉浸式、互动式的文化体验

力天文化科技集团积极突破图文展示限制，为科普场馆创造极富科技感的数字互动装置、极具体验感的多媒体科普空间，让互动体验式科普代替枯燥的图文直陈，激发观众主动探索的好奇心。

白鹅潭大湾区艺术中心——广东文学馆是力天文化科技集团以"科技之炫"结合"文学之美"的展陈力作。馆内"文以新民"数字舞台剧、"风起岭南 潮涌湾区"沉浸式视听互动空间等创新形式，为观众提供了沉浸式、互动式的文化体验。这些项目不仅让观众感受到广东文学从古到今的辉煌成就和深厚底蕴，也展现了力天文化科技集团在数字互动和多媒体应用方面的强大能力。该项目荣获第四届中国展览艺术与展示技术创意大赛展馆空间类金展奖。

珠海太空中心（新馆）则是力天文化科技集团科技赋能文旅融合发展的典范之作。珠海太空中心是全国首个超大太空展览馆，力天文化科技集团应用了飞行影院等多项发明专利技术，并综合运用VR、AR、裸眼3D等，为观众打造了沉浸式、互动式的文化体验。例如，"航天之梦"碗幕影院采用720°环绕裸眼3D技术，让观众仿佛置身于宇宙漩涡中心，感受中国航天

的辉煌成就；"太空电梯"通过裸眼 3D 技术，模拟从地表飞向太空的科幻之旅，让观众体验登月的震撼；"观星知天"穹幕展项结合现代数字化映像技术，演绎星空万象，实现寓教于乐。

由力天文化科技集团设计布展的绍兴北纬 30° 展示馆是全国首个以"北纬 30°"为主题的展示馆，力天文化科技集团综合运用多媒体、微缩模型、VR、5D 影院等最新布展手段，从北纬 30° 上的世界、中国、绍兴三个视角，让观众体验一场探索穿越之旅。作为北纬 30° 展示馆的亮点展项，《天下一宇—行走地球》5D 环幕沉浸式飞翔影院通过 360° 内弧环幕结合六自由度动感平台、定制 CG 三维特效影片营造沉浸式热气球仿真探险空间，带观众穿越时空、环绕地球；更通过风、雨、雪、雷、电、火、雾等特效叠加交织，打破屏幕与现实的界限，配合全方位立体声效，以包裹性沉浸体验空间，让观众仿佛真正置身于探险之中，享受感官震撼和视听盛宴。该展项荣获第四届中国展览艺术与展示技术创意大赛特色展项类金展奖。

（二）利用 XR 技术深度赋能文旅产业

为客户提供领先的沉浸式元宇宙解决方案，业务范围涉及 VR 大空间、MR 智能导览眼镜、智慧文旅系统等，为文化旅游产业的数字化转型提供了范例。

在萨拉乌苏遗址博物馆，力天文化科技集团创新打造了中国首个古人类遗址元宇宙体验场所，全域唯一多感官、可交互、参与式、沉浸式元宇宙空间——"悠远的故乡"超现实幻境空间。该空间不仅让观众体验与远古对话的意趣，还进一步丰富了博物馆的内涵，助力萨拉乌苏遗址博物馆成为一家启迪式、参与式的博物馆。力天文化科技集团综合运用数字多媒体、AI/AR 互动等技术打造多维感官沉浸式体验空间，在这里，观众可通过肢体语言、智能语音交互与远古人类祖先、智者名人进行跨越时空的交流对话。观众佩戴上 VR 眼镜，还可以瞬间穿越至 5 万年前的萨拉乌苏，亲历石器工具打制、生火烤肉等原始生活场景，走近河套人，探寻东方人类文明根脉。

力天文化科技集团更进一步打造多款创新的 XR 互动产品，其中，"大眼喵" MR 智能导览眼镜是一个典型案例。2025 年春节，力天文化科技集团推出了由该眼镜搭载的全国首个城市水上游船 MR 光影秀"珠水映像——幻境光影秀"。该项目利用空间算法识别、实时渲染、语音交互等先进技术，将虚拟信息无缝叠加到现实世界中，为游客提供沉浸式体验。在 60 分钟的航程中，游客不仅能饱览广州塔、海心沙、广州大桥等沿江标志性景观，还能欣赏到极具科技感的全息影像，感受历史文化与现代科技的融合。

另一款产品——沉浸式 VR 大空间互动体验，则通过真实空间与虚拟场景的叠加融合，为用户带来超现实的沉浸式体验。目前，该产品已在广州星纪世界·南湖乐园的"山海宇宙 XR 体验空间"、西安市青少年活动中心 XR 儿童探索科普空间"奇境乐园"的"VR 大空间院线剧场"，以及绍兴北纬 30°展示馆的"时空行者#探秘吉萨大金字塔"等文旅项目中落地。

这些项目的实施，不仅为游客带来了全新的视觉和交互体验，也加速了 XR、人工智能等先进技术在文博、文旅等各个领域的转化应用，推动了文化产业的创新发展，为行业提供了可借鉴的实践案例。

五 探索文旅项目"投资—建设—运营"合作模式

文化是旅游的核心内涵，旅游则是文化对外传播的重要媒介。深入挖掘各地的历史人文资源，以文化价值提升旅游的吸引力并丰富其内涵，是文化科技企业的重要使命。随着消费者需求的升级，国内外文化旅游产业正从传统的单一景区模式向"文旅+"的综合发展模式转型。在政策引导和市场需求的双重推动下，文旅融合已成为时代趋势。文化科技企业应充分利用这一"加号"，推动文化与多种产业的跨界协同，助力旅游经济的高质量发展和文化的高效传播。

力天文化科技集团积极探索实施"投资—建设—运营"合作模式，改变传统的单打独斗模式，加强与文旅行业内部的交流与合作，促使合作各方发挥各自优势，以共同维护行业生态，提升专业标准。以西安市青少年活动中心的合作为例，其取得了显著成效。

2024 年 11 月，力天文化科技集团与西安市青少年活动中心签署项目合作协议，携手共建 XR 儿童探索科普空间——"奇境乐园"项目。该项目位于西安市青少年活动中心 3 号楼 3 层，总面积 2500 平方米，由力天文化科技集团投资—建设—运营，是力天文化科技集团发力文旅新赛道的重点项目。力天文化科技集团充分发挥自身在展陈设计、XR 技术、项目运营等方面的优势，从项目的前期投资、中期建设到后期运营全程参与、深度把控。这种模式不仅提高了项目的建设效率和质量，还确保了项目运营的可持续性和市场竞争力，为青少年提供了更加丰富、多元、沉浸式的文化体验，推动西安市青少年活动中心功能的完善与升级。该合作模式为文旅产业的融合发展提供了新的思路和实践范例，也为其他地区文旅项目的开发与运营提供了有益的借鉴。

六　未来发展战略和思路

（一）文旅行业发展研判

1.国家政策导向明确，助力行业高质量发展

近年来，国家出台了一系列政策支持文旅文博行业的发展，为文旅文博行业的发展提供了明确的方向和有力的保障。例如，《国内旅游提升计划（2023—2025 年）》提出建设一批富有文化底蕴的世界级旅游景区和度假区；实施文旅产业赋能城市更新行动，打造一批文化特色鲜明的国家级旅游休闲城市和街区；开展文化产业赋能乡村振兴试点，推动提升乡村旅游运营水平；等等。这些政策旨在通过提升旅游目的地的文化内涵和服务质量，推动文旅产业的高质量发展。同时，政策还鼓励旅游与文化、体育、农业等领域深度融合，拓展旅游演艺发展空间，培育新型业态，为文旅产业的多元化发展提供广阔的空间。在政策的引导下，文博、文旅行业正朝着更加规范

化、专业化、创新化的方向迈进，为实现文化强国和旅游强国的目标奠定了坚实的基础。

2. 数字化转型加速，科技赋能文旅融合发展

随着科技的不断进步，数字化转型成为文博、文旅行业发展的重要趋势。大数据、人工智能、虚拟现实等技术的应用，为行业带来了新的发展机遇。这种创新不仅让景区成为网红打卡地，也为文旅产业的数字化转型提供了宝贵的经验。此外，AI 技术的应用还推动了文旅产业的高质量发展，从虚拟现实到增强现实，从智能导览到智慧服务，前沿技术正在逐渐成为文旅产业发展的新引擎。未来，随着科技的不断发展，文旅产业将迎来更多的创新机遇，为游客提供更加丰富、个性化的体验，同时也为行业的可持续发展注入新的动力。

3. 消费升级与市场细分，推动行业创新发展

消费者对文旅产品的需求日益多样化和个性化，推动了文旅市场的细分和产品的创新。以"80后""90后""00后"为核心的新生代群体成为市场消费的主力，他们更愿意为设计、个性、体验买单。文旅产品创新需要从用户思维出发，未来实现功能性和体验性并重，去同质化，打造出真正出奇出彩的产品和场景氛围。同时，随着常规旅游产品的吸引力逐渐减弱，具有文化性、能与游客产生情感共鸣、满足精神文化追求的旅游产品成为市场刚需。企业需紧跟市场趋势，提升核心竞争力，以满足消费者日益增长的多元化需求，推动文旅产业的创新发展。

（二）企业未来发展战略和思路

面对文博、文旅行业的快速发展和变革，力天文化科技集团将秉持"精于展陈、科技赋能、创新驱动、文旅共融"的理念，致力于成为国内领先的文旅新生态建设服务商。以下是企业未来发展战略和思路。

1. "文化+科技"锻造新质生产力

力天文化科技集团聚焦"文化+科技"主题，致力于锻造新质生产力，推动文旅产业创新发展。力天文化科技集团将持续加大在 XR、人工智能、

大数据等前沿技术领域的研发投入，探索其在文旅场景中的创新应用，为传统文旅项目注入新活力。通过引入元宇宙概念，力天文化科技集团利用虚拟现实和增强现实技术，为游客打造沉浸式、互动式的文化体验，如"大眼喵"MR智慧导览眼镜等项目，让游客在虚实交融的空间中感受文化的魅力。这些创新举措不仅提升了游客体验，也为文旅产业开辟了新的发展空间。

2. 以创意为笔，打造拳头产品

创意始终是力天文化科技集团的立企之本。无论科技如何改变文旅形式，富有创意的优质内容始终是吸引游客、打动人心的关键。力天文化科技集团拥有600多位跨领域的精英人才，涵盖文化研究、创意策划、数字技术等多个专业领域，为创意的诞生与转化提供了坚实的智力保障。针对消费升级趋势，力天文化科技集团致力于打造高品质、个性化的拳头产品。将继续深入挖掘文化内涵，结合当地特色资源，开发具有独特魅力的文化体验项目，通过"文化深挖+科技融合"，从同质化市场中突围。

3. 深化跨界融合，探索多元化合作模式

力天文化科技集团将积极探索文商旅融合发展新业态，与不同行业、企业探索建立多元化合作模式，实现资源共享和优势互补，增强抗风险能力；同时拓展市场空间，开发多元化、创新性的文旅产品和服务，满足市场多样化需求。力天文化科技集团还将积极参与和推动文旅产业集群发展，形成紧密的产业链和创新网络，通过与上下游企业的合作，促进知识和技术的迭代升级，提升整体创新能力。

除此之外，面对科技发展的不确定性以及消费者需求的快速变化，力天文化科技集团将进一步提升对技术发展的敏感度和预判力，通过行业动态监测和趋势分析，及时捕捉前沿技术的潜在应用价值；同时，加强消费者洞察，借助大数据分析和用户行为研究，精准把握消费者需求的变化趋势。企业内部应建立敏捷型组织架构，打破部门壁垒，提升跨部门协作效率，以快速响应市场变化；并配套建立快速响应机制，确保从技术研发到产品落地的全流程高效衔接。在此基础上，完善风险评估及应对机制，对技术应用的可

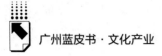

行性、市场接受度以及潜在风险进行全面评估，制定灵活的应对预案，及时调整产品策略和市场定位。

只有在不确定性中主动塑造确定性，文化科技企业才能在技术浪潮和市场变迁中立于不败之地，以创新为驱动，以文化为内核，推动文旅行业朝更高质量、更具韧性的发展方向迈进。

后　记

　　《广州文化产业发展报告（2025）》在广州市文化体制改革和文化产业发展领导小组、广州市委宣传部的指导下，由广州市社会科学院牵头、广州市文化创意行业协会协助，广州市文化广电旅游局、广州市统计局等政府职能部门，各区相关部门，科研院校和重点企业积极参与和支持，历时半年多，共同完成。

　　《广州文化产业发展报告》编辑部由广州市社会科学院广州文化产业研究中心和广州市文化创意行业协会组成，负责本书的编辑出版工作。《广州文化产业发展报告（2025）》的编撰工作从2024年9月开始，总报告由广州市社会科学院课题组完成，分报告通过发征稿函、约稿等方式向市区有关部门、协会、高校、科研机构以及国内城市专家征集文章，于2025年4月完成本书的组稿工作。4月中旬通过专家评审，5月上旬提交给社会科学文献出版社编辑出版。

　　《广州文化产业发展报告》自2008年编辑出版以来，以翔实的数据、深入的调研和严谨的分析，全面总结广州市文化产业发展状况，预测广州文化产业发展走势，已成为研究广州文化产业的重要文献资料，受到社会各界的高度评价。秉承"立足广州、交流互鉴"的研究宗旨，我们将持之以恒地坚持每年做好报告的编辑出版工作，并期待业界人士和广大读者对报告提出宝贵意见，以帮助我们不断改进。

　　《广州文化产业发展报告（2025）》的顺利出版得益于多方力量的支持，在此对广州市文化体制改革和文化产业发展领导小组、广州市委宣传部、广州市文化广电旅游局提供的切实指导表示衷心的感谢，对本书各位

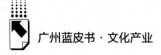

作者、有关部门的大力支持，以及社会科学文献出版社的辛勤编辑工作谨表感谢！

本书编辑部

2025 年 4 月

权威报告·连续出版·独家资源

皮书数据库
ANNUAL REPORT(YEARBOOK)
DATABASE

分析解读当下中国发展变迁的高端智库平台

所获荣誉

- 2022年，入选技术赋能"新闻+"推荐案例
- 2020年，入选全国新闻出版深度融合发展创新案例
- 2019年，入选国家新闻出版署数字出版精品遴选推荐计划
- 2016年，入选"十三五"国家重点电子出版物出版规划骨干工程
- 2013年，荣获"中国出版政府奖·网络出版物奖"提名奖

皮书数据库

"社科数托邦"
微信公众号

成为用户

登录网址www.pishu.com.cn访问皮书数据库网站或下载皮书数据库APP，通过手机号码验证或邮箱验证即可成为皮书数据库用户。

用户福利

- 已注册用户购书后可免费获赠100元皮书数据库充值卡。刮开充值卡涂层获取充值密码，登录并进入"会员中心"—"在线充值"—"充值卡充值"，充值成功即可购买和查看数据库内容。
- 用户福利最终解释权归社会科学文献出版社所有。

数据库服务热线：010-59367265
数据库服务QQ：2475522410
数据库服务邮箱：database@ssap.cn
图书销售热线：010-59367070/7028
图书服务QQ：1265056568
图书服务邮箱：duzhe@ssap.cn

社会科学文献出版社 皮书系列
SOCIAL SCIENCES ACADEMIC PRESS (CHINA)

卡号：514394494754
密码：

S 基本子库
SUB DATABASE

中国社会发展数据库（下设 12 个专题子库）

紧扣人口、政治、外交、法律、教育、医疗卫生、资源环境等 12 个社会发展领域的前沿和热点，全面整合专业著作、智库报告、学术资讯、调研数据等类型资源，帮助用户追踪中国社会发展动态、研究社会发展战略与政策、了解社会热点问题、分析社会发展趋势。

中国经济发展数据库（下设 12 专题子库）

内容涵盖宏观经济、产业经济、工业经济、农业经济、财政金融、房地产经济、城市经济、商业贸易等 12 个重点经济领域，为把握经济运行态势、洞察经济发展规律、研判经济发展趋势、进行经济调控决策提供参考和依据。

中国行业发展数据库（下设 17 个专题子库）

以中国国民经济行业分类为依据，覆盖金融业、旅游业、交通运输业、能源矿产业、制造业等 100 多个行业，跟踪分析国民经济相关行业市场运行状况和政策导向，汇集行业发展前沿资讯，为投资、从业及各种经济决策提供理论支撑和实践指导。

中国区域发展数据库（下设 4 个专题子库）

对中国特定区域内的经济、社会、文化等领域现状与发展情况进行深度分析和预测，涉及省级行政区、城市群、城市、农村等不同维度，研究层级至县及县以下行政区，为学者研究地方经济社会宏观态势、经验模式、发展案例提供支撑，为地方政府决策提供参考。

中国文化传媒数据库（下设 18 个专题子库）

内容覆盖文化产业、新闻传播、电影娱乐、文学艺术、群众文化、图书情报等 18 个重点研究领域，聚焦文化传媒领域发展前沿、热点话题、行业实践，服务用户的教学科研、文化投资、企业规划等需要。

世界经济与国际关系数据库（下设 6 个专题子库）

整合世界经济、国际政治、世界文化与科技、全球性问题、国际组织与国际法、区域研究 6 大领域研究成果，对世界经济形势、国际形势进行连续性深度分析，对年度热点问题进行专题解读，为研判全球发展趋势提供事实和数据支持。

法律声明

"皮书系列"（含蓝皮书、绿皮书、黄皮书）之品牌由社会科学文献出版社最早使用并持续至今，现已被中国图书行业所熟知。"皮书系列"的相关商标已在国家商标管理部门商标局注册，包括但不限于LOGO（▧）、皮书、Pishu、经济蓝皮书、社会蓝皮书等。"皮书系列"图书的注册商标专用权及封面设计、版式设计的著作权均为社会科学文献出版社所有。未经社会科学文献出版社书面授权许可，任何使用与"皮书系列"图书注册商标、封面设计、版式设计相同或者近似的文字、图形或其组合的行为均系侵权行为。

经作者授权，本书的专有出版权及信息网络传播权等为社会科学文献出版社享有。未经社会科学文献出版社书面授权许可，任何就本书内容的复制、发行或以数字形式进行网络传播的行为均系侵权行为。

社会科学文献出版社将通过法律途径追究上述侵权行为的法律责任，维护自身合法权益。

欢迎社会各界人士对侵犯社会科学文献出版社上述权利的侵权行为进行举报。电话：010-59367121，电子邮箱：fawubu@ssap.cn。

社会科学文献出版社